SAMMLUNG GÖSCHEN BAND 1123/1123 a

Atomphysik

Von

Dr. Karl Bechert
ord. Professor an der Universität Mainz

Dr. Christian Gerthsen†
ord. Professor an der Techn. Hochschule Karlsruhe

und

Dr. Arnold Flammersfeld
ord. Professor an der Universität Göttingen

Band III

Theorie des Atombaus, 1. Teil

Von Dr. K. Bechert

Vierte, umgearbeitete Auflage
Mit 16 Abbildungen

WALTER DE GRUYTER & CO
vormals G. J. Göschensche Verlagshandlung · J. Guttentag, Verlagsbuchhandlung · Georg Reimer · Karl J. Trübner · Veit & Comp.
BERLIN 1963

Die Gesamtdarstellung umfaßt folgende Bände:

I:	Allgemeine Grundlagen. 1. Teil.	(Band 1009)
II:	Allgemeine Grundlagen. 2. Teil.	(Band 1033)
III:	Theorie des Atombaus. 1. Teil.	(Band 1123/1123 a)
IV:	Theorie des Atombaus. 2. Teil.	(Band 1165/1165 a)

 — Archiv-Nr. 7 740 638. — Satz und Druck: Walter de Gruyter & Co., Berlin W 30. — Printed in Germany.

Inhalt des dritten Bandes

§ 1. Die Unschärferelationen

In Band III und IV handelt es sich darum, die vielfältigen Erfahrungstatsachen der Atomphysik als aus einfachen Annahmen ableitbar verstehen zu lernen. Daß man mit den Begriffen der klassischen Physik (einschließlich Relativitätstheorie) nicht auskommt, ist klar; denn die klassische Physik kennt keine Gebilde, die sich sowohl als Wellen wie als Teilchen betragen können, und gibt kein Hilfsmittel zu ausreichender Beschreibung derselben. Aber gerade diese Dualität ist offenbar die wichtigste Eigenschaft von Licht und Materie. Um die Grenzen der klassischen Physik kennenzulernen, wird man zweckmäßig von der Dualität ausgehen.

Nach der empirisch bestätigten de Broglieschen Beziehung gehört zu einem Impuls p eine Teilchenwellenlänge $\lambda = h/p$. Für makroskopische Impulse ($p = 1$ g cm/sec) ist $\lambda \approx 10^{-27}$ cm, also unmeßbar klein. Bei solchen Teilchen ist keine merkliche Beugung und daher keine Äußerung der Dualität zu erwarten. Nun wird zwar λ unendlich groß, wenn $p = 0$ wird; der Übergang von ungeheuer kleinem λ zu ungeheuer großem geschieht aber bei makroskopischen Teilchen im Gebiet von Impulswerten, die hoffnungslos klein sind ($p < 10^{-19}$ g cm/sec etwa); solche Impulse kann man bei makroskopischen Teilchen nicht kontrollierbar herstellen, kann keine Versuche mit ihnen machen. Die Dualität kann also nur bei atomaren Teilchen eine Rolle spielen.

Die Betrachtungen dieses Paragraphen haben den Zweck, Korpuskel- und Wellenbild genauer gegeneinander abzugrenzen; sie zeigen, daß im Atominnern die klassische Physik und insbesondere die klassische Mechanik nicht streng gilt. Immerhin gibt sie noch größenordnungsmäßig richtige Aussagen, die um so zuverlässiger werden, je höher angeregt das atomare System ist.

Wir beschäftigen uns im folgenden mit den Möglichkeiten der Messung physikalischer Größen. Daß hier ein wichtiges Problem vorliegt, zeigt eine einfache Überlegung. Es sei z. B. der Ort eines Teilchens zu einer bestimmten Zeit mit möglichster Genauigkeit zu messen; dazu werden wir zweckmäßig möglichst kurzwelliges Licht nehmen, denn je kürzer die Wellenlänge, desto größer ist das Auflösungsvermögen einer optischen Apparatur. Licht überträgt aber immer Impuls (mindestens den Impuls $h\nu/c$ eines einzigen Lichtquants), auf den beobachteten Körper, und der wird um so größer, je kleiner die verwendete Wellenlänge ist. D. h.: Die Genauigkeit der Ortsbestimmung hängt mit der im gleichen Augenblick erzeugten Änderung des Impulses eng zusammen.

Wir stellen eine allgemeine Betrachtung voran über die Darstellung einer beliebigen Funktion — die wir dann einem physikalischen Vorgang zuordnen werden — durch geeignete Wellen. Diese Betrachtung ist rein mathematisch, enthält also keine physikalischen Hypothesen.

Wir beginnen mit der rein harmonischen ebenen Welle:

(1) $\mathfrak{a} \cos((\mathfrak{k}\mathfrak{r}) - \omega t) + \mathfrak{b} \sin((\mathfrak{k}\mathfrak{r}) - \omega t), \quad \mathfrak{r} = \{x, y, z\},$

die sich bequemer in der Form

(2) $\mathfrak{A} e^{i((\mathfrak{k}\mathfrak{r}) - \omega t)}$, ($\mathfrak{A}$ ein konstanter [komplexer] Vektor)

schreiben läßt. Realteil oder auch Imaginärteil von (2) gibt wieder die Form (1). Die Welle (2) [oder (1)] hat definierte Wellenlänge λ und Frequenz ν; es ist

(3) $$\nu = \omega/2\pi;$$

denn an festem Ort ($\mathfrak{r}$) hat die Welle nach der Zeit $\tau = 2\pi/\omega$ wieder die gleiche Gestalt. τ ist also die zeitliche Periode und $1/\tau = \nu$ die Zahl der Schwingungen pro sec, d. h. die Frequenz. $(\mathfrak{k}\mathfrak{r}) = \text{const}$ ist bei festem t die Gleichung der Flächen konstanter Phase (offenbar Ebenen). Daher ist $\mathfrak{k}$ ein Vektor senkrecht zu diesen Phasenebenen; bei einer Verschiebung $|\delta\mathfrak{r}|$ in der $\mathfrak{k}$-Richtung ändert sich die Phase (bei festem t) um 2π, wenn $|\delta\mathfrak{r}| = 2\pi/|\mathfrak{k}| = 2\pi/k$. Offenbar ist dieses $|\delta\mathfrak{r}|$ die räumliche Periode der Welle, also die Wellenlänge λ. Folgt:

(4) $$\lambda = 2\pi/k;$$

k, der Betrag von $\mathfrak{k}$, heißt Wellenzahl.

Überlagert man mehrere ebene Wellen (2) mit verschiedenem $\mathfrak{k}$, ω, $\mathfrak{A}$, so bekommt man kompliziertere Funktionen von $\mathfrak{r}, t$; ja man kann durch geeignete Zusammensetzung solcher Wellen jede beliebige[1]) Funktion $f(\mathfrak{r}, t)$ erhalten (Integralsatz von Fourier).

Die Funktion f sei etwa nur in dem Intervall Δt merklich von Null verschieden; die ebenen Wellen, durch die wir f darstellen wollen, müssen sich dann außerhalb Δt gegenseitig zerstören[2]). Mit Wellen einer einzigen Frequenz kann man das nicht erreichen, denn die würden innerhalb und außerhalb Δt dasselbe Gesamtverhalten geben. Man muß dazu vielmehr Wellen aus einem gewissen Frequenzbereich (von der Größenordnung) $\Delta\omega$ nehmen und mit geeigneten Amplituden zusammensetzen. Offenbar besteht zwischen $\Delta\omega$ und Δt ein Zusammenhang, denn für $\Delta\omega \to 0$ (alle Wellen haben die gleiche Frequenz) ist die Welle zeitlich beliebig ausgedehnt, d. h. $\Delta t \to \infty$. Er lautet bei geeigneter Definition der „Schwankungsgrößen" oder „Unschärfen" $\Delta\omega$, Δt (s. Anhang zu diesem Paragraphen, S. 29):

$$\Delta\omega\Delta t \geqq 1. \tag{5}$$

Je kleiner Δt ist, desto größer wird der Frequenzbereich $\Delta\omega$; zeitliche Beschränkung des Vorgangs ist also notwendig mit einem Verlust an „Einfarbigkeit" der zum Aufbau von f verwendeten ebenen Wellen verbunden.

Wir erläutern (5) an dem Beispiel einer Funktion, die nur in einem begrenzten Spielraum 0 bis T von Null verschieden und konstant ist:

$$f(t) = a \text{ für } 0 \leqq t \leqq T;\ f(t) = 0 \text{ sonst.} \tag{6}$$

Wir setzen allgemein an:

$$f(t) = \frac{1}{\sqrt{2\pi}} \int_{-\infty}^{+\infty} A(\omega)\, e^{-i\omega t}\, d\omega; \tag{7}$$

d. h. eine Überlagerung von Schwingungen aller Frequenzen, mit verschiedener Amplitude A. Zur Bestimmung von $A(\omega)$ integrieren wir über den ganzen Bereich, in dem f von Null verschieden ist:

$$\frac{1}{\sqrt{2\pi}} \int f(t)\, e^{i\omega t}\, dt = \frac{1}{2\pi} \int \int_{-\infty}^{+\infty} A(\omega')\, e^{-i\omega' t}\, d\omega'\, e^{i\omega t}\, dt = A(\omega); \tag{8}$$

---

[1]) Mit ganz geringen Einschränkungen, siehe Riemann-Webers Differentialgleichungen der math. Physik (Bd. I, irgend einer Auflage) oder Courant-Hilbert, Die Methoden der mathemat. Physik, I.

[2]) Durch Interferenz auslöschen, würde der Physiker sagen.

wegen der letzten Umformung vgl. den Anhang. Gl. (7) und (8) sind allgemeingültig; Anwendung auf unser Beispiel (6) gibt:

$$(9)\qquad A(\omega) = \frac{a}{\sqrt{2\pi}}\int_0^T e^{i\omega t}\,dt = \frac{a}{\sqrt{2\pi}}\cdot\frac{e^{i\omega T}-1}{i\omega}\,;$$

$$|A| = \frac{aT}{\sqrt{2\pi}}\cdot\frac{\left|\sin\left(\frac{\omega T}{2}\right)\right|}{\frac{\omega T}{2}}\,.$$

Die Stärke, mit der nach (7) die einzelnen Frequenzen ω in $f(t)$ vertreten sind, kann man an $A(\omega)$ beurteilen. $|A(\omega)|^2$ ist in Abb. 1 dargestellt. Die Entfernung vom Maximum bei $\omega = 0$ bis zum ersten Minimum bei $|\omega| = \frac{2\pi}{T}$ können wir als Maß der Frequenzschwankung $\Delta\omega$ nehmen, d. h. als Maß des Bereiches, in dem die wesentlich zu $f(t)$ beitragenden Frequenzen liegen. Also $\Delta\omega \approx 4\pi/T$; als Maß für Δt können wir offenbar den Zeitraum T nehmen. Folgt: $\Delta\omega\Delta t \approx 4\pi$, was mit (5) zusammenstimmt. Das Wesentliche ist, daß das Unschärfeprodukt $\Delta\omega\Delta t$ nicht beliebig klein gemacht werden kann; welchen, notwendig endlichen, Wert es hat, hängt bei gegebenem $f(t)$ oder $A(\omega)$ noch von der Definition der Unschärfen $\Delta\omega, \Delta t$ ab. Hat man sich für eine Definition entschieden, so ist

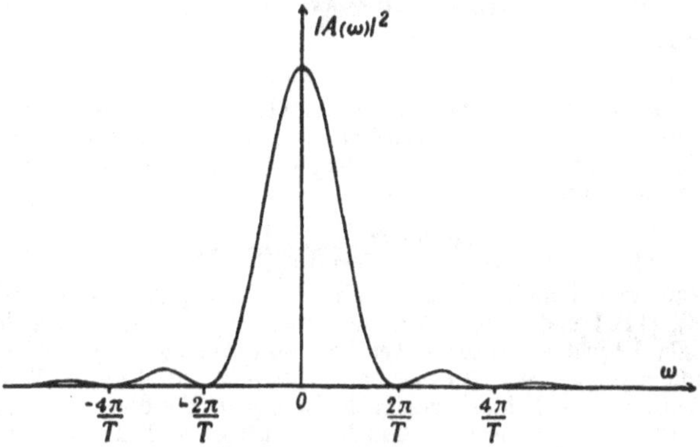

Abb. 1. Die Funktion $|A(\omega)|^2$ der Gleichung (9)

bei gegebenem $f(t)$ oder $A(\omega)$ der Wert des Unschärfeprodukts eine ganz bestimmte Zahl. Für alle physikalisch vorkommenden (s. den Anhang S. 34) Funktionen ist das Unschärfeprodukt größer als eine endliche Zahl, für die Definition des Anhangs $\geqq 1$, das ist die Aussage (5).

Für den Zusammenhang zwischen Wellenzahl $\mathfrak{k}$ und räumlicher Erstreckung einer Funktion f läßt sich genau dieselbe Betrachtung machen; man ersetze t durch x oder y oder z, ω durch $\mathfrak{k}_x$ oder $\mathfrak{k}_y$ oder $\mathfrak{k}_z$. Das gibt:

$$(10) \qquad \Delta k_x \Delta x \geqq 1; \Delta k_y \Delta y \geqq 1; \Delta k_z \Delta z \geqq 1.$$

Dies bedeutet: Will man aus ebenen Wellen eine Funktion f (ein „Wellenpaket") zusammensetzen, die sich in der x-Richtung merkliche nur über den Bereich Δx erstreckt, so braucht man dazu Wellen, deren k_x in einem Bereich Δk_x liegt, für den $\Delta k_x \geqq 1/\Delta x$. Je kleiner Δx, desto größer ist Δk_x.

Diese mathematischen Beziehungen wenden wir jetzt an. Wir wissen, daß wir dem Zustand eines Teilchens, in dem es bekannten Impuls hat, eine de Broglie-Welle zuordnen müssen mit

$$(11) \qquad p = h/\lambda = hk/2\pi = \hbar k,$$

wenn wir die Größe $h/2\pi$ mit $\hbar$ bezeichnen:

$$(12) \qquad h/2\pi = \hbar = 1{,}05444 \cdot 10^{-27} \text{ erg sec.}$$

Dem Vektor $\mathfrak{p} = \{p_x, p_y, p_z\}$ entspricht der Vektor $\mathfrak{k} = \{k_x, k_y, k_z\}$ gemäß

$$(13) \qquad \mathfrak{p} = \hbar \mathfrak{k}.$$

Ferner ist

$$(14) \qquad E = h\nu = \hbar\omega.$$

Diesem Teilchen mit bekanntem Impuls und bekannter Energie ordnen wir eine ebene Welle zu, was unseren mathematischen Betrachtungen zur Fourierzerlegung entspricht und was wir im folgenden noch näher begründen:

$$(15) \qquad u = A e^{\frac{i}{\hbar}((\mathfrak{p}\mathfrak{r}) - Et)} = A e^{i((\mathfrak{k}\mathfrak{r}) - \omega t)}.$$

Kennt man Impuls und Energie des Teilchens genau, so ist nach (13), (14) $\mathfrak{k}$ und ω festgelegt und nach (15) auch die Form der Welle. Über den Ort dieses Teilchens zu einer bestimmten Zeit kann man aber aus (15) offenbar nichts erfahren, denn die Welle (15) ist raumzeitlich unbegrenzt. Es ist also aus der de Broglieschen Zuordnung einer Welle zum Teilchen zu schließen, daß bei scharf definiertem $\mathfrak{p}$, E über den raumzeitlichen Ablauf der

Teilchenbewegung nichts ausgesagt werden kann; es ist eben $\Delta p_x = \hbar \Delta k_x \to 0$ und dafür $\Delta x \geqq 1/\Delta k_x \to \infty$.

Einem räumlich begrenzten Vorgang entspricht dann eine Fouriersche Überlagerung von Wellen. Diese Fourierwellen, die sich mathematisch einfach addieren, also ungestört überlagern, deuten wir physikalisch ebenso wie die einzelne de Broglie-Welle (15), als Aussage über Impuls und Energie. Haben wir aus Beobachtungen eine gewisse Kenntnis $f(xyzt)$ vom Ort des Teilchens, so daß also f nur in einem gewissen Bereich Δx von Null verschieden ist, so gilt $\Delta k_x \geqq 1/\Delta x$; die Teilwellen, durch die wir unsere Kenntnis f vom Teilchenort darstellen, haben einen Wellenzahlbereich Δk_x. Das bedeutet wegen (13), daß infolge der Ortskenntnis Δx dem Teilchen Wellen mit einem Impulsbereich $\Delta p_x \geqq \hbar/\Delta x$ (zum gleichen Zeitpunkt wie Δx!) zugeordnet sind. Es gilt:

(16) $$\Delta p_x \Delta x \geqq \hbar.$$

Mit anderen Worten: Die Tatsache, daß wir uns die Kenntnis Δx verschafft haben, also x mit der Genauigkeit Δx „gemessen" haben, hat zur Folge, daß im gleichen Augenblick ein Δp_x vorhanden ist. Da wir experimentell einen beliebigen Zustand vor der Messung Δx hergestellt haben können, also auch Δp_x vorher Null gewesen sein kann, so folgt, daß die Δx nach (16) zugeordnete Impulsunschärfe Δp_x durch die Messung Δx erzeugt worden ist. Daß diese Folgerungen aus der konsequenten Durchführung der de Broglieschen Zuordnung mit der Erfahrung übereinstimmen, zeigen wir an einem Beispiel.

Wir stellen zunächst die Unschärferelationen (Heisenberg) zusammen[1]):

(17) $$\Delta p_x \Delta x \geqq \hbar;\ \Delta p_y \Delta y \geqq \hbar;\ \Delta p_z \Delta z \geqq \hbar;\ \Delta E \Delta t \geqq \hbar.$$

Wir denken uns einen Teilchenstrahl durch Blenden begrenzt. Offenbar ist dies ein einfacher Fall der Ortsmessung eines Teilchens. Die Breite der Blende in der x-Richtung sei Δx, der Strahl sei vor dem Durchgang durch die Blende ein Parallelstrahl gewesen. Wegen der Welleneigenschaften des Strahles treten als Folge des Ausblendens Beugungser-

[1]) Bei den Anwendungen ist zu beachten, daß das Zeichen $\geqq$ voraussetzt, daß die Schwankungsgrößen so definiert werden, wie wir es im Anhang tun. Definiert man sie mehr anschaulich gefühlsmäßig nach dem ungefähren Bereich, in dem die Funktionen merklich von Null verschieden sind, so ist statt $\geqq$ besser „größer oder der Größenordnung nach gleich": $\gtrsim$ zu setzen.

scheinungen auf, der Strahl wird in der x-Richtung breiter. Die Beugung bedeutet, daß ein Teil der Strahlteilchen anders läuft als sie ohne die Blenden gelaufen wären, der Impuls dieser Teilchen wird also durch die Beugung geändert, und zwar erzeugt das Ausblenden im gleichen Augenblick eine Impulsänderung an diesen Teilchen. Unsere Neugier in bezug auf den Teilchenort ist also damit bezahlt worden, daß ein Teil der Strahlteilchen seinen Impuls geändert hat. In welcher Weise, erfahren wir erst dadurch, daß wir die Teilchen auffangen, wobei sich eine Beugungsfigur ergibt, wie die Erfahrung zeigt. Durch die Ortsmessung erfahren wir also nicht, in welcher Richtung ein bestimmtes Teilchen abgebeugt werden wird; ja diese Unbestimmtheit wächst, je genauer wir den Ort feststellen wollen! Denn mit kleiner werdender Öffnung wird die Beugungserscheinung immer breiter. Die Genauigkeit der Ortsmessung beeinflußt also die Genauigkeit der Impulskenntnis im umgekehrten Verhältnis. Eine gleichzeitige beliebig genaue Orts- und Impulsmessung ist offenbar nicht möglich; die duale Natur (Beugung) verhindert das. Daß man nachträglich durch Messung feststellen kann, in welcher Richtung das Teilchen wirklich gelaufen ist, widerspricht natürlich in keiner Weise unserer Behauptung. Auch kann man aus dieser Beobachtung nichts anderes gewinnen als eben die in der vorigen Überlegung bereits benutzte Erkenntnis, daß für den Impuls eine Wahrscheinlichkeitsverteilung besteht; denn bei oftmaliger Wiederholung des Versuchs (etwa mit geringer Teilchendichte) erfährt man nur, daß die Teilchen nicht immer nach derselben Stelle des Schirmes laufen, sondern eine Richtungsstreuung im Sinn der Beugungsfigur haben.

Der Impuls hat also durch die Ortsmessung Δx eine prinzipielle Unschärfe Δp_x bekommen, die von der dualen Natur der Teilchen herrührt. Wir können nur angeben, welche Richtung (bei einem Teilchenstrahl) die meisten Teilchen einschlagen werden, in welchem Prozentsatz sie sich auf die

Richtungen verteilen werden, und bei einem einzelnen Teilchen: wie groß die Wahrscheinlichkeit dafür ist, daß das Teilchen eine gegebene Richtung einschlägt. Wir bekommen Wahrscheinlichkeitsaussagen, wie ja die Unschärferelationen allgemein nur Wahrscheinlichkeitsaussagen sind.

Δp_x, die mittlere Impulsschwankung in der x-Richtung ist offenbar größenordnungsmäßig durch den Impulsunterschied gegeben zwischen dem Impuls p'_x der Teilchen, die nach dem ersten Minimum des Beugungsbildes laufen würden,

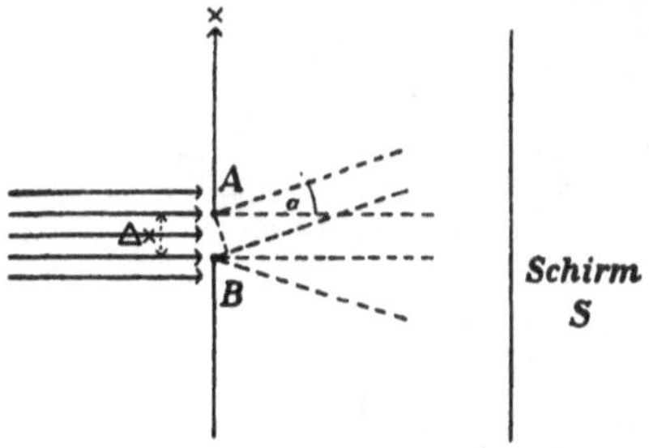

Abb. 2a. Beugung am Spalt

und dem Impuls $\bar{p}_x$ der unabgelenkt durchlaufenden Teilchen, vgl. Abb. 2a. Wenn die Strahlrichtung ursprünglich senkrecht zur x-Richtung stand, ist $\bar{p}_x = 0$ und $p'_x = p \sin\alpha$; p = Impuls der Teilchen im Strahl. Die Richtung nach dem ersten Minimum ist durch die Bedingung gegeben, daß die von A, B ausgehenden Wellen einen Gangunterschied von etwa einer Wellenlänge haben müssen; d. h.

$$\Delta x \sin\alpha \approx \lambda = \frac{h}{p},$$

nach (11). Andrerseits nach der vorigen Überlegung:

$$\Delta p_x \approx p \sin\alpha; \tag{18}$$

daher

$$\Delta x \, \Delta p_x \approx h, \tag{19}$$

womit die Unschärferelation für den betrachteten Versuch als erfahrungsgemäß richtig erwiesen ist.

Charakteristisch für jede Anwendung der Unschärferelationen ist die gleichzeitige Verwendung von Teilchen- und Welleneigenschaften; in der Tat geben sie die Grenze an, bis zu der vom Ort gesprochen werden kann, wenn die Wellenlänge (mit einer gewissen Genauigkeit) bekannt ist.

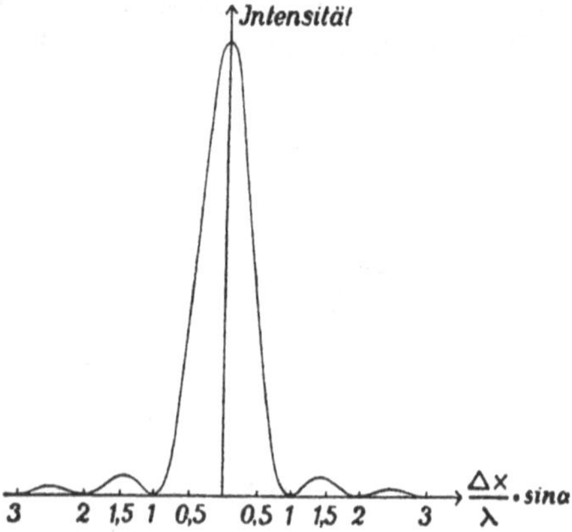

Abb 2b. Intensitätsverteilung auf dem Schirm

Die Größe h kommt allein durch die de Brogliesche Zuordnung herein. Man könnte von ihr ganz absehen und nur von Ort und Wellenlänge, Zeit und Frequenz reden[1]).

Die Unschärferelationen bedeuten eine Einschränkung für die gleichzeitige Meßbarkeit physikalischer Größen. Da das Unschärfeprodukt endlich ist, kann die Atomphysik nicht im mathematischen Sinn stetig in die klassische übergehen, nach der das Produkt theoretisch beliebig klein sein könnte. Es ist vielmehr so: Im Gebiet klassisch-mechanischer Messungen, also der makroskopischen mechanischen Vor-

[1]) Oder auch nur von h/Ort und Impuls, h/Zeit und Energie.

gänge, sind die gemessenen Größen x, p_x usw. mit solchen Fehlergrenzen Δx, Δp_x behaftet, daß das Unschärfeprodukt weit größer ist als $\hbar$ und die grundsätzliche Beschränkung des Produkts auf den Mindestwert $\hbar$ nicht zum Vorschein kommt.

An Abb. 2a sieht man, daß die Ortsmessung notwendig ein Auseinanderlaufen der Ortsbestimmtheit für spätere Zeiten zur Folge hat; der Strahl verbreitert sich ja wegen der Beugung. Je größer Δp_x, also je kleiner Δx, desto schneller läuft er auseinander. Messen wir die „Strahlbreite" nach dem Durchgang durch die Blende wieder durch den Teilstrahl, der nach dem ersten Minimum geht, so ist die Breite des Strahls nach der Zeit t: $\Delta x + 2vt \sin\alpha = \Delta x + \frac{2pt}{m}\frac{\Delta p_x}{p}$ nach (18). Sie ist gleich $2\Delta x$ geworden, wenn $\frac{2\Delta p_x t}{m} = \Delta x$ ist, also nach der Zeit (vgl. (19)):

$$t \approx \frac{m(\Delta x)^2}{2\hbar}. \tag{20}$$

Für $m = 1$ g, $\Delta x = 1$ cm würde man $t \approx 10^{26}$ sec $= 3 \cdot 10^{18}$ Jahre erhalten; für $m = 9 \cdot 10^{-28}$ g (Elektron) und $\Delta x = 1$ mm ist $t \approx 7 \cdot 10^{-4}$ sec, aber auch hier ist diese Beugungswirkung noch nicht deutlich, denn selbst ein langsames Elektron ($v = c/100$) durchläuft eine 1 m lange Röhre in nur $3 \cdot 10^{-7}$ sec. Ist dagegen $\Delta x \approx 10^{-8}$ cm (Atomdimensionen), so wird für ein Elektron $t \approx 10^{-17}$ sec, das ist von der Größenordnung der Umlaufszeit des Elektrons im Atom, s. S. 21.

Allgemein stellen wir fest: Aus den Unschärferelationen (oder auch aus den de Broglieschen Beziehungen) folgt, daß eine der dualen Natur Rechnung tragende Atomtheorie mit Wahrscheinlichkeiten arbeiten muß und daher im allgemeinen nur Wahrscheinlichkeitsaussagen machen kann.

Wir nehmen jetzt einen Fall vor, wo wir aus Experimentellem nur mittelbar eine Bestätigung der Unschärferelationen gewinnen können. Betrachten wir eine Wilsonaufnahme! In den Energieimpulssatz haben wir die Energie und den Impuls des stoßenden Teilchens (etwa eines α-Teilchens) vor dem Stoß einzusetzen. Sind uns diese Größen mit beliebiger Genauigkeit bekannt? Offenbar nicht, ja sie können beim vorliegenden Versuch prinzipiell nicht beliebig genau bestimmt werden. Denn jeder weiße Lichtpunkt auf der α-Teilchenbahn bedeutet mindestens ein durch das α-Teilchen ionisiertes Atom oder Molekül, das als Kondensationskern für den Wasserdampf gedient hat. Wieviel Impuls das α-Teilchen beim ionisierenden Stoß verloren hat, hängt davon ab, welchen Impuls das gestoßene Elektron vor dem Stoß im gebundenen Zustand hatte, und auch vom Impulsbetrag, der auf das übrige Atom übertragen worden ist. Selbst wenn der zweite Betrag nicht beachtet wird, bleibt der erste, über den hier prinzipiell nichts genaueres zu erfahren ist, als daß eben das Elektron irgend einen der Impulswerte hatte, die dem gebundenen Zustand entsprechen. Die Impulsungenauigkeit Δp_x ist also mindestens gleich der Impulsschwankung des Elektrons im gebundenen Zustand, d. h. gleich der Differenz der Extremwerte von p_x für das gebundene Elektron.

Auch über den Ort des α-Teilchens im Moment des Stoßes können wir hier keine genauere Aussage bekommen, als daß es sich irgendwo im Atom befindet; also ist Δx von der Größenordnung des Atomdurchmessers. Die Unschärferelationen geben $\Delta p_x \Delta x \geqq h$. Das ist also ein Hinweis auf die Mechanik des Atominnern; sie muß so beschaffen sein, daß die vorige Beziehung erfüllt ist — vorausgesetzt, daß die Unschärferelationen auch im Atominnern gelten.

Daß letzteres allgemein zutrifft, läßt ein einfaches Beispiel vermuten. Das H-Atom besteht aus einem Kern und einem Elektron. Die Experimente über den Durchgang von α-Teilchen durch Materie zeigen, daß auch in atomaren Dimensionen noch das Coulombsche Gesetz gilt. Dann ist es leicht, die Energie der Bindung des Elektrons an den Kern nach der klassischen Physik abzuschätzen. Aus dem Schwerpunktssatz (1 = Kern, 2 = Elektron; die Koordinaten $\mathfrak{r}_i$ bezogen auf ruhenden Schwerpunkt) $m_1 \mathfrak{r}_1 + m_2 \mathfrak{r}_2 = 0$ folgt, daß die kinetische Energie der Kernbewegung im Atominnern gegenüber der kinetischen Energie des Elektrons in guter Näherung vernachlässigt werden kann:

$$\frac{m_1}{2}\dot{\mathfrak{r}}_1^2 = \frac{m_2}{m_1}\frac{m_2}{2}\dot{\mathfrak{r}}_2^2 = \frac{1}{1835}\cdot\frac{m_2}{2}\dot{\mathfrak{r}}_2^2 .$$

Wir können unsere Betrachtung also aufs Elektron beschränken. Sei $\mathfrak{r}$ sein Lagenvektor, $\mathfrak{p}$ sein Impuls $m\mathfrak{v}$. Es ist identisch

$$\frac{d}{dt}(\mathfrak{r}\mathfrak{p}) = m\mathfrak{v}^2 + (\mathfrak{r}\dot{\mathfrak{p}}); \tag{21}$$

integriert über eine Zeit T:

$$(\mathfrak{r}, m\mathfrak{v})_0^T = \int_0^T m\mathfrak{v}^2\,dt + \int_0^T(\mathfrak{r}\dot{\mathfrak{p}})\,dt. \tag{22}$$

Das erste Integral rechts nimmt mit beliebig wachsendem T ständig zu, weil der Integrand nur positive Beiträge gibt; das zweite Integral wird dabei immer stärker negativ, weil $(\mathfrak{r}\dot{\mathfrak{p}})$ fast stets < 0 sein muß. Das folgt aus der Tatsache der Bindung: $\dot{\mathfrak{p}}$ ist auf das Anziehungszentrum zu gerichtet. Der Ausdruck links aber bleibt auch bei beliebig wachsendem T beschränkt, wieder wegen der Bindung: $\mathfrak{v}$ kann nicht beliebig zunehmen und $\mathfrak{r}$ auch nicht. Dividieren wir (22) durch T, so gilt also im Zeitmittel über viele „Umläufe" (Überstreichen bedeutet zeitlichen Mittelwert):

$$\frac{1}{T}\int_0^T m\mathfrak{v}^2 dt = 2\overline{E_{\text{kin}}} = -\overline{(\mathfrak{r}\dot{\mathfrak{p}})}; \tag{23}$$

aus der Bewegungsgleichung $\dot{\mathfrak{p}} =$ Kraft $\mathfrak{K}$ und dem Coulombschen Gesetz $\mathfrak{K} = -e^2\mathfrak{r}/r^3$ folgt weiter:

$$2\overline{E_{\text{kin}}} = +e^2\overline{\left(\mathfrak{r}, \frac{\mathfrak{r}}{r^3}\right)} = \overline{\frac{e^2}{r}} = -\overline{E_{\text{pot}}}; \tag{24}$$

denn die potentielle Energie der Coulombschen Anziehung ist $-e^2/r$. Daher die Gesamtenergie des Elektrons im gebundenen Zustand:

$$\overline{E_{\text{kin}} + E_{\text{pot}}} = W = -\overline{E_{\text{kin}}} = \frac{1}{2}\overline{E_{\text{pot}}} = -\overline{\frac{e^2}{2r}}. \tag{25}$$

Die Energie $|W|$ ist aufzuwenden, um das Elektron aus dem gebundenen Zustand herauszulösen; denn dann gilt $r \to \infty$, also $\overline{E_{\text{pot}}} \to 0$ (keine Bindung!) und $W_\infty = 0$. Um die Energie $|W|$ liegt der gebundene Zustand energetisch tiefer als W_∞; also ist $|W|$ die „Bindungsenergie".

Der Satz $W = -\overline{E_{\mathrm{kin}}} = \frac{1}{2}\overline{E_{\mathrm{pot}}}$ gilt übrigens auch für beliebig viel Teilchen, die mit Coulombschen Kräften aufeinander wirken und auf endlichen Raum beschränkt bleiben (Bindung!), solange die Geschwindigkeiten klein gegenüber der Lichtgeschwindigkeit sind (nicht zu hohe Kernladung und nicht zu kernnahe Bahnen, Gl. (21), S. 40). Das läßt sich genau so beweisen, wie für das hier behandelte Ein-Teilchen-Problem.

Aus (25) ist zu schließen:

1) Weil $1/r$ größenordnungsmäßig gleich $10^8\ \mathrm{cm}^{-1}$ ist (Atomdimensionen!), folgt: $|W| \approx 10^{-11}$ erg ≈ 7 e-Volt. Das ist jedenfalls die richtige Größenordnung der Bindungsenergie von Wasserstoff (experimentell 13,6 e-Volt, s. S. 24). Obwohl eine klassisch-mechanische Rechnung wie diese hier nicht streng richtig sein kann (S. 21), gibt sie doch die richtige Größenordnung. Es muß also eine nahe Beziehung zwischen klassischer und Atommechanik bestehen.

2) Für $\overline{E_{\mathrm{kin}}} = \overline{p^2}/2m$ wird man sicher größenordnungsmäßig $3\overline{p_x^2}/2m$ schreiben können. Andrerseits ist nach der Definition [(9) im Anhang zu diesem §] von Δp_x[1]:

$$(26)\qquad \tfrac{1}{2}(\Delta p_x)^2 = \overline{(p_x - \overline{p_x})^2} = \overline{p_x^2} - 2\overline{p_x}\,\overline{p_x} + \overline{p_x}^2 = \overline{p_x^2} - \overline{p_x}^2;$$

das zweite Glied ist in unserem Fall Null, weil $\overline{p_x} = 0$; denn die Bewegung ist (wegen der Bindung) hin- und hergehend. Also

$$(27)\qquad \Delta p_x = \sqrt{2\overline{p_x^2}} \approx \sqrt{\frac{2\cdot 2m\,|W|}{3}} \approx \sqrt{\frac{2\cdot 2\cdot 9\cdot 10^{-28}\cdot 10^{-11}}{3}} \approx 10^{-19}\ \mathrm{g\ cm/sec};$$

mit $\Delta x \approx 10^{-8}$ cm erhält man wirklich

$$(28)\qquad \Delta p_x \Delta x \approx 10^{-27} \approx \hbar.$$

Für die höher angeregten Zustände ist $\Delta x \Delta p_x$ größer. Beweis: Es ist $\Delta x \approx 2R$, wenn wir mit R einen Mittelwert von r bezeichnen; und $\Delta p_x \approx \frac{2}{\sqrt{3}}\sqrt{\frac{me^2}{2R}}$ nach (27), (25). $|W|$ nimmt ab mit wachsender Anregung, nach (25) nimmt daher R zu. Also nimmt:

$$(28\mathrm{a})\qquad \Delta x \Delta p_x \approx 2\cdot\sqrt{\frac{2}{3}}\cdot e\cdot\sqrt{mR}$$

mit wachsender Anregung zu, das Unschärfeprodukt ist daher

---

[1]) Die Beziehung (26) gilt übrigens für **jedes** Schwankungsquadrat.

immer $\geqq \hbar$. Für den Atomradius im Grundzustand folgt aus $\Delta x \Delta p_x = \hbar$ die Größenordnung: $R \approx \frac{\hbar^2}{me^2} \approx \frac{1}{2}$ Å.

Außerdem folgt, wenn wir die Bindungsenergie mit B bezeichnen:

$$\bar{p} \approx \sqrt{\overline{p^2}} \approx \sqrt{3\overline{p_x^2}} = \sqrt{\frac{3}{2}}\,\Delta p_x \approx \sqrt{\frac{me^2}{R}} \approx \sqrt{2m\,\bar{B}}\,,$$

was für den Grundzustand in

$$\bar{p} \approx \sqrt{\frac{me^2}{\hbar^2/(me^2)}} = \frac{me^2}{\hbar}$$

übergeht. Dies bedeutet, daß die mittlere Geschwindigkeit des Elektrons im Grundzustand wird:

$$\bar{v} \approx \frac{e^2}{\hbar} = \frac{1}{137}\,c\,,$$

was unsere nicht-relativistische Rechnung rechtfertigt.

Natürlich haben wir mit den Unschärferelationen noch keine Atomtheorie in Händen. Wir kommen einen Schritt weiter, wenn wir die (kräftefreie) Bewegung eines Teilchens in einem Kasten (Seitenlänge L) betrachten. Wir nehmen an, es werde an den Wänden elastisch reflektiert. Die zugeordnete de Broglie-Welle wird dann auch elastisch reflektiert werden[1]); mit anderen Worten: es bilden sich stehende Wellen aus. Die Analogie zwischen Lichtquanten und Materieteilchen spricht dafür, daß die zugeordneten Wellen sich ebenfalls ähnlich verhalten werden. Wir nehmen daher an, daß die de Brogliewelle ähnlich wie eine Lichtwelle reflektiert wird. Betrachten wir der Einfachheit halber einen eindimensionalen „Kasten" (hin- und hergehende Bewegung auf der x-Achse, zwischen $x = 0$ und $x = L$), so gilt offenbar

(29) $$L = n\lambda/2;\ n \text{ eine ganze Zahl} > 0.$$

Denn nur unter dieser Bedingung paßt die räumliche Periodizität der Welle zur Kastenlänge. Für die Bewegung des Teilchens sind nur bestimmte Impulswerte

[1]) Wenn die Wände hinreichend dick sind, s. S. 102.

(30) $$p_x = \pm \frac{nh}{2L}$$

möglich; das hat die Existenz diskreter Energiestufen zur Folge: Nur die Energien

(31) $$W_n = \frac{p_x^2}{2m} = \frac{1}{2m}\left(\frac{nh}{2L}\right)^2$$

sind dem Teilchen „erlaubt". Man rechnet leicht nach, daß selbst für Elektronen die Energieabstände $W_{n+1} - W_n$ unmeßbar klein sind — auch wenn n sehr groß ist (etwa $n \approx 10$)[1]) — wenn nur L makroskopische Größe ($L \approx 1$ cm z. B.) hat. Für atomare Dimensionen dagegen ($L \approx 10^{-8}$ cm) wird schon W_1 von der Größenordnung von 40 Volt (m = Elektronenmasse gesetzt):

(32) $$W_1 \approx 6 \cdot 10^{-11} \text{ erg} = 38 \text{ eVolt}.$$

Wir haben in unserem Kasten offenbar ein sehr schematisches Modell eines Atoms mit einem Elektron vor uns. Das bestätigen auch die folgenden Überlegungen.

Für die Impulsschwankung Δp_x folgt aus (26) wegen $\bar{p}_x = 0$:

(33) $$\Delta p_x = \sqrt{2\overline{p_x^2}} = \frac{nh}{\sqrt{2}L};$$

mit $\Delta x \approx L$ erhält man so

(34) $$\Delta p_x \Delta x \approx \frac{nh}{\sqrt{2}}.$$

Das Unschärfeprodukt bezieht sich hier auf einen Zustand gegebener Energie W_n und wird mit wachsendem n, d. h. wachsender Energie E_n immer größer. $n = 1$ entspricht dem energetisch tiefsten Zustand; für ihn ist, wie im vorigen Beispiel:

(35) $$\Delta p_x \Delta x \approx h.$$

[1]) Sehr viel höhere Werte kommen unter normalen Bedingungen nicht vor, wie hier ohne Beweis angegeben sei.

Wir zeichnen die Bewegung in einer Ebene mit den Koordinaten x, p_x („Phasenebene") auf. Nach der klassischen Mechanik gilt zwischen $x = 0$ und $x = L$: $x = p_x t/m$ und nach (30) $p_x = +nh/2L$. Wenn $n = 1$, läuft das Teilchen, d. h. der „Phasenpunkt" in unserer Ebene, auf der Horizontalen $p_x = h/2L$ von A nach B, springt dort auf C (die Impulsrichtung kehrt sich um!) und wandert mit derselben Geschwindigkeit $|p_x|/m$ nach D, springt auf A und wiederholt seinen Weg AB usw. Es umläuft so in der Phasenebene (x, p_x) ein Flächenstück der Größe $h/L \cdot L = h$; allgemein wird in der „Phasenbahn" n die Fläche nh umlaufen. Gl. (34) bedeutet also: Das Unschärfeprodukt $\Delta p_x \Delta x$ gibt größenordnungsmäßig die Fläche in der Phasenebene an, die dem betrachteten Zustand n zugeordnet ist. Das gilt allgemein, wie geometrisch leicht einzusehen ist.

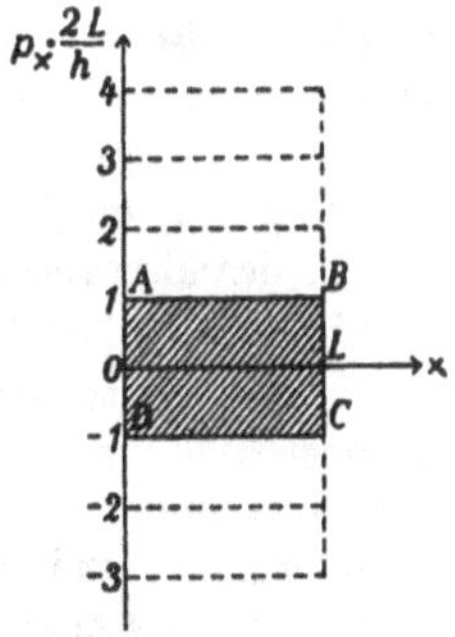

Abb. 3
Bewegung in der Phasenebene beim Kastenmodell

Die Bewegungsfrequenz ν' des Teilchens ist die Zahl der Hin- und Hergänge in der sec; für einen solchen Weg braucht es nach der klassischen Mechanik die Zeit $2mL/|p_x| = (2L)^2 m/nh$. Also

$$(36) \qquad \nu' = \frac{nh}{m(2L)^2}.$$

Wenden wir auf unser Modell die empirisch gesicherte Frequenzbedingung an, so folgt: Das System kann seine Energie von $W_{n+\Delta n}$ ändern in W_n und dabei die Frequenz (vgl. (31)):

$$(37) \qquad \nu'' = \frac{W_{n+\Delta n} - W_n}{h} = \frac{\Delta n\,(2n + \Delta n)\,h}{2m(2L)^2}$$

ausstrahlen. Die Betrachtungen über Dispersion (Bd. I, Dualität des Lichtes) zeigen, daß in einer richtigen

Atomtheorie mechanische Schwingungsfrequenzen und Lichtstrahlungsfrequenzen übereinstimmen müssen. Das ist hier nicht der Fall ($\nu' \neq \nu''$), also muß, weil wir an der Richtigkeit der de Broglieschen Zuordnung aus experimentellen Gründen nicht zweifeln können, die verwendete Mechanik falsch sein. (Genauer gesagt haben wir klassische Mechanik angewendet auf eine Bewegung, deren Impuls und Energie durch Wellenbetrachtungen diskret festgelegt ist. Mit klassischer Mechanik allein hätten wir gar keine diskrete Energien bekommen.) Die klassische Mechanik gilt in atomaren Dimensionen nicht; das kann uns nicht wundern, die Teilchen sind ja auch nicht Korpuskeln im Sinn der klassischen Mechanik. Wir werden den vorigen Schluß noch öfters bestätigen können.

Der deutlichste Unterschied zwischen klassischer und Atommechanik besteht in der Existenz diskreter Energiestufen („Quantenzustände"). Wir sehen aber aus (31), daß für sehr großes n und nicht zu großes Δn der relative Energieunterschied der Energieniveaus

$$(38) \qquad \frac{W_{n+\Delta n} - W_n}{W_n} = \frac{\Delta n\,(2n + \Delta n)}{n^2} \approx \frac{2\Delta n}{n}$$

beliebig klein wird! Dort nähert man sich also der klassischen kontinuierlichen Verteilung der Energiestufen — und nach (36), (37) erhält man für $\Delta n = 1$ und großes n auch asymptotisches Gleichwerden von ν' und ν''! Der klassischen Bewegungsfrequenz ν' auf der Bahn n entspricht („korrespondiert") so die Freqenz ν'' (wir wollen sie Quantenfrequenz nennen), die dem Übergang zwischen benachbarten Energiestufen $n + 1$ und n (oder auch n und $n - 1$) zugeordnet ist. Es besteht also eine „korrespondenzmäßige" Verwandtschaft zwischen der klassischen und der noch unbekannten Atommechanik; näheres in § 3. Damit wird auch verständlich, daß wir mit unserer klassisch-mechanischen Rechnung S. 16, die richtige Größenordnung für die Bindungsenergie des H-Atoms bekamen.

Die eben genannte Rechnung wollen wir jetzt etwas genauer betrachten. Aus dem Wert von $\bar{p}$

$$(39) \qquad \bar{p} \approx \sqrt{3\overline{p_x^2}} = \Delta p_x \sqrt{\tfrac{3}{2}} \approx 10^{-19}\ \mathrm{g\ cm/sec}$$

schließen wir auf die Wellenlänge der Elektronenbewegung im Grundzustand von H:

$$(40) \qquad \bar{\lambda} \approx h/\bar{p} \approx 10^{-8}\ \mathrm{cm};$$

also kann von einer klassischen (partikelmäßigen) Beschreibung der Elektronenbewegung nicht mehr die Rede sein, die Wellenlänge ist ja von derselben Größenordnung wie der Bereich, in dem das Elektron umläuft. Das Wellenpaket würde in wenigen Umläufen zerlaufen; denn die Umlaufszeit ist

$$\approx \frac{\text{Atomdurchmesser}}{\bar{p}/m} \ (\text{wegen}\ \bar{p} = m\bar{v})$$

$$\approx \frac{10^{-8} \cdot 9 \cdot 10^{-28}}{10^{-19}} \approx 9 \cdot 10^{-17}\ \mathrm{sec},$$

die Verdopplungszeit des Wellenpakets $\approx 10^{-17}$ sec (S. 13).

Dennoch können wir hier mit Korrespondenzbetrachtungen zu präzisen Ergebnissen kommen, auch ohne Kenntnis der Atommechanik. Denken wir uns ein H-Atom ohne weitere äußere Störungen, als daß wir ihm geeignete Energiemengen (entsprechend den diskreten Energiedifferenzen) zuführen. Seine innere Energie W wird dabei von negativen Werten gegen $W = 0$ zu ansteigen (nach Gl. (25), S. 15); auch wird sein mittlerer Radius R immer größer (nach derselben Gl.). Das Verhältnis von Teilchenwellenlänge zu Atomradius wird dabei immer kleiner; denn nach (25) ist:

$$(41) \qquad \bar{\lambda}/R \approx \frac{h}{\bar{p}R} \approx \frac{h}{\sqrt{2m|W|}\,R} \approx \sqrt{\frac{h^2}{me^2 R}} = \sqrt{\frac{2 \cdot 10^{-7}}{R}}\,.$$

Gleichzeitig werden die „Dualitätseffekte" unmerklich, wenn wir nicht sehr genau messen wollen. Messen wir nämlich den Ort des Teilchens mit einer Genauigkeit $\Delta x = \alpha R$, wo α etwa gleich 10^{-3}, so wird die Verdopplungszeit t des „Wellenpakets" unserer Ortskenntnis nach S. 13:

$$(42) \qquad t = \frac{m\alpha^2 R^2}{2h}\,.$$

Andererseits ist die Umlaufszeit des Elektrons, wenn wir der Einfachheit halber mit einer Kreisbahn rechnen: $\tau = 2\pi R/v = 2\pi Rm/p$. Also

$$(43)\qquad t/\tau = \frac{\alpha^2 Rp}{4\pi h} = \frac{\alpha^2}{4\pi} \cdot \frac{R}{\lambda},$$

was mit zunehmendem R nach (41) beliebig groß wird. Das Wellenpaket hält dann praktisch zusammen, wir haben die Bewegung eines „Massenpunkts" auf der Bahn. Hier ist die klassische Bahnbeschreibung also sinnvoll. Deshalb können wir auf diesen Fall (R hinreichend groß) die Rechnungen von S. 15, Gl. (21)–(25), die dort nur zur Orientierung dienten, streng anwenden.

Das Wasserstoffspektrum. Erfahrungsgemäß (Balmer 1885) ist die Ausstrahlung des Wasserstoffs darstellbar in der Form (λ = Vakuumwellenlänge):

$$(44)\qquad 1/\lambda = \nu/c = R\left(\frac{1}{n^2} - \frac{1}{n'^2}\right); \quad R = 109677{,}576\ \mathrm{cm}^{-1};$$

(R=Rydbergzahl), n, n' ganze Zahlen $\neq 0$. Wie genau (44) richtig ist, soll an einem Ausschnitt aus dem Wasserstoffspektrum gezeigt werden. In der ersten Zeile stehen die beobachteten Vakuum-Wellenlängen (in Å), darunter die

Tabelle 1. Die Wasserstoffserien

n' \ n	1 Lymanserie	2 Balmerserie	3 Paschenserie	4 Brackettserie
2	1215,68 (1215,68) 82258,32	—	—	—
3	1025,73 (1025,73) 97491,34	6564,66 Hα (6564,68) 15233,02	—	—
4	972,54 (972,55) 102822,90	4862,68 Hβ (4862,73) 20564,58	18756,4 (18756,2) 5331,56	—
5	949,74 (949,75) 105290,65	4341,68 Hγ (4341,72) 23032,33	12821,2 (12821,7) 7799,31	40500 (40522,3) 2467,75

berechneten $c/\nu(=\lambda_{\mathrm{vac}})$, und unter diesen die berechneten ν/c in cm^{-1}. Die Bezeichnung „Lymanserie" usw. wird S. 27

erklärt. Vertikal untereinander stehen die Linien von gleichem n und verschiedenem n'.

Nach (44) ist $h\nu$, wie es die Frequenzbedingung allgemein verlangt, die Differenz zweier Energien

$$h\nu = W_{n_1} - W_{n_2};$$

bei der Emission ist W_{n_1} das Ausgangsniveau, s. Abb. 4a (linker Pfeil), und der Übergang würde von $n_1 \to n_2$ gehen; bei der Absorption also umgekehrt (rechter Pfeil): $n_2 \to n_1$. Die

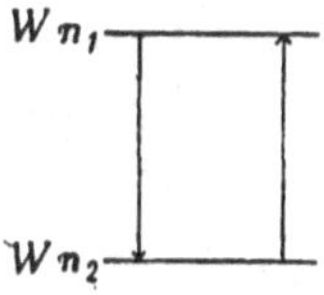

Abb. 4a. Emission und Absorption

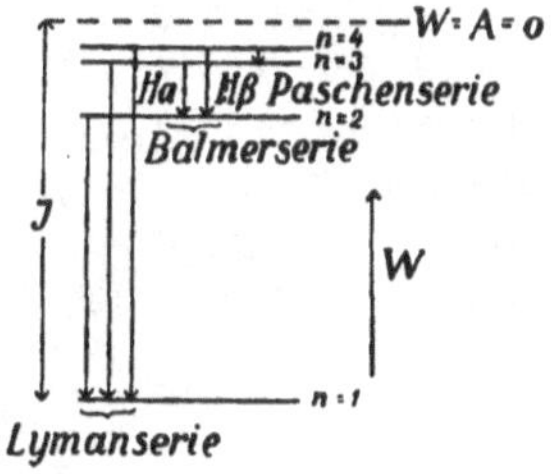

Abb. 4b. Energiestufen und Spektralserien des Wasserstoffatoms

Erfahrung zeigt, daß mit wachsender Anregung zuerst die Linien niedriger (n, n')-Werte erscheinen; z. B. kommt Hα vor Hβ. Das bedeutet $W_4 > W_3$ s. Tab. 1 und Gl. (44)! Es folgt weiter, daß die erste Linie der Paschenserie ($n = 3$, $n' = 4$):

$$h\nu = Rhc\left(\frac{1}{3^2} - \frac{1}{4^2}\right) \tag{45}$$

sich in der Form $h\nu = W_4 - W_3$ darstellen lassen muß. Daher ist $W_3 = -Rhc/3^2 + A$; allgemein:

$$W_n = -\frac{Rhc}{n^2} + A, \tag{46}$$

wo A eine willkürliche Konstante ist, die hier aus der Erfahrung nicht bestimmt werden kann. $n = 1$ ist der Grundzustand des H-Atoms, er entspricht der kleinsten Energie des Atoms. Das negative Zeichen in (46) entspricht offenbar der Tatsache der Bindung; je kleiner n, desto stärker ist sie; $n \gg 1$ gibt $W_n \to A$, s. auch Abb. 4b. A ist die Grenzenergie, bei der die Bindung aufhört, daher ist der Unterschied zwischen dieser Grenze und dem Grundzustand:

$$(47) \qquad A - \left(\frac{-Rhc}{1^2} + A\right) = Rhc = I = 13{,}60\ e\text{-Volt},$$

die zur völligen Entfernung des Elektrons nötige Arbeit, die Ionisierungsspannung (des Wasserstoffs). Auch in diesem Fall wird der relative Energieunterschied von zwei diskreten Energieniveaus $(W_{n+\Delta n} - W_n)/|W_n - A| \ll 1$ (von der Ordnung $1/n$), wenn $n \gg 1$; (Übergang zur klassischen kontinuierlichen Energiestufenverteilung!). Die Ausstrahlungsfrequenz $\nu_{n+1,\,n}$ wird dann

$$(48) \qquad \nu_{n+1,\,n} = \nu'' = Rc\left(\frac{1}{n^2} - \frac{1}{(n+1)^2}\right) \approx \frac{2\,Rc}{n^3}.$$

Wir können $A = 0$ setzen; dann bedeutet $W_n < 0$ Bindung, $W_n = 0$ die Ionisationsgrenze.

Das entspricht nämlich der Energienormierung bei unserer klassisch-mechanischen Rechnung, dort war $W \to 0$ für $E_{\text{pot}} \to 0$ (keine Bindung mehr).

Die innere Energie wächst mit wachsendem n. Nach den Überlegungen von S. 22 müssen die erfahrungsmäßigen Gln. (44), (46), (48) für $n \gg 1$ mit den entsprechenden klassischen übereinstimmen! Wir rechnen der Einfachheit halber klassisch mit einer Kreisbahn; die Umlaufsfrequenz ν' ist wegen (25)

$$(49) \qquad \nu' = 1/\tau = \frac{p}{2\pi r m} = \frac{\sqrt{2m\,|W_{kl}|}}{\pi m e^2}\,|W_{kl}|\,;$$

dabei ist die „klassische“ Energie W mit W_{kl} bezeichnet; aus (49) folgt

$$(50) \qquad \frac{|W_{kl}|^3}{\nu'^2} = \frac{\pi^2 m e^4}{2}.$$

Das „quantentheoretische“ Analogon dazu (das also der wirklichen Atommechanik entspricht), ist nach (46), (48) für $n \gg 1$:

$$\frac{|W|^3}{\nu''^2} = \frac{Rh^3c}{4}; \tag{51}$$

das muß mit (50) übereinstimmen.

Aus (50) und (51) ergibt sich eine theoretische Bestimmung der empirisch bekannten Größe R und damit eine Prüfungsmöglichkeit unserer Überlegungen:

$$R_{\text{theor.}} = \frac{2\pi^2 m e^4}{h^3 c} = R_\infty = 1{,}097 \cdot 10^5\ \text{cm}^{-1}. \tag{52}$$

Die Bezeichnung R_∞ wird noch erklärt. Der Wert (52) stimmt mit dem experimentellen R, Gl. (44), überein!

Wir schließen weiter: Wenn der Kern die Ladung Ze hat, aber nur ein einziges Elektron vorhanden ist — das ist der Fall von He^+, Li^{++}, Be^{+++} usw. — dann gilt die klassische Rechnung genau so wie vorher, nur in der potentiellen Energie heißt es Ze^2/r statt e^2/r. Es ist dann also in allen klassischen Formeln e^2 durch Ze^2 zu ersetzen. Aus der korrespondenzmäßigen Übereinstimmung für $n \gg 1$ folgt, daß R durch $R_\infty \cdot Z^2$ zu ersetzen ist. Für ein solches System gilt daher:

$$1/\lambda = R_\infty \cdot Z^2 \left(\frac{1}{n^2} - \frac{1}{n'^2}\right); \quad W_n = -\frac{R_\infty h c Z^2}{n^2}; \tag{53}$$

die Frequenzen von He^+ ($Z = 2$) sind also einfach viermal größer als die entsprechenden, zu gleichen n, n' gehörenden, von H; diejenigen von Li^{++} sind neunmal größer usw. Die Linienemission verschiebt sich in der Reihenfolge H, H^+, Li^{++},...immer mehr ins äußerste Ultraviolett. Die Ionisationsspannung von He^+ ist viermal so groß wie die von H, die von Li^{++} neunmal so groß usw.

An der Formel (53) ist aber noch eine Korrektur anzubringen. Bei unserer klassisch-mechanischen Rechnung haben wir die Kernbewegung vernachlässigt, weil ihre kinetische Energie nach S. 15, nur 1/2‰ der E_{kin} des Elektrons beträgt. Die Genauigkeit spektroskopischer Messungen ist aber sehr hoch, so daß es angebracht scheint, auch diese Korrektur zu berücksichtigen. Durch eine einfache Rechnung, wobei der Schwerpunktssatz (s. S. 14) zu beachten ist, findet man, daß in (53) an Stelle von m ($= m_{\text{Elektron}}$) zu setzen ist (vgl. (52)):

$$(54)\quad \mu = \frac{m_{El}\, m_{\text{Kern}}}{m_{El} + m_{\text{Kern}}} = \text{„resultierende Masse“ von Elektron und Kern.}$$

Daraus folgt endgültig an Stelle von (53):

$$(55)\quad 1/\lambda = \frac{R_\infty Z^2}{1 + \frac{m_{El}}{m_{\text{Kern}}}} \left(\frac{1}{n^2} - \frac{1}{n'^2}\right) = R_{\text{Kern}} \cdot Z^2 \left(\frac{1}{n^2} - \frac{1}{n'^2}\right);$$

$$W_n = - R_{\text{Kern}} \cdot hc \cdot \frac{Z^2}{n^2}.$$

Der Wert R_∞ in (52) entspricht nnendlich schwerem Kern; denn dann geht $\mu \to m_{El}$. Der empirische Wert R von Gl. (44) gehört zu H, ist also theoretisch als R_H zu bezeichnen und hat theoretisch den Wert [1]):

$$(56)\quad R_H = R_\infty \cdot \frac{1}{1 + \frac{m_{El}}{m_{\text{Proton}}}} = \frac{2\pi^2 m_{El}\, e^4}{h^3 c \left(1 + \frac{m_{El}}{m_{\text{Proton}}}\right)}.$$

Nach (55) liegen die He^+-Linien **nicht genau** an den Stellen vierfacher Frequenz der entsprechenden H-Linien, sondern wegen des größeren $m_{\text{Kern}} = m_\alpha$ etwas nach kürzeren Wellenlängen dagegen verschoben. Gl. (55) ist an der Linienemission von He^+, Li^{++}, Be^{+++}, B^{++++} geprüft und bestätigt gefunden worden.

Bei der Auffindung des schweren Wasserstoffisotops **Deuterium** (D, Atomgewicht 2,014735) hat die Gl. (55) eine wichtige Rolle gespielt. Die Linien von D liegen nämlich nach (55) gegen die entsprechenden von H verschoben um

[1]) Da der Korrektionsfaktor von R_H gegenüber R_∞ nur $^1/_2\,{}^0/_{00}$ ausmacht, so ist damit erklärt, warum das für H eigentlich nicht zuständige R_∞ doch bei der in (52) benutzten Genauigkeit mit dem empirischen R_H, Gl. (44), übereinstimmt.

$$(57)\quad \Delta\lambda = \lambda_H - \lambda_D = \lambda_H\,(1 - \lambda_D/\lambda_H) = \lambda_H\,(1 - R_H/R_D)$$

$$= \lambda_H\,\frac{m_{El}\left(\dfrac{m_D}{m_{\text{Proton}}} - 1\right)}{m_D\left(\dfrac{m_{El}}{m_{\text{Proton}}} + 1\right)} \approx \lambda_H \cdot \frac{1}{2\cdot 1835}\,.$$

Bei H_α sind das 1,8 Å, s. Tab. 1, S. 22. Durch geeignete physikalische Prozesse suchte man in Wasser eine Anreicherung des vermuteten schweren Isotops vom Atomgewicht 2 herbeizuführen. Dann müßten im Spektrum der angereicherten Proben neben den H-Linien im Abstand (57) neue Linien auftreten. Daß dies wirklich der Fall war, bedeutete die Entdeckung des Isotops (Urey) und zugleich eine neue Bestätigung der Formel (55). Heute stellt man schweren Wasserstoff im großen her durch Elektrolysieren von Wasser. Er spielt als Indikator bei der Untersuchung chemischer und biologischer Prozesse eine Rolle. Die zwei H-Isotopen haben nämlich wegen ihrer großen Massenverschiedenheit recht verschiedene physikalische und chemische Eigenschaften, so daß schwerer Wasserstoff auf seinen Wanderungen bei chemischen Umsetzungen und bei Lebensvorgängen verhältnismäßig leicht von gewöhnlichem Wasserstoff zu unterscheiden ist.

Tab. 1 gibt ein schönes Beispiel zum Kombinationsprinzip. Man kann z. B. aus ν_{21} und ν_{31} (die ersten 2 Linien in der 1. Spalte) durch Differenzbildung die Linie ν_{32} (H_α) berechnen; denn $\nu_{31} - \nu_{21} = (W_3 - W_1 - (W_2 - W_1))/h = \nu_{32}$. Offenbar kann man mit der Kenntnis der Linien der 1. Spalte alle übrigen Frequenzen ausrechnen. So sind die Linien der 3. und 4. Spalte auch wirklich entdeckt worden. Man faßt die Emissionslinien mit gleichem tieferliegenden Zustand (also Endzustand) n zu einer Linien-„Serie" zusammen; bei der Absorption ist dann der Anfangszustand allen Linien einer Serie gemeinsam. In Tab. 1 bilden die Linien jeder Spalte eine Serie; die Serien sind nach Forschern benannt. Mit wachsendem n' („Laufzahl" der Serie) werden die Linien immer kurzwelliger und nähern sich einander immer mehr. Die „Seriengrenze“ wird für $n' = \infty$ erreicht; sie liegt bei $1/\lambda = \frac{R}{n^2} = \frac{|W_n|}{hc}$, ist also durch den Energiewert der Energiestufe gegeben, die allen Linien der Serie gemeinsam ist; vgl. auch Abb. 4b, S. 23. In Abb. 5 stellen wir die Balmer-

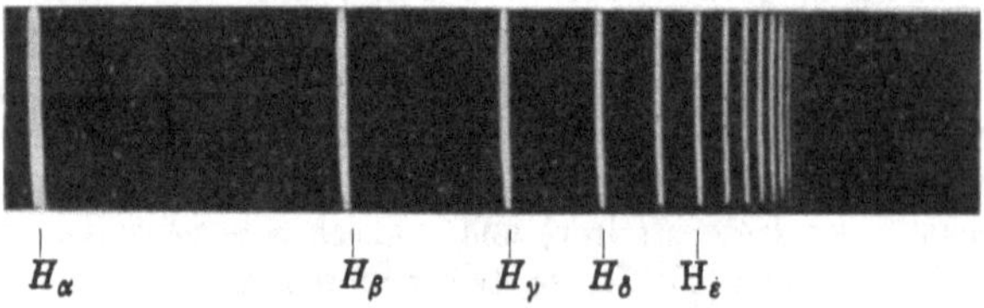

Abb. 5a. Die Balmerserie des Wasserstoffs.

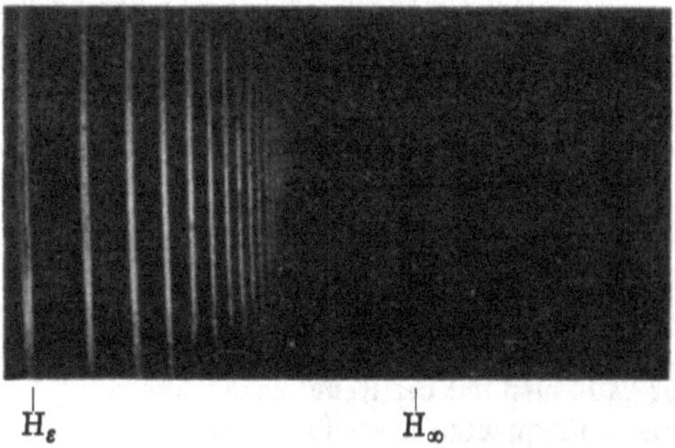

Abb. 5b. Das Ende der Balmerserie

(Abb. 5 a, b nach G. Herzberg, Ann. d. Phys. Folge 4, Bd. 84, S. 696, 1927.)

serie (Abb. 5a) und in größerer Auflösung ihr Ende dar (Abb. 5b); die Grenze liegt im Violetten bei $1/\lambda = R/4$; $\lambda_{vac} = 3647{,}05$ Å. Man bemerke, daß die Linien am Serienende immer schwächer werden.

Allgemein ist bei beliebigen Atomen aus der Messung der Seriengrenze die den Serienlinien gemeinsame Energiestufe bestimmbar, wegen $\nu = \frac{W_n - W_{n'}}{h} \to \frac{W_n}{h}$, wenn die Energie $W_{n'}$ für $n' \to \infty$ als Nullniveau der Energiezählung gewählt wird.

Noch eine Bemerkung zu den Unschärferelationen: Das Beispiel von S. 17/18 zeigt, daß eine Welle, die sich für beliebige Zeiten auf beschränktem Raum unverändert erhalten soll, diskrete Frequenz hat. Allgemein sind diskrete Energiestufen nur durch Wellen darstellbar, die sich beliebig lange Zeit erhalten. Das folgt aus der Unschärferelation $\Delta E \Delta t \geqq \hbar$; ΔE kann nur dann Null sein, wenn Δt beliebig groß ist. Daraus folgt auch, daß zeitlich abklingende Vorgänge, bei denen also die „Lebensdauer" Δt endlich ist, unscharfe Energiewerte haben, und daß diese Unschärfe wächst mit der „Übergangswahrscheinlichkeit" des Systems aus dem betrachteten Zustand in einen andern. In diese Kategorie gehören alle Arten von Übergängen zwischen diskreten Energiestufen, auch der radioaktive Zerfall, denn Teilchen-Emission bedeutet auch Übergang zwischen diskreten Energien, wie der α-Zerfall zeigt.

Anhang zu § 1

Beweis der Unschärferelationen, Gl. (17), S. 9. Zuerst stellen wir die Formeln des Fourierschen Lehrsatzes zusammen:

Jede[1]) periodische Funktion $f(t)$ mit der Periode τ läßt sich in der Form darstellen (Fouriersche Reihe):

$$(1) \quad f(t) = \sum_{n=-\infty}^{+\infty} a_n e^{-2\pi i n t/\tau}; \quad n \text{ durchläuft alle ganzen Zahlen.}$$

Wir bilden (m eine ganze Zahl):

$$(2) \quad \int_{-\tau/2}^{\tau/2} f(t) e^{2\pi i m t/\tau}\, dt = \sum_{n=-\infty}^{+\infty} a_n \int_{-\tau/2}^{\tau/2} e^{2\pi i (m-n) t/\tau}\, dt$$

$$= \sum_{n=-\infty}^{+\infty} a_n \frac{e^{\pi i (m-n)} - e^{-\pi i (m-n)}}{2\pi i (m-n)} \tau = a_m \cdot \tau ,$$

denn die anderen Glieder a_n haben den Faktor Null. Einsetzen in (1) gibt die Identität:

---

[1]) Mit geringen Einschränkungen, s. S. 6.

$$(3)\qquad f(t) = \sum_{n=-\infty}^{+\infty} \frac{1}{\tau} \int_{-\tau/2}^{+\tau/2} f(t') e^{-2\pi i n (t-t')/\tau}\, dt' .$$

Machen wir in (3) formal[1]) den Grenzübergang $\tau \to \infty$, so erhalten wir die Darstellung einer unperiodischen, also beliebigen Funktion $f(t)$. Wir setzen $1/\tau = \Delta\nu$ und bekommen zunächst

$$(4)\qquad f(t) = \lim_{\Delta\nu \to 0} \sum_{n=-\infty}^{+\infty} \Delta\nu \int_{-\tau/2}^{\tau/2} f(t')\, e^{-2\pi i n \Delta\nu (t-t')}\, dt' .$$

Es ist aber gemäß dem Integralbegriff:

$$(5)\qquad \lim_{\Delta\nu \to 0} \sum_{n=-\infty}^{+\infty} \Delta\nu F(n\Delta\nu) = \int_{-\infty}^{+\infty} F(\nu)\, d\nu ;$$

also gilt die Identität (Fouriersches Doppelintegral):

$$(6)\qquad f(t) = \int_{-\infty}^{+\infty} d\nu \int_{-\infty}^{+\infty} f(t') e^{-2\pi i \nu (t-t')}\, dt'$$

$$= \frac{1}{2\pi} \int\int_{-\infty}^{+\infty} f(t') e^{i\omega t'}\, dt'\, e^{-i\omega t}\, d\omega ,$$

wenn wir $\omega = 2\pi\nu$ setzen. Nach (6) ist $f(t)$ dargestellt als Überlagerung von Schwingungen $e^{-i\omega t}$ mit Amplitudenfaktoren, die wir $\frac{1}{\sqrt{2\pi}}\, \varphi(\omega)$ nennen können, wo

$$(7)\qquad \varphi(\omega) = \frac{1}{\sqrt{2\pi}} \int_{-\infty}^{+\infty} f(t') e^{i\omega t'}\, dt',$$

und nach (6) (Fouriersches Integral):

$$(8)\qquad f(t) = \frac{1}{\sqrt{2\pi}} \int_{-\infty}^{+\infty} \varphi(\omega) e^{-i\omega t}\, d\omega .$$

Entsprechendes gilt, wenn f von mehr Variablen abhängt.

[1]) Diese Betrachtung ist mathematisch nicht streng, aber ihr Ergebnis (6), (7), (8) ist richtig.

Wir definieren die Unschärfe oder Schwankung ΔC einer Größe C durch die Gleichung

(9) $$\tfrac{1}{2}(\Delta C)^2 = \overline{(C - \overline{C})^2}\,;$$

$1/2 \cdot (\Delta C)^2$ ist demnach der Mittelwert des Schwankungsquadrats von C um den Mittelwert $\overline{C}$ von C. $\overline{(C - \overline{C})^2}$ ist das einfachste Maß von Schwankungen um einen Mittelwert, wie man daraus sieht, daß $\overline{(C - \overline{C})} = \overline{C} - \overline{C} = 0$ ist.

Also:

(10) $$\tfrac{1}{2}(\Delta\omega)^2 = \overline{(\omega - \overline{\omega})^2}\,.$$

Zur Bildung der Mittelwerte hat man mit dem „Gewicht" zu multiplizieren, mit dem der Funktionswert (hier ω) vorkommt. Da es sich um die Darstellung einer Funktion[1]) $f(t)$ durch Schwingungen $e^{-i\omega t}$ handeln soll, so ist wie in (8) zu setzen:

(11) $$f(t) = \frac{1}{\sqrt{2\pi}} \int_{-\infty}^{+\infty} \varphi(\omega) e^{-i\omega t} d\omega\,;$$

also ist $\frac{1}{\sqrt{2\pi}}\varphi(\omega)$ die Gewichtsfunktion für ω, denn sie gibt an, mit welchem Gewicht die Schwingungen $e^{-i\omega t}$ vorkommen.

Wir definieren daher für eine beliebige Funktion $F(\omega)$ als Mittelwert:

(12) $$\overline{F(\omega)} = \frac{\int_{-\infty}^{+\infty} F(\omega)\,|\varphi(\omega)|^2\, d\omega}{\int_{-\infty}^{+\infty} |\,\varphi(\omega)\,|^2\, d\omega}\,.$$

Das ist eine zweckmäßige Definition; denn $|\varphi(\omega)|$ ist die Amplitude der Schwingung $\varphi(\omega)e^{\,i\omega t}$, also ist $|\,\varphi(\omega)|^2$ ein einfaches Maß der Stärke, mit der die Schwingung vorkommt. An dem Beispiel S. 7 sieht man, daß es ja nur darauf ankommt, das „Gewicht" so zu definieren, daß es dort groß ist, wo die Amplituden der Schwingungen $\varphi e^{\,i\omega t}$ groß sind. Offenbar ist $f(t)$ die Gewichtsfunktion für t, denn die (hier als gegeben gedachte) Funktion f gibt an, welche Werte von t stark vertreten sind und welche

[1]) Die übrigens auch noch von x, y, z abhängen kann; dann hängt auch $\varphi(\omega)$ von x, y, z ab. Sonst bleibt der folgende Beweis ungeändert.

nicht; vgl. auch das Beispiel von S. 7. Daher ist der Mittelwert einer beliebigen Funktion $G(t)$ von t:

$$(13)\qquad \overline{G(t)} = \frac{\int\limits_{-\infty}^{+\infty} G(t)\,|\,f(t)\,|^2\,dt}{\int\limits_{-\infty}^{+\infty} |\,f(t)\,|^2\,dt}$$

Wir beweisen zunächst, daß

$$(14)\qquad \int\limits_{-\infty}^{+\infty} |\,\varphi(\omega)\,|^2\,d\omega = \int\limits_{-\infty}^{+\infty} |\,f(t)\,|^2\,dt\,.$$

Es ist nämlich nach (7), wenn wir den konjugiert komplexen Wert mit einem * bezeichnen:

$$(15)\qquad \int\limits_{-\infty}^{+\infty} |\,\varphi(\omega)\,|^2\,d\omega = \frac{1}{2\pi}\int\!\!\int\limits_{-\infty}^{+\infty}\!\!\int f^*(t)e^{-i\omega t}f(t')e^{i\omega t'}dt'dt\,d\omega$$

$$= \int\limits_{-\infty}^{+\infty} f^*(t)\cdot\frac{1}{2\pi}\int\!\!\int\limits_{-\infty}^{+\infty} f(t')e^{i\omega(t'-t)}\,dt'd\omega\,dt = \int\limits_{-\infty}^{+\infty} f^*(t)f(t)dt\,,$$

wegen (6).

Zur Abkürzung sei gesetzt:

$$(16)\qquad \int\limits_{-\infty}^{+\infty} |\,\varphi(\omega)\,|^2\,d\omega = N > 0\,;$$

dann ist nach (10) und (12):

$$(17)\qquad \frac{1}{2}N(\Delta\omega)^2 = \int\limits_{-\infty}^{+\infty} (\omega - \bar{\omega})^2\,|\,\varphi(\omega)\,|^2\,d\omega$$

$$= \frac{1}{2\pi}\int\!\!\int\limits_{-\infty}^{+\infty}\!\!\int (\omega^2 - 2\omega\bar{\omega} + \bar{\omega}^2)\cdot f^*(t)\,e^{-i\omega t}\,f(t')e^{i\omega t'}\,dt'\,dt\,d\omega$$

$$= \frac{1}{2\pi}\int\!\!\int\limits_{-\infty}^{+\infty}\!\!\int \Big\{f^*(t)\,\frac{de^{-i\omega t}}{dt}\,f(t')\,\frac{de^{i\omega t'}}{dt'} - i\bar{\omega}f^*(t)\,\frac{de^{-i\omega t}}{dt}\,f(t')\,e^{i\omega t'}$$

$$+ i\bar{\omega}f^*(t)\,e^{-i\omega t}f(t')\,\frac{de^{i\omega t'}}{dt'} + \bar{\omega}^2 f^*(t)\,e^{-i\omega t}\cdot f(t')\,e^{i\omega t'}\Big\}\cdot dt'\,dt\,d\omega;$$

jetzt kann man partiell nach t und t' integrieren und erhält, wenn f an den Grenzen verschwindet, was bei unseren Anwendungen immer zutrifft (aus physikalischen Gründen):

$$(18)\quad \frac{1}{2} N(\varDelta\omega)^2 = \frac{1}{2\pi}\int\int\int \left\{\frac{df^*(t)}{dt}\frac{df(t')}{dt'} + i\bar{\omega}\frac{df^*(t)}{dt} f(t') - i\bar{\omega} f^*(t)\frac{df(t')}{dt'} + \bar{\omega}^2 f^*(t) f(t')\right\} e^{i\omega(t'-t)}\, dt'\, dt\, d\omega$$

$$= \int_{-\infty}^{+\infty} \left\{\frac{df^*(t)}{dt}\frac{df(t)}{dt} + i\bar{\omega}\frac{df^*(t)}{dt} f(t) - i\bar{\omega} f^*(t)\frac{df(t)}{dt} + \bar{\omega}^2 f^*(t) f(t)\right\} dt\,,$$

wegen (6). Es folgt weiter:

$$(19)\quad \frac{1}{2} N(\varDelta\omega)^2 = \int_{-\infty}^{+\infty} \frac{d(f^*(t)\, e^{-i\bar{\omega}t})}{dt}\,\frac{d(f(t)\, e^{i\bar{\omega}t})}{dt}\, dt$$

$$= \int_{-\infty}^{+\infty} \left|\frac{d(f(t)\, e^{i\bar{\omega}t})}{dt}\right|^2 dt\,.$$

Für $\varDelta t$ gilt (wegen (14), (16) und (13)):

$$(20)\quad \tfrac{1}{2} N(\varDelta t)^2 = \int_{-\infty}^{+\infty} (t-\bar{t})^2\, |f(t)|^2\, dt\,.$$

Man führt neue Variable ein durch:

$$(21)\quad t - \bar{t} = \tau;\; f(t)\, e^{i\bar{\omega}t} = F(\tau);$$

dann ergibt sich aus (19), (20):

$$(22)\quad \frac{1}{2} N(\varDelta\omega)^2 = \int_{-\infty}^{+\infty} \left|\frac{dF}{d\tau}\right|^2 d\tau;\; \frac{1}{2} N(\varDelta t)^2 = \int_{-\infty}^{+\infty} \tau^2\, |F|^2\, d\tau.$$

An (22) sieht man, daß $\varDelta\omega$, $\varDelta t$ ganz bestimmte Werte haben, die man ausrechnen kann, wenn $f(t)$ oder $\varphi(\omega)$ gegeben sind. Die folgende Betrachtung soll zeigen, daß für jedes f oder φ die Beziehung $\varDelta\omega\varDelta t \geqq 1$ gilt. Es ist:

$$(23)\quad |B|^2 = \left|\frac{\tau}{a^2} F + \frac{dF}{d\tau}\right|^2 \geqq 0;$$

unter a wollen wir eine reelle Größe verstehen. Dann folgt aus (23):

$$(24)\quad \begin{cases} |B|^2 = \dfrac{\tau^2|F|^2}{a^4} + \dfrac{\tau}{a^2}\dfrac{d|F|^2}{d\tau} + \left|\dfrac{dF}{d\tau}\right|^2 = \\ = \dfrac{\tau^2|F|^2}{a^4} + \dfrac{d}{d\tau}\left(\dfrac{\tau|F|^2}{a^2}\right) - \dfrac{|F|^2}{a^2} + \left|\dfrac{dF}{d\tau}\right|^2 \geqq 0. \end{cases}$$

Das gibt integriert über den Spielraum von τ, wenn f hinreichend stark an den Grenzen verschwindet ($|F| \sim \tau^{-1/2-\varepsilon}$, mit $\varepsilon > 0$), gemäß (22), (21), (14), (16), wegen $N > 0$:

$$(25)\qquad \frac{1}{2}(\Delta\omega)^2 \geqq \frac{1}{a^2} - \frac{1}{2}\frac{(\Delta t)^2}{a^4},$$

gültig für jedes reelle a. Der größte Wert der rechten Seite ergibt sich aber für

$$(26)\qquad a^2 = (\Delta t)^2,$$

wie man leicht durch Differentiation findet. Also $(\Delta\omega)^2 \geqq 1/(\Delta t)^2$ oder

$$(27)\qquad \Delta\omega\Delta t \geqq 1.$$

Das Gleichheitszeichen gilt in (27), wenn in (23) $|B|^2 = 0$, das bedeutet

$$\frac{\tau F}{a^2} + \frac{dF}{d\tau} = 0, \text{ oder nach (21)}$$

$$(28)\qquad f(t) = e^{-i\bar{\omega}t} \cdot \text{const} \cdot e^{-\frac{(t-\bar{t})^2}{2(\Delta t)^2}}.$$

Wenn f die Gaußsche Fehlerkurve ist, gilt $\Delta\omega\Delta t = 1$.

Auf dieselbe Weise beweist man die Unschärferelationen für $\Delta k_x \Delta x$ usw. Sie sind, wie man sieht, eine rein mathematische Folge der Darstellung einer Funktion f durch ebene Wellen (Fouriersche Darstellung).

§ 2. Bohrsche Theorie

Die Bohrsche Theorie (1913) wendet die klassischen Vorstellungen auf Atomverhältnisse an; daß dies nur zu größenordnungsmäßig und qualitativ richtigen Ergebnissen führen kann, haben wir im vorigen Paragraphen gesehen. Den Aussagen der Bohrschen Theorie entsprechen in der heutigen Atomtheorie im allgemeinen Aussagen von Wahrscheinlichkeitscharakter. Nimmt man die Ergebnisse der Bohrschen

Theorie nicht allzu wörtlich, so sind sie auch heute noch ein guter Führer durch die atomaren Erscheinungen.

Um die diskreten Energien erklären zu können, muß die Bohrsche Theorie noch eine der klassischen Physik fremde Bedingung hinzunehmen. Wir sahen an dem Beispiel S. 19, daß bei Bewegungen, die auf ein endliches Gebiet beschränkt sind, das Unschärfeprodukt $\Delta p_x \Delta x \approx nh$ ist. Nach der heutigen Auffassung bedeutet das nur, daß die Bewegung in der Phasenebene im Mittel auf ein Gebiet der Größe nh beschränkt bleibt; Δx ist ein Maß für den mittleren Koordinatenspielraum, $\Delta p_x \geqq nh/\Delta x$ ein Maß für den mittleren Impulsspielraum. Die Bohrsche Theorie in der allgemeinen Fassung von Sommerfeld aber forderte, daß die in der Phasenebene umlaufene Fläche genau gleich nh sei, und daß diese Bedingung für jeden Freiheitsgrad q und den zugehörigen Impuls p zu gelten habe. Demnach war die Bahn genau bestimmt und klassisch zu berechnen; die Phasenbahn war die Randkurve des Flächenstücks nh, vgl. das Beispiel S. 19. Nichtklassisch war, daß nur die Randkurven der Flächenstücke nh in der Natur realisiert sein sollten, alle anderen klassisch möglichen Bahnen aber nicht. Heute wissen wir, daß eine genaue raumzeitliche Beschreibung der Bahn prinzipiell unmöglich ist, wegen der Unschärferelationen. Der Impuls p_x z. B. ist prinzipiell unbestimmt um einen mittleren Betrag der Größenordnung Δp_x, entsprechendes gilt für p_y, p_z. Über die zeitliche Aufeinanderfolge von Bewegungszuständen kann überhaupt nichts ausgesagt werden, wenn die Energiestufe völlig scharf ist, denn aus $\Delta E = 0$ folgt $\Delta t \to \infty$, s. auch S. 29.

Nach Sommerfeld ist für die von der Phasenbahn umlaufene Fläche zu verlangen:

(1) $\int dp\,dq = nh$ (n eine ganze Zahl)

oder auch

(2) $\int p\,dq = nh$,

wenn das Linienintegral dq längs der Phasenbahn erstreckt wird (p, q sind als rechtwinklige Parallelkoordinaten in der Phasenebene aufgetragen).

Das H-Atom. Bei H kann man die gegenseitige Bewegung von Kern und Elektron durch 3 Koordinaten beschreiben, also hat man dort 3 Bedingungen von der Form (2) und damit 3 Quantenzahlen, die mit n, l, m_l bezeichnet werden. Die erste, die Hauptquantenzahl n, haben wir schon im Energieausdruck (46), S. 23 kennengelernt; l (azimutale Quantenzahl) ist ein Maß für den Drehimpuls $[\mathfrak{r}\mathfrak{p}] = m[\mathfrak{r}\mathfrak{v}]$, nach dem Flächensatz (s. unten S. 38) ist er zeitlich konstant. Die heutige Atomtheorie gibt für das Quadrat des Gesamtdrehimpulses, wie wir gleich hier anmerken wollen,

$$[\mathfrak{r}\mathfrak{p}]^2 = l(l+1)\hbar^2 . \tag{3}$$

Bei festem n hat l die ganzzahligen Werte $0,1\ldots n-2$, $n-1$, das sind zusammen n Werte. m_l ist ein Maß für den Drehimpuls um eine bestimmte, aber beliebig wählbare, feste Richtung. Nennen wir sie z, so ist dieser Drehimpuls gleich der z-Komponente von $[\mathfrak{r}\mathfrak{p}]$, d. h. gleich $[\mathfrak{r}\mathfrak{p}]_z$ und es gilt, wie wir heute wissen,

$$[\mathfrak{r}\mathfrak{p}]_z = m_l \hbar ; \tag{4}$$

m_l (magnetische Quantenzahl) ist eine ganze Zahl und hat die Werte $l, l-1, \ldots 1, 0, -1, \ldots -(l-1), -l$; das sind $2l+1$ Werte. Jeder Wert einer solchen Quantenzahl entspricht einem bestimmten Zustand (kurz „Eigenzustand“) des Atoms, einer bestimmten Schwingungsform der Wellen im Atominnern. Zusammen gibt es zu festem n

$$\sum_{l=0}^{n-1} (2l+1) = n^2 \tag{5}$$

solche Eigenzustände.

Die Zustände mit verschiedenem m_l, aber gleichem n, l, sind beim freien Atom (keine äußeren Kräfte!) in der Schwingungsform zwar verschieden, aber in der Energie alle gleich. Beim freien Atom ist eben keine äußere Richtung physikalisch ausgezeichnet und die Energie enthält daher auch keinerlei Bezugnahme auf eine solche Richtung. Hier gibt es also zu jedem Energiewert, der durch festes n, l charakterisiert ist, $2l+1$ Eigenzustände. Bei H und He^+, Li^{++} usw. tritt noch der besondere Fall ein, daß die Energie bei festem n auch nicht vom Drehimpuls, d. h. von l abhängt; das zeigt (46), S. 23; vgl. auch die folgende Rechnung. Hier gehören nach (5) zu jeder Energiestufe n^2 Eigenzustände. Bei allen anderen Atomen ist das nicht der Fall; dort bedeutet gleiches n, aber verschiedenes l verschiedene Energie.

Es ist leicht, die Energiestufen von H nach Bohr zu berechnen. Die Kernbewegung kann in guter Näherung vernachlässigt werden (s. S. 14/15), dann brauchen wir nur die Elektronenbewegung zu betrachten. Die Bahnen sind im allgemeinen Fall offenbar Ellipsen; die Aufgabe ist ja mathematisch der astronomischen Aufgabe: Planetenbewegung im Schwerefeld der Sonne, völlig gleich. An die Stelle der Schwereanziehung tritt die Coulombsche, die nach demselben Abstandsgesetz wirkt.

Bildet man die Summe der drei „Phasenintegrale" $\int p_x dx + \int p_y dy + \int p_z dz$ über die Bahn, so ist das nach (2) gleich einer ganzen Zahl $\cdot h$; wir setzen:

$$\int_{\text{Bahn}} (p_x dx + p_y dy + p_z dz) = nh\,. \tag{6}$$

Die linke Seite ist aber wegen $p = m\dot{x}$ und $dx = \dot{x}dt$ gleich:

$$2\int_0^\tau E_{\text{kin}}\, dt = nh; \tag{7}$$

hier ist über die „Bahnzeit", daher über einen Umlauf (Periode τ) zu integrieren. Die linke Seite von (7) zeigt, daß $n > 0$. Nach (25), S. 15 folgt weiter:

$$2\int_0^\tau E_{\text{kin}}\, dt = 2\tau\overline{E_{\text{kin}}} = -\,2\tau W;$$

oder

$$(8) \qquad W = -\frac{nh}{2\tau}.$$

Andererseits ist (bei Z-facher Kernladung):

$$(9) \qquad W = E_{\text{kin}} - \frac{Ze^2}{r}.$$

Es gilt wie im astronomischen Fall der Flächensatz (2. Keplersches Gesetz): Die in der Zeiteinheit überstrichene Fläche dF/dt ist konstant. Sie läßt sich vektoriell schreiben, s. Abb. 6a.

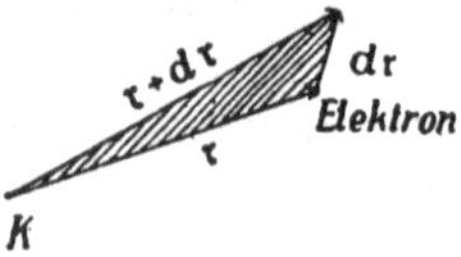

Abb. 6a

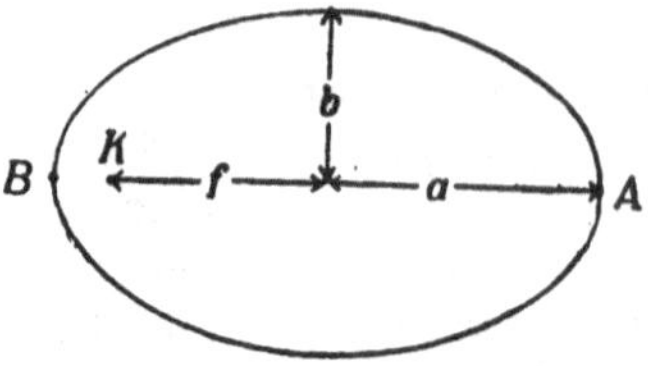

Abb. 6b

$$(10) \qquad \frac{dF}{dt} = \frac{1}{2}\frac{|[\mathfrak{r}d\mathfrak{r}]|}{dt} = \frac{1}{2}|[\mathfrak{r}\mathfrak{v}]| = \frac{1}{2m}|[\mathfrak{r}\mathfrak{p}]|,$$

hängt also mit dem Drehimpuls $[\mathfrak{r}\mathfrak{p}]$ eng zusammen. Da dF/dt konstant ist, ist es auch gleich der Ellipsenfläche, geteilt durch die Umlaufszeit (s. Abb. 6b):

$$(11) \qquad \frac{dF}{dt} = \frac{ab\pi}{\tau} = C.$$

Im Aphel A und im Perihel B steht die Bahngeschwindigkeit $\mathfrak{v} \perp \mathfrak{r}$; dort ist nach (10), (11): $dF/dt = \frac{1}{2}rv = C$. Die kinetische Energie ist daher in diesen Punkten: $\frac{m}{2}v^2 = \frac{2mC^2}{r^2}$. Folgt aus (9):

$$(12) \qquad W = 2mC^2/r^2 - Ze^2/r;$$

die beiden Wurzeln dieser Gleichung müssen Aphelabstand $AK = a + f$ und Perihelabstand $BK = a - f$ sein. Es ist nach (12)

$$r = -\frac{Ze^2}{2W} \pm \sqrt{\frac{2mC^2}{W} + \left(\frac{Ze^2}{2W}\right)^2} = a \pm f,$$

d. h. wegen $f = \sqrt{a^2 - b^2}$ und (11):

(13) $$a = -\frac{Ze^2}{2W}\,;\; b = \sqrt{\frac{2m}{-W}}\,C = \sqrt{\frac{2m}{-W}}\,\frac{ab\pi}{\tau}.$$

Folgt:

(14) $$a/\tau = 1/\pi\sqrt{\frac{-W}{2m}}\,;$$

und mit Hilfe von (8) und (13)

(15) $$W = -\frac{mZ^2e^4}{2n^2\hbar^2}\,;$$

das sind genau die empirisch richtigen Energiestufen (46), S. 23, denn n ist ganzzahlig > 0. Aus (13) ergibt sich:

(16) $$a = \frac{\hbar^2}{me^2}\cdot\frac{n^2}{Z} = a_H\cdot\frac{n^2}{Z},$$

mit der Abkürzung

(17) $$a_H = \frac{\hbar^2}{me^2} = 5{,}29171\cdot 10^{-9}\,\text{cm} \approx 1/2\,\text{Å}.$$

a_H entspricht der Ausdehnung des H-Atoms ($Z = 1$) im Grundzustand ($n = 1$); es ergibt sich, wie zu verlangen, atomare Größenordnung.

Aus (8):

(18) $$\tau = \frac{2\pi n^3\hbar^3}{mZ^2e^4}\,;$$

für den Grundzustand von H bekommt man: $\tau = 1{,}52\cdot 10^{-16}$ sec. Die kleine Halbachse b finden wir aus dem Flächensatz; wir benutzen[1]) den Wert (3) und bekommen aus (10), (11):

(19) $$b = a_H\cdot\frac{n}{Z}\cdot\sqrt{l(l+1)} = a\cdot\frac{\sqrt{l(l+1)}}{n}.$$

Je kleiner l (bei festem n), desto länger gestreckt wird die Bahn; sie führt daher in größere Kernnähe als die Bahnen mit größerem l; $l = 0$ würde sogar $b = 0$ geben, d. h. Zusammenstoß mit dem Kern. Auch in der neuen Theorie ergibt sich für $l = 0$ die größte Aufenthaltswahrscheinlichkeit für

[1]) Die konsequente Durchführung der Bohrschen Theorie würde $[\mathfrak{r}\mathfrak{p}]^2 = l^2\hbar^2$ geben; für die größenordnungsmäßige Richtigkeit unserer späteren Abschätzungen ist es besser, den richtigen Wert (3) zu benutzen.

das Elektron in der Nähe des Kerns, s. Abb. 15, S. 138. Für $l = n - 1$ (größter Wert von l) wird

$$b/a = \sqrt{1 - 1/n}\,; \tag{20}$$

das gibt für $n > 1$ kreisähnliche Ellipsen, denn schon für $n = 2$ ist $b/a = 0{,}71$ und das steigt mit wachsendem n gegen Eins an.

Die mittlere Bahngeschwindigkeit kann aus

$$W = -\overline{E_{\text{kin}}} = -\frac{m}{2}\overline{v^2}$$

entnommen werden:

$$\bar{v} \approx \sqrt{\overline{v^2}} = \frac{e^2}{\hbar} \cdot \frac{Z}{n}\,. \tag{21}$$

Die vorigen Formeln für W, a, $\bar{v}$ lassen sich in einer übersichtlicheren Form schreiben, wenn man die Größen einführt:

1) Die reine Zahl

$$\alpha = \frac{e^2}{\hbar c} = 7{,}29726 \cdot 10^{-3} = \frac{1}{137{,}0377} \tag{22}$$

(Sommerfeldsche Feinstrukturkonstante),

2) die Ruhenergie des Elektrons

(23) $m_0 c^2 = 8{,}192 \cdot 10^{-7}$ erg $= 5{,}10984 \cdot 10^5$ e-Volt $\approx$ $\frac{1}{2}$ Million e-Volt. (NB. Mit dem m in unseren Formeln ist m_0 gemeint, denn wir haben nicht-relativitisch gerechnet),

3) die Länge

(24) $r_0 = \frac{e^2}{m_0 c^2} = 2{,}81784 \cdot 10^{-13}$ cm klassischer „Elektronenradius".

Dann gilt:

$$\sqrt{\overline{v^2}} = \alpha c \cdot \frac{Z}{n}\,;\quad W = -\frac{1}{2}\alpha^2 \cdot m_0 c^2 \cdot \frac{Z^2}{n^2}\,; \tag{25}$$

$$a_H = \frac{r_0}{\alpha^2}\,;\quad a = \frac{r_0}{\alpha^2} \cdot \frac{n^2}{Z}\,.$$

Die Bahngeschwindigkeit des Elektrons in der „Grundbahn" von H ($n = 1$, $Z = 1$) ist demnach $c/137$, vgl. S. 17.

Daß die Energieformel (15) mit der Erfahrung übereinstimmt, erscheint heute als Zufall; die Bohrsche Theorie gibt bei fast allen anderen Anwendungen nur qualitativ richtige Formeln. In der heutigen Auffassung bezeichnet a den Bereich, in dem die Aufenthaltswahrscheinlichkeit des Elektrons groß ist, $\bar{v}$ die ungefähre mittlere Geschwindigkeit des Elektrons. Zu τ gibt es kein Analogon von der Art einer Umlaufszeit; bei wirklich scharfen Energiestufen, wie sie die Bohrsche Theorie liefert, ist keine Aussage über den zeitlichen Verlauf möglich, s. S. 35. $1/\tau = \nu$ entspricht vielmehr im Sinn des Korrespondenzprinzips einer Ausstrahlungsfrequenz des Atoms, s. § 3.

Die Ausstrahlung wird nach Bohr — genau wie in der heutigen Theorie — mit Hilfe der empirisch gesicherten Frequenzbedingung aus den diskreten Energiewerten W_n berechnet:

$$W_{n'} - W_n = h\,\nu_{n'n}. \tag{26}$$

Daß man so das richtige Linienspektrum für H, He^+ usw. bekommt, haben wir schon S. 22 u. f. gesehen.

Der Schalenbau der Atome. Durch eine einfache Überlegung können wir aus dem Bau des H-Atoms qualitativ auf den Bau komplizierterer Atome schließen. Ein Atom der Kernladung Ze sei durch Ionisation aller Elektronen beraubt, dann wird der Kern unter normalen Bedingungen wieder Z Elektronen einfangen. Wird zunächst eines eingefangen, so entsteht ein H-ähnliches System, dessen Eigenschaften wir schon kennen. Der Grundzustand ist $n = 1$, das Elektron wird in dieser Bahn gebunden werden. Durch das Einfangen eines zweiten Elektrons entsteht ein heliumähnliches Atom. Ist die Kernladung Ze hoch, so können wir von der gegenseitigen Abstoßung (potentielle Energie e^2/r_{12}) der zwei Elektronen absehen, weil Ze^2/r im Mittel e^2/r_{12} überwiegen wird. Dann läuft jedes Elektron so um, als ob das andere nicht da wäre; wir haben für jedes das H-Problem vor uns. Also wird man jedem Elektron Quantenzahlen n, l, m_l wie beim Wasserstoff zuordnen können. Das zweite Elektron wird auch in $n = 1$ gebunden werden.

Diese Vermutung kann durch eine Abschätzung gestützt werden. Nach (25), S. 15, ist allgemein bei Coulombschen Kräften: $W = \overline{E_{\text{pot}}}/2$. Die Energie des He-Atoms ist dann ($Z = 2$):

$$(27) \qquad -W = \tfrac{1}{2}\left(\overline{2e^2/r_1} + \overline{2e^2/r_2} - \overline{e^2/r_{12}}\right);$$

r_1, r_2 sind die Entfernungen der Elektronen 1, 2 vom Kern. Betrachten wir die Abweichung vom H-ähnlichen Problem, die „Störung“ e^2/r_{12}, als klein gegenüber den andern Gliedern, so werden wir für die beiden Elektronen ungestörten Umlauf wie im Feld eines zweifach geladenen Kerns annehmen und r_{12} als gegenseitigen Abstand der Elektronen auf diesen ungestörten Bahnen ansehen; mit anderen Worten: Wir berechnen den Mittelwert von e^2/r_{12} über die ungestörten Bahnen, ein Verfahren, das uns in der Wellenmechanik wieder begegnen wird, § 2 IV. Bei der Rechnung ist zu beachten, daß r_1, r_2 Abstände im Kernfeld $2e$ sind (vgl. (16), S. 39):

$$(28) \qquad \overline{1/r_1} \approx \frac{1}{a_H \cdot n^2/Z} = \frac{2}{a_H};$$

das ist gleich $\overline{1/r_2}$, wenn beide Elektronen in $n = 1$ laufen. Für $\overline{1/r_{12}}$ wird man größenordnungsmäßig $\overline{1/r_1}$ setzen können; das gibt:

$$(29) \qquad -W_{He} \approx 1/2\left(\frac{2e^2 \cdot 2}{a_H} + \frac{2e^2 \cdot 2}{a_H} - \frac{e^2 \cdot 2}{a_H}\right)$$

$$= 6 \cdot \frac{e^2}{2a_H} = 6 \cdot 13{,}6 \; e\text{-Volt}.$$

Die Ionisationsspannung J_{He} von He ist aber nicht gleich dieser Energie, sondern gleich dem Energieunterschied zwischen der Energie W_{He} des neutralen He und der Energie W_{He^+} des einmal ionisierten, (He$^+$); es gilt:

$$(30) \qquad -W_{He^+} = \frac{1}{2}\,\overline{\frac{2e^2}{r_1}} = \frac{1}{2} \cdot \frac{2e^2 \cdot 2}{a_H} = 4 \cdot 13{,}6 e\text{-Volt}.$$

Also $J_{He} \approx 2 \cdot 13{,}6 = 27{,}2$ e-Volt; das ist die richtige Größenordnung, denn es ist experimentell $J_{He} = 24{,}58$ e-Volt. Mit $n_1 = 1$, $n_2 = 2$ hätte man nur etwa $\frac{1}{2} \cdot \frac{e^2}{2a_H} = 6{,}8$ e-Volt bekommen.

Die Anordnung von zwei Elektronen im Zustand $n = 1$ ist chemisch nicht angreifbar, He ist ein Edelgas. Das dritte Elektron wird aber nicht in $n = 1$ eingebaut; denn Li ist einwertig, das „Valenzelektron“ kann sehr viel leichter abgetrennt werden als die beiden anderen. Im Sinn des Modells wasserstoffähnlicher Bahnen bedeutet das größeres n, also $n = 2$.

Auch hier kann man durch eine Abschätzung den Schluß stützen. Die Ionisierungsspannung von Li ist:

$$J_{\mathrm{Li}} = \frac{1}{2}\left(\overline{\frac{Ze^2}{r_3}} - \overline{\frac{e^2}{r_{13}}} - \overline{\frac{e^2}{r_{23}}}\right); \tag{31}$$

das ist nämlich der Betrag an potentieller Energie (bis auf den Faktor 1/2), der verlorengeht, wenn das 3. Elektron aus dem Atom entfernt wird. Wäre das 3. Elektron auch in $n = 1$, so erhielte man auf ähnliche Weise wie oben:

$$J_{\mathrm{Li}} \approx \frac{1}{2}\left(\frac{3e^2 \cdot 3}{a_H} - \frac{2e^2 \cdot 3}{a_H}\right) = 3 \cdot \frac{e^2}{2a_H} = 40{,}8\ e\text{-Volt};$$

experimentell ist $J_{\mathrm{Li}} = 5{,}4\ e$-Volt. Setzt man aber $n = 2$ in (31) ein, so wird der Ausdruck 4mal kleiner und man erhält 10,2 e-Volt. Die Abschätzung ließe sich noch verbessern.

Bei $n = 1$ hatten wir nur die Möglichkeit $l = 0$ für die azimutale Quantenzahl; bei $n = 2$ gibt es die Bahntypen $l = 0$ und $l = 1$. Es ist leicht einzusehen, daß die beiden Typen hier verschiedene Bindungsenergie liefern. $l = 0$ führt nämlich in nächste Kernnähe; der kleinste Kernabstand (a—f) ist Null, wenn man (19), S. 39, wörtlich anwendet; bei $l = 1$ ist er $1{,}2 a_H/Z$. Ferner laufen die in $n = 1$ gebundenen Elektronen 8mal schneller um als die in $n = 2$ ((18), S. 39); die Schale $n = 1$ mit dem Kern in ihr würde auf ganz außerhalb laufende Elektronen grob gesprochen wie ein (ausgedehnter) Kern der Ladung Z—2 wirken. Die Bahnen $n = 2$ stehen also im Mittel unter dem Einfluß einer verringerten („effektiven“) Kernladung (Z_{eff}), und zwar hat $l = 1$ kleineres Z_{eff} als $l = 0$, weil $l = 0$ dem Kern so sehr viel näherkommt.

D. h. die Bahn $l = 0$ ist fester gebunden als $l = 1$. Dieser Schluß läßt sich verallgemeinern: Erstens gilt er offenbar für jedes n, und zweitens gilt er für alle l in der Weise, daß bei festem n die Bahn l fester gebunden ist als $l + 1$, weil die Bahnen immer kreisähnlicher werden und damit vom Kern und den inneren Schalen immer weiter entfernt verlaufen.

Das dritte Elektron wird daher in $n = 2, l = 0$ untergebracht. Die zunächst folgenden Elektronen kommen alle in $n = 2$, die Ionisationsspannung steigt im wesentlichen gleichmäßig an, und eine Abschätzung nach der Art der vorigen zeigt, daß das auch zu erwarten ist. Mit Neon (Ne, $Z = 10$) ist wieder ein chemisch inaktives Element (Edelgas) erreicht; es sind 8 Elektronen in $n = 2$, die offenbar wie die Zweierschale des He eine besonders abgeschlossene Anordnung bilden. Das nächste (11.) Elektron ist chemisch leicht abtrennbar, wird also in $n = 3$, $l = 0$ umlaufen. $Z = 11$ ist nämlich ein Alkali, Natrium (Na), chemisch dem Li ähnlich; sein äußeres Elektron muß ähnlich eingebaut sein wie das des Li.

Wir führen die Bezeichnungen ein: Die Schale $n = 1$ heißt K-Schale, sie kann $2 = 2 \cdot 1^2$ Elektronen aufnehmen; $n = 2$ ist die L-Schale, $n = 3$ die M-Schale, $n = 4$ N-Schale usw. Die Zustände $l = 0$ heißen s-Zustände, $l = 1$: p-Zustände, $l = 2$; d-, $l = 3$: f-, $l = 4$: g-Zustände usw. Statt ein p-Elektron in der M-Schale ($n = 3$) sagt man kürzer: ein $3p$-Elektron, setzt also die Hauptquantenzahl vor das Symbol p.

Von Na an wird in der M-Schale eingebaut bis zum Edelgas Argon ($A, Z = 18$), mit dem wieder eine Anordnung von 8 äußeren Elektronen erreicht ist. Dem folgenden Alkali Kalium (K) werden wir die $4s$-Bahn für sein äußerstes Elektron zuschreiben müssen. Die Reihenfolge: Edelgas-Alkali kehrt im periodischen System immer wieder. Das nächste Alkali Rubidium (Rb, $Z = 37$) hat sein Valenzelektron in $5\,s$, Cäsium

(Cs, $Z = 55$) in 6 s und Francium (Fr, $Z = 87$) in 7 s. Führen wir einem Alkali Energie zu, so wird sein äußeres Elektron in höhere Energiestufen gehoben und diese müssen für alle Alkalien ähnlich liegen, denn wir haben jedesmal ein Elektron außerhalb einer abgeschlossenen Schale. Die Ausstrahlung (und auch die Absorption) ist aber nur durch die Lage der Energiestufen bedingt und muß daher auch bei allen Alkalien ähnlich sein. Das ist auch wirklich der Fall. Wir werden das Spektrum noch näher betrachten. Zunächst: Der vorige Schluß ist noch viel allgemeiner richtig. Es muß ja immer, wenn die äußere Elektronenanordnung die gleiche ist, das optische Spektrum in allen wesentlichen Zügen übereinstimmen, weil die Elektronenanordnung die Lage und Art der Energiestufen bestimmt. Quantitative Übereinstimmung ist nicht zu erwarten, weil die inneren Schalen und die effektive Kernladung bei verschiedenen Atomen verschieden sind. Dieser Regel müssen alle Elektronenanordnungen genügen; sie gilt daher nicht nur für neutrale Atome, sondern auch für beliebig hoch ionisierte. Den einfachsten Fall haben wir in der Reihe H, He^+, Li^{++}, ... kennengelernt; es müssen aber auch He, Li^+, Be^{++}, ... unter sich ähnliche Spektren haben, ebenso Li, Be^+, B^{++} ... usw. Und auch die im periodischen System untereinanderstehenden Elemente, wie Be, Mg, Ca, Sr, Ba, Ra, soweit sie wirklich gleiche äußere Elektronenanordnung haben. Diese allein ist entscheidend. Der ähnliche Verlauf der Kurven der Ionisationsspannung für neutrale Atome und Ionen hängt mit unserer Regel zusammen.

Das Spektrum der Alkalien. Wir betrachten jetzt das Spektrum eines Alkaliatoms näher; es ist besonders einfach, weil es sich nur um ein Außenelektron handelt. Bei gewöhnlicher Anregung, wie im Geißlerrohr oder im Bogen, steht nämlich nicht genug Energie zur Verfügung, um auch die unter dem

„Leuchtelektron“ liegende Edelgasschale anzubrechen und deren Elektronen durch Anheben auf höhere Stufen zur Emission zu veranlassen. Als Absorptionsspektrum bekommt man eine Serie von Linien, die sich gegen eine Seriengrenze zu häufen, ähnlich wie in der Abb. 5, S. 28. Die Linienfrequenzen dieser Serie sind demnach durch die Differenzen angeregter Zustände gegen den Grundzustand (3*s* bei Na z. B.) gegeben. Aus dem Emissionsspektrum erhält man dann durch Anwendung des Kombinationsprinzips schließlich das Schema der Energiestufen des Alkaliatoms. Wir zeigten in Bd. I (Dualität des Lichtes) dasjenige des Na; zu den Energiestufen sind die Bahnbezeichnungen des Leuchtelektrons zugeschrieben. Man sieht, daß bei festem n die Bindungsenergie mit zunehmendem l schwächer wird. Außerdem ist zu bemerken: In der M-Schale ($n = 3$) gibt es $l = 0, 1, 2$, also *s*-, *p*-, *d*-Bahnen; die *f*-Bahn ($l = 3$) kommt zum erstenmal in der N-Schale ($n = 4$) vor. Es treten nicht alle Linien auf, die man nach dem Kombinationsprinzip berechnen kann, sondern nur diejenigen, bei denen der l-Wert des Elektrons sich um ± 1 ändert; es gilt die „Auswahlregel“

$$\Delta l = \pm 1; \tag{32}$$

für n gibt es keine solche Auswahlregel (vgl. § 3). Es sind also alle Kombinationen zwischen $3\,p, 4\,p, 5\,p, \ldots$ und $3\,s, 4\,s \ldots$ möglich und alle zwischen $n'd$ und $n''p$, zwischen $n'f$ und $n''d$; aber es fehlen z. B. die Linien $n'd \to n''s$ ($\Delta l = 2$!). Die Regel (32) gilt für alle „Einelektronenspektren“; für Wasserstoff ist sie wirkungslos, weil dort alle Niveaus mit verschiedenem l und gleichem n zusammenfallen, die Energie hängt ja nur von n ab. Daher treten bei H alle Linien auf, die man nach dem Kombinationsprinzip erwartet (vgl. dazu aber auch § 7 IV).

Aus dem Schema der Abb. des Na-Spektrums ist es leicht, die Linienserien abzulesen. So bilden z. B. die Linien $n'p \to 3\,s$ ($n' = 3, 4, 5 \ldots$ „Laufzahl“) eine Serie, die sog. „Hauptserie“. Die erste und zugleich stärkste Linie dieser Serie:

$3p \to 3s$ ist die gelbe D-Linie des Na; sie kommt auch in Absorption zuerst (sobald eben die Anregungsenergie gleich dem Energieunterschied $3p - 3s$ geworden ist), und heißt, wie jede bei geringster Anregung erscheinende Absorptionslinie, die „Resonanzlinie" des Atoms. Die Seriengrenze der Hauptserie liegt bei einer Frequenz, deren $h\nu$ gleich der Ionisierungsarbeit eI ist. Die Linien $n's \to 3p$ bilden ebenfalls eine Serie ($n' = 4, 5, \ldots$), die „II. Nebenserie". Auch die Serien $n'p \to 4s$ ($n' = 4, 5, \ldots$) und ähnliche sind beobachtet.

Wir leiten die Serienformel ab. Die Bindungsenergie $B = -W$ des „Leuchtelektrons" der Alkalien läßt sich schreiben wegen (23), S. 15, und $\dot{\mathfrak{p}} = -\operatorname{grad} E_{\text{pot}}$:

$$B = -\overline{E_{\text{kin}}} - \overline{E_{\text{pot}}} = -\frac{1}{2}\overline{(\mathfrak{r}, \operatorname{grad} E_{\text{pot}})} - \overline{E_{\text{pot}}}. \tag{33}$$

Auf das Elektron wirkt außer der Kernanziehung die Abstoßung der übrigen Elektronen, die eine Edelgasschale bilden; das Potential dieser Abstoßung wird kugelsymmetrisch sein, also nur von r abhängen. Also ist:

$$E_{\text{pot}} = -\frac{Ze^2}{r} + f(r); \quad B = \overline{\frac{Ze^2}{2r}} - \frac{1}{2}\overline{r\frac{df}{dr}} - \overline{f(r)}. \tag{34}$$

Von $f(r)$ kann gesagt werden, daß es einen Anteil der Form $\frac{se^2}{r}$ enthält, mit $s < Z$, weil durch die „Elektronenwolke" der Edelgasschale ein Teil der Kernladung abgeschirmt wird. Außerdem wird die in f steckende Wechselwirkung davon abhängen, welche Bahnform (n, l) das Leuchtelektron hat, und natürlich auch von der Kernladung Z. Das gibt:

$$B = \frac{(Z-s)^2 e^2}{2a_H n^2}(1 + \delta(n, l, Z)) = \frac{(Z-s)^2 e^2}{2a_H n_{\text{eff}}^2}; \quad n_{\text{eff}} = \frac{n}{\sqrt{1+\delta}} \tag{35}$$

$$\equiv n - \Delta(n, l, Z); \quad \Delta = n\left(1 - \frac{1}{\sqrt{1+\delta}}\right);$$

für hinreichend kleines δ wird daraus:

$$\Delta \approx \frac{n}{2}\delta(n, l, Z). \tag{36}$$

Mit wachsendem n muß Δ rasch kleiner, für $n \to \infty$ Null werden, weil die Bahnen mit wachsendem n immer wasserstoffähnlicher werden. Δ muß auch mit wachsendem l kleiner werden, weil die Bahnen kreisähnlicher werden, weiter entfernt vom Atomrumpf verlaufen, der dann mehr wie ein ausgedehnter H-Kern der Ladung $(Z\text{-}s)e$ wirkt. Auch s hängt von l, Z ab, schwächer von n. Die „Termformel" (35) für die Bindungsenergien der Energieniveaus ist ganz ähnlich gebaut wie die Balmer-Formel (44), S. 22, mit dem Unterschied, daß Z durch $Z - s$ und n durch n_{eff} ersetzt ist. Aus der Differenz zweier Termwerte (35) zu gleichem Z gewinnt man mit der Bohrschen Frequenzbedingung das $h\nu$ der zugehörigen Emissions- oder Absorptionslinie (J_H = Ionisierungsspannung von H in e-Volt):

$$(37) \qquad B' - B'' = J_H \left(\frac{(Z - s')^2}{n'^2_{\text{eff}}} - \frac{(Z - s'')^2}{n''^2_{\text{eff}}}\right) = h\nu\,.$$

Die Linie ist aber nur dann wirklich im Spektrum vorhanden, wenn der l-Wert l' von B' sich vom l-Wert l'' von B'' um ± 1 unterscheidet, s. (32), S. 22. Eine Serienformel wird aus (37), wenn man den ersten Term in der Klammer festhält, und im zweiten l'' festhält, aber den n-Wert n'' beliebige ganzzahlige Werte $\geqq n'$ annehmen läßt; s'' kann in der Regel als von n'' unabhängig angesehen werden, mindestens für größere n''. Eine der Aufgaben der theoretischen Spektroskopie ist, die Frequenzen der Serienlinien durch eine Formel (37) darzustellen, wobei $\Delta'' \to 0$ gehen muß für größeres n''. Man sieht, daß die Seriengrenze durch $B' = J_H \frac{(Z - s')^2}{n'^2_{\text{eff}}}$ bestimmt ist.

Aus den Serienformeln können die Energieniveaus und auch I spektroskopisch, also sehr genau bestimmt werden, genauer als mit der Methode des Elektronenstoßes.

Charakteristische Röntgenspektren. Ein Atom hoher Kernladung hat nach unseren Überlegungen eine Reihe innerer voll ausgefüllter Schalen und am Atomrand eine (manchmal mehrere, s. § 3 IV) im allgemeinen nicht voll besetzte Schale. Führt man dem Atom, etwa durch Elektronenstoß, einen Energiebetrag zu, der wesentlich über der Ionisierungsspannung liegt, so wird das Atom ein oder mehrere Elektronen aus seiner äußersten Schale verlieren. Die Energie muß aber nicht in dieser Form umgesetzt werden, es kann z. B. auch geschehen, daß der gesamte Energiebetrag zum Losreißen eines Elektrons der inneren Schalen verbraucht wird. Die Energie muß dabei mindestens so hoch sein, daß das Elektron in einen freien Platz einer äußeren Schale gehoben wird, denn innen ist ja alles besetzt. Zum Anheben eines K-Elektrons aus einem Wolfram-Atom (W, $Z = 74$) bis an den „Atomrand" ist ungefähr die Energie nötig: $R_\infty \cdot hc \cdot 74^2 = 13{,}6 \cdot 74^2 e$-Volt $= 7{,}4 \cdot 10^4$ e-Volt. Denn im Atominnern überwiegt die Kernladung alle anderen Einflüsse, so daß wir wasserstoffähnliches Verhalten erwarten dürfen; vgl. S. 41. Ein Anheben bis auf den ersten freien Platz in einer äußeren Schale würde hier praktisch dieselbe Energie erfordern, denn die Bindungsenergie äußerer Elektronen ist höchstens von der Größenordnung von 20 e-Volt. Der so freigewordene Platz im Atominnern wird natürlich nicht frei bleiben; irgend eines der Atomelektronen wird einspringen. Rückt eines aus der L-Schale nach, so wird dabei der Energieunterschied zwischen K- und L-Schale frei und kann in Form von (offenbar sehr kurzwelliger) Strahlung ausgesandt werden. Ihre Frequenz wird näherungsweise gegeben sein durch:

$$(38) \qquad 1/\lambda = \nu/c = R_\infty \cdot Z^2 \left(\frac{1}{1^2} - \frac{1}{2^2}\right).$$

Für W gibt das $\lambda = 2{,}22 \cdot 10^{-9}$ cm, also Röntgenstrahlung (experimentell ist $\lambda_{K\alpha} = 2{,}09 \cdot 10^{-9}$ cm). Rückt eines der M-Elektronen nach, so lautet der Klammerfaktor in (38): $1/1^2 - 1/3^2$, die Linie ist also kurzwelliger. So geht das weiter; man bekommt eine Serie, die der Lymanserie des Wasserstoffs entspricht, die aber wegen des Z^2 bei sehr viel kürzeren Wellenlängen liegt. Allgemein heißt die Linie, die dem Sprung $L \to K$ entspricht: $K\alpha$, $M \to K$ gibt $K\beta$, $N \to K$: $K\gamma$ usw. Die ganze Serie, die K als „Endniveau" hat, heißt K-Serie, die Grenze, gegen die sie konvergiert, „K-Grenze".

Wird ein Elektron aus der L-Schale herausgerissen, so kann ein zweites aus M oder $N, \ldots$ nachspringen, und es entsteht die „L-Serie", die der Balmerserie entspricht. $M \to L$ gibt $L\alpha$, $N \to L$: $L\beta$ usw. Die Linien der L-Serie sind langwelliger als die entsprechenden der K-Serie.

Charakteristisch für das Entstehen der Röntgenserie ist das vorangehende Losreißen eines Elektrons aus einer inneren Schale (Kossel). Die Linien der K-Serie können also erst dann emittiert werden, wenn die Anregungsenergie praktisch bis zur K-Grenze gesteigert worden ist, im Gegensatz zur Anregung optischer Serien, wo die Linien schon dann kommen, wenn die Anregungsenergie zum Anheben des Elektrons in das Ausgangsniveau der Emissionslinie ausreicht. Was für die K-Serie gilt, gilt entsprechend auch für L-, M-,... Serie.

Die hier beschriebene Art Röntgenstrahlung ist von der Bremsstrahlung ganz verschieden. Die Bremsstrahlung wird von den Kathodenstrahlen beim Abbremsen ihrer Geschwindigkeit ausgesandt, sie hat ein kontinuierliches Spektrum und hängt wesentlich nur von den Eigenschaften der erzeugenden Kathodenstrahlen ab. Die eben beschriebene Strahlung aber hängt vom emittierenden Atom ab, heißt deshalb charakteristische Röntgenstrahlung (auch Eigenstrahlung) und hat ein Linienspektrum.

Wegen des Z^2 in (38) nimmt die Frequenz der Eigenstrahlung mit zunehmender Kernladung (also auch mit zunehmendem Atomgewicht) rasch zu. Schwere Elemente geben härtere Röntgenstrahlung als leichte. Trägt man $\sqrt{\nu/cR_\infty}$ einer bestimmten Röntgenlinie in Abhängigkeit von Z auf, so muß sich nach (38) eine Gerade ergeben (Moseley). Das ist sehr genau erfüllt, s. Abb. 7. Man hat damit eine von chemischen Verfahren unabhängige, sehr sichere Methode, die Richtigkeit der Zuordnung der Ordnungszahlen Z zu den Elementen zu prüfen; auch kann damit die Zahl der noch unentdeckten Elemente im Gebiet der seltenen Erden eindeutig festgelegt werden, wo die chemische Methode (wegen der großen chemischen Ähnlichkeit der seltenen Erden) versagt. Und schließlich kann man aus der Figur die Frequenz

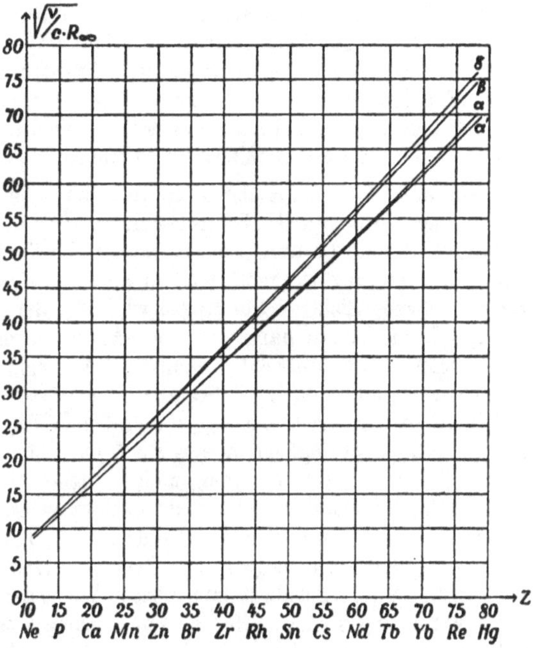

Abb. 7. Moseley-Diagramm der K-Serie zwischen $Z = 11$ und $Z = 78$. $K\alpha'$ wird in § 8 IV erklärt

der Röntgenlinien noch nicht entdeckter Elemente sehr genau voraussagen. Die Röntgenfrequenz ist das sicherste Mittel zur Identifizierung eines neuen Elements; erscheinen beim Anreichern die Röntgenlinien an der richtigen Stelle und mit steigender Intensität, so kann man sicher sein, das gesuchte

Element gefunden zu haben. (Angewandt bei der Entdeckung von Rhenium (Re) (Noddack und Tacke).)

Daß die Abb. 7 (und allgemein die Röntgenspektren) nichts von Periodizität zeigt, liegt daran, daß die energetischen Verhältnisse für die Elektronen im Atominnern allein durch den nahen und hochgeladenen Kern bestimmt werden; die Struktur der äußeren Schalen ist hier unwesentich. Eigenschaften der äußeren Schalen, wie optisches Spektrum, chemisches Verhalten zeigen deutliche Periodizität, was nach unseren Überlegungen eine Folge des Schalenbaus der Atome ist.

Auger-Effekt. Es kommt aber auch vor, daß nach der Austreibung des primären K-Elektrons ein zweites (z. B. aus L) nachrückt und die freiwerdende Energie L—K nicht in Form von Strahlung weggeht, sondern auf ein anderes, lockerer gebundenes Elektron übertragen wird, bei dem die Energie L—K zur Austreibung aus dem Atom ausreicht (Auger-Effekt). Man beobachtet dann 2 Elektronen, die vom gleichen Atom ausgehen. Stammt das erste aus der K-Schale, so gilt für seine E_{kin} : auffallende Energie $-h\nu_{K\text{-Grenze}} = E_{\text{kin}}$. Springt ein zweites aus L nach, so steht die Energie $R_\infty \cdot Z^2 \cdot {}^3/_4$ zum Absprengen eines anderen Elektrons zur Verfügung, das demnach aus der L-Schale (Ionisierungsarbeit $R_\infty \cdot Z^2 \cdot {}^1/_4$, wobei noch zu beachten ist, daß die eigentlich wirksame Kernladung $Z_{\text{eff}} (< Z)$ einzusetzen ist) oder aus der M-, N-,...-Schale stammen kann. Wo es her ist, kann man wie beim ersten Elektron an seiner Energie beurteilen; beim beschriebenen Vorgang beträgt sie $h(\nu_K - 2\nu_L)$. Wir zeigen in Abb. 8 den Augereffekt am Xenon. Die Röntgenstrahlung kommt von links ($h\nu = 90$ KV). Man sieht ganz links im Bild vier Elektronen von derselben Stelle ausgehen; die Elektronen kürzerer Reichweite ionisieren stärker. Der Vorgang ist so zu deuten: Das Röntgenlichtquant hat ein sekundäres Elektron aus der K-Schale gelöst; im ionisierten Atom springt ein Elektron aus L nach K, die Energie $h(\nu_K - \nu_L)$

wird auf ein anderes L-Elektron übertragen und dieses wird ausgetrieben. Das sind die beiden schnellen Elektronen (große Reichweite). Das Atom ist jetzt 2-fach ionisiert; es springen 2 Elektronen aus M nach L und übertragen ihre Energie auf 2 andere M-Elektronen, daher gehen noch 2 Elektronen gleich großer, aber geringerer Reichweite weg. Rechts sieht man Spuren, die durch primäre Absorption des Röntgenlichts

Abb. 8. Auger-Effekt am Xenon
(Nach P. Auger, Journal de Physique et le Radium, 1925, Band 6. S. 208).

in der L-Schale zu deuten sind. Es sind immer nur 2 Spuren; die kürzere gehört zum ausgetriebenen M-Elektron, das dieselbe Reichweite hat wie die 2 M-Elektronen der 4-fachen Spur. Daß die Teilchen vom gleichen Atom ausgesandt werden, folgt daraus, daß der Absorptionskoeffizient für Röntgenstrahlung solcher Härte in Xenon sehr klein ist; es ist sehr unwahrscheinlich, daß das im Atominnern durch den Übergang $L \rightarrow K$ oder $M \rightarrow L$ erzeugte Quant nach etwa 10^{-4} cm wieder absorbiert wird[1]).

[1]) Absorption nach längeren Wegen und Photoemission von Elektronen würde sich in den Wilsonaufnahmen als örtlich vom ersten getrennter Vorgang unterscheiden lassen.

Erfahrungsgemäß ist der Augereffekt bei leichten Atomen wahrscheinlicher als die Erzeugung von Eigenstrahlung; mit zunehmendem Z tritt er aber schnell zurück, so daß bei schweren Elementen die Zahl der Augerprozesse klein ist gegenüber der Zahl der Atome, die zur Emission der Eigenstrahlung kommen; bei $X(Z = 54)$ ist dieses „Ausbeuteverhältnis“ 0,3.

Das diskrete β-Spektrum der Atome. Beim radioaktiven Zerfall beobachtet man neben dem Auftreten von α-Teilchen und γ-Strahlung die Aussendung von β-Strahlgruppen diskreter Geschwindigkeit. Die kinetische Energie liegt in der Größenordnung von 10^5—10^6 e-Volt, man bestimmt sie durch magnetische Ablenkung. Eine genaue Untersuchung der Energieunterschiede dieser Gruppen zeigt, daß sie mit den Energieunterschieden L—K, M—K, ... M—L, ... der Röntgenniveaus der Tochtersubstanz übereinstimmen, die sich beim radioaktiven Zerfall aus der Muttersubstanz bildet. Das läßt sich so erklären: Auf ein Elektron, das aus der K-Schale losgerissen wird und mit der kinetischen Energie $E_{\mathrm{kin}}(1)$ das Atom verläßt, ist im ganzen die Energie

$$\Delta W(1) = h\nu_{\mathrm{K\text{-}Grenze}} + E_{\mathrm{kin}}(1) \tag{39}$$

übertragen worden. Ist das Elektron aber aus der L-Schale herausgerissen worden und seine kinetische Energie $E_{\mathrm{kin}}(2)$, so hat es im ganzen die Energie

$$\Delta W(2) = h\nu_{\mathrm{L\text{-}Grenze}} + E_{\mathrm{kin}}(2) \tag{40}$$

mitbekommen. Aus der empirischen Übereinstimmung:

$$E_{\mathrm{kin}}(2) - E_{\mathrm{kin}}(1) = h(\nu_{\mathrm{K\text{-}Gr.}} - \nu_{\mathrm{L\text{-}Gr.}})$$

folgt: $\Delta W(1) = \Delta W(2) = \Delta W$; die beiden Elektronen haben dieselbe Energie mitbekommen. Diese muß aus dem Kern stammen, und zwar nach dem empirischen Befund aus dem Tochterkern. ΔW bedeutet daher eine Differenz zwischen 2 möglichen Energiewerten dieses Kerns. Die Tatsache, daß die ΔW diskret sind, zeigt wieder, daß auch die Kerne nach dem Prinzip diskreter Energiestufen gebaut sind. Beim Übergang $\Delta W = W' - W''$ kann der Kern Strahlung aussenden, eben die erwähnte γ-Strahlung, oder auch die Energie ΔW auf die Elektronen irgendwelcher Schalen übertragen; der zweite Vorgang führt also zur Emission diskreter β-Strahlgruppen. Er ist als eine Art Augereffekt aufzufassen. Die Gleichungen (39), (40) geben eine bequeme Methode zur Messung der Wellenlängen der Kern-γ-Strahlen: Man mißt die kinetische Energie der β-Strahlgruppen, addiert die $h\nu$ der K-, L,...-Grenzen hinzu und findet so mehrmals übereinstimmende Energiesummen $h\nu$, die erstens zeigen, daß die betreffenden β-Energien zum gleichen $h\nu_\gamma$ gehören und zweitens das ν_γ selbst geben. Es ergibt sich so das diskrete β-Spektrum des Tochterkerns, aus dem (mit dem Kombinationsprinzip, das sich auch hier bewährt) die Energiestufen des Kerns bestimmt werden können.

Absorption der Röntgenstrahlen. Wir strahlen kontinuierliches Röntgenlicht auf die Atome eines bestimmten Elementes ein. Wie wird das Absorptionsspektrum aussehen? Offenbar kann das Atom seine charakteristischen Frequenzen $L \to K$,... nicht absorbieren, weil die inneren Schalen besetzt sind. Es gibt kein linienhaftes Röntgenabsorptionsspektrum. Das Atom nimmt vielmehr aus dem auffallenden Licht die Energie $W = h\nu_{\text{K-Gr.}} + E_{\text{kin}}$ und gibt dafür ein K-Elektron frei, das mit der kinetischen Energie E_{kin} weggeht; E_{kin} kann beliebige[1]) Werte $\geqq 0$ haben. D. h. die Frequenzen $\nu > \nu_{\text{K-Gr.}}$ werden vom Atom aufgenommen und in E_{kin} des ausgestoßenen Elektrons umgesetzt; an der K-Grenze setzt also kontinuierliche Absorption der auffallenden Röntgenstrahlen ein, die sich nach kurzen Wellenlängen erstreckt.

---

[1]) Eine obere Grenze wird natürlich durch die kurzwellige Grenze des eingestrahlten kontinuierlichen Spektrums gesetzt.

Der Absorptionskoeffizient μ im Schwächungsgesetz der durchgegangenen Energie

(41) $$I = I_0 e^{-\mu x}$$

steigt an der K-Grenze plötzlich an; zieht man von μ den Streukoeffizienten α ab, so erhält man den wahren Absorptionskoeffizienten τ pro cm Weg und durch Multiplikation mit A/ϱ (A = Atomgewicht, ϱ = Dichte) den entsprechenden Koeffizienten τ_{At} pro Grammatom durchstrahlter Substanz, Dimension cm^2. Es gilt empirisch in dem Bereich zwischen $Z \cdot \lambda = 8$ und $Z \cdot \lambda = 700$ (λ in Å) in guter Näherung:

(42) $$\tau_{\mathrm{At}} = C \cdot Z^4 \cdot \lambda^3 \text{ für } \lambda < \lambda_K ;$$
$$\tau_{\mathrm{At}} = C \cdot Z^4 \cdot \lambda^3 \cdot \frac{\lambda_K}{\lambda_{L_I}} \text{ für } \lambda_K < \lambda < \lambda_{L_I} .$$

λ_{L_I} ist die Wellenlänge der L_I-Absorptionskante (Erklärung dieser Bezeichnung s. unten); C bedeutet beide Male denselben Zahlenfaktor, er nimmt von 0,014 (bei $\lambda Z = 8$) gleichmäßig ab auf 0,0015 (bei $Z\lambda = 700$). Nach (42) ist τ_{At} bei schweren Elementen ungeheuer viel größer als bei leichten (Faktor Z^4). Darauf beruht die deutliche Sichtbarkeit von Fremdkörpern in Geweben bei der medizinischen Röntgendurchleuchtung, auch die tiefen Schatten, die schwere Elemente, z. B. Jod, auf solchen Bildern geben.

Ähnliches wie für die K-Grenze gilt für die übrigen Grenzen L, M, ...

Die Untersuchung der „Absorptionskanten" zeigt, daß die L-Grenze nicht einfach ist, wie wir bisher angenommen haben, es gibt 3 L-Absorptionskanten. Die M-Grenze ist 5-fach, die N-Grenze 7-fach. Nur die K-Grenze ist einfach. Die Wellenlängen (in X-Einheiten) der K- und L-Grenzen sind z. B. bei W: K 178; L_{I} 1024; L_{II} 1073; L_{III} 1214. Die theoretische Beschreibung dieser Struktur der Grenzen findet man in § 3 IV.

§ 3. Korrespondenzprinzip

Wir wollen jetzt die S. 20 genannte Korrespondenz zwischen klassischer und Atomphysik näher untersuchen. Die klassische Physik gibt eine ganz bestimmte Aussage über die Ausstrahlung eines schwingenden Ladungssystems. Nennen wir

(1) $$\mathfrak{p} = \Sigma e_i \cdot \mathfrak{r}_i$$

das Dipolmoment des Atoms ($\mathfrak{r}_i$ vom Schwerpunkt aus gerechnet), so ist die pro sec in den Raumwinkel $d\Omega$ ausgestrahlte Energie

(2a) $$S = \frac{1}{4\pi c^3} \ddot{\mathfrak{p}}^2 \sin^2\vartheta d\Omega .$$

ϑ ist der Winkel zwischen $\mathfrak{p}$ und der Richtung von $\mathfrak{p}$ nach $d\Omega$. Ferner gilt für die Feldstärken $\mathfrak{E}$, $\mathfrak{H}$ des ausgestrahlten elektromagnetischen Feldes:

(2b) $$\mathfrak{H} = \frac{1}{c^2}\left[\ddot{\mathfrak{p}}, \frac{\mathfrak{R}}{R^2}\right]; \quad \mathfrak{E} = \left[\mathfrak{H}, \frac{\mathfrak{R}}{R}\right];$$

$\mathfrak{R}$ ist der Ortsvektor vom Dipol zum Beobachtungspunkt, R sein Betrag; $\mathfrak{R}$ ist zugleich die Fortpflanzungsrichtung der elektromagnetischen Kugelwellen[1]). Die Frequenzen von S, wie auch die der Feldstärken $\mathfrak{E}$, $\mathfrak{H}$ sind allein durch die Frequenzen von $\ddot{\mathfrak{p}}$, d. h. von $\mathfrak{p}$ gegeben. Die Frequenzen von $\mathfrak{p}_x$, $\mathfrak{p}_y$, $\mathfrak{p}_z$ sind daher die Frequenzen der klassischen Ausstrahlung.

Als erstes Beispiel betrachten wir eine Ellipsenbahn von Wasserstoff; von der Kernbewegung sehen wir ab, sie würde nichts Neues geben. Die Koordinaten des Elektrons in seiner Bahnebene haben als Funktionen der Zeit die Form (vgl. (1), S. 29):

(3) $$x = \sum_{s=-\infty}^{+\infty} x_s e^{2\pi i s\nu t}; \quad y = \sum_{-\infty}^{+\infty} y_s e^{2\pi i s\nu t};$$

---

[1]) In (2b) ist vorausgesetzt, daß R groß ist gegen die Dimensionen des schwingenden Systems und auch gegen die Wellenlängen des ausgestrahlten Feldes.

s ist eine ganze Zahl; die x_s, y_s sind zeitlich konstant, sie geben die Amplituden der Einzelschwingungen; ν ist die Umlaufsfrequenz auf der Ellipse, denn nach der Zeit $\tau = 1/\nu$ haben x und y den gleichen Wert wie vorher. x_s, y_s und ν hängen von der Energie W ab, welche die Bindungsfestigkeit der Bahn angibt. In der klassischen Ausstrahlung kommen nach (3) ν und alle seine „Obertöne" $s \cdot \nu$ vor.

Was entspricht dem in der Atomphysik? Darüber bekommen wir wieder aus dem Grenzfall großer Quantenzahlen n und kleiner Quantensprünge $\Delta n \ll n$ Auskunft. Klassisch gehört zur Energie W_n die Emissionsfrequenz $s \cdot \nu\,(W_n)$, die zugleich Absorptionsfrequenz ist. Denn strahlen wir Licht-Energie dieser Frequenz ein, so haben wir Resonanz und daher die Möglichkeit von Energieaufnahme durch das schwingende System. Quantentheoretisch ist die Emissionsfrequenz im Zustand W_n: $\nu_E = \nu\,(n \to n - \Delta n)$

$$(4) \qquad \nu_E = (W_n - W_{n-\Delta n})/h = R_H\, c \left(\frac{1}{(n-\Delta n)^2} - \frac{1}{n^2}\right)$$
$$= R_H\, c\, \frac{\Delta n\,(2n - \Delta n)}{n^2 (n - \Delta n)^2} \approx R_H\, c \cdot \frac{2 \Delta n}{n^3},$$

wenn $\Delta n \ll n$. Klassisch[1]) ist

$$\nu_E = s \cdot \nu\,(W_n) = \frac{s}{\tau} = -\frac{2 W_n}{n\,h}\, s = R_H\, c \cdot \frac{2 s}{n^3},$$

vgl. (8), S. 38. Also entspricht einander: $s \to \Delta n$ und dem klassischen Oberton $s \nu (W_n)$ bei der Emission der Quantensprung um Δn von $W_n \to W_{n-\Delta n}$. Die quantentheoretische Absorptionsfrequenz im Zustand W_n ist dagegen:

$$(5) \qquad \nu_A = \nu\,(n + \Delta n \to n) = (W_{n+\Delta n} - W_n)/h;$$

aber auch sie geht im limes $\Delta n \ll n$ in $R_H\, c \cdot \frac{2 \Delta n}{n^3}$ und damit in

[1]) Natürlich müssen wir zum Vergleich das gleiche W_n benutzen wie vorher. W_n ist ja auch klassisch eine mögliche Energie.

die klassische Absorptionsfrequenz $s \cdot \nu(W_n)$ über. Wir haben daher für die Frequenzen die Korrespondenz:

$$
\text{(6)}\qquad
\begin{array}{rcl}
\text{Quantentheoretisch} & & \text{klassisch} \\
\cdots\cdots\cdots\cdots & \searrow & \\
 & & \Delta n \cdot \nu(n + \Delta n) \\
\nu(n + \Delta n, n) & \nearrow \atop \searrow & \\
 & & \Delta n \cdot \nu(n) \\
\nu(n, n - \Delta n) & \nearrow \atop \searrow & \\
 & & \Delta n \cdot \nu(n - \Delta n) \\
\cdots\cdots\cdots\cdots & \nearrow &
\end{array}
$$

Das klassische $x_s(W_n)$, die Amplitude der klassischen Frequenz $s\nu(W_n)$, wird also in entsprechender Weise der quantentheoretischen Amplitude $(n' \mid x \mid n)$ korrespondieren, mit der die quantentheoretische Frequenz ν_E bzw. ν_A vorkommt. Folgt:

$$
\text{(7)}\qquad
\begin{array}{rcl}
\text{Quantentheoretisch} & & \text{klassisch} \\
\cdots\cdots\cdots\cdots & \searrow & \\
 & & x_{\Delta n}(n + \Delta n) \\
(n + \Delta n \mid x \mid n) & \nearrow \atop \searrow & \\
 & & x_{\Delta n}(n) \\
(n \mid x \mid n - \Delta n) & \nearrow \atop \searrow & \\
 & & x_{\Delta n}(n - \Delta n) \\
\cdots\cdots\cdots\cdots & \nearrow &
\end{array}
$$

Es ist aber der grundlegende Unterschied in der Auffassung zu beachten: Klassisch werden die Frequenzen $\Delta n \cdot \nu(W_n)$ alle gleichzeitig ausgestrahlt, denn sie gehören alle zu einer Bahn (W_n). Quantentheoretisch aber sind die Übergänge, die zu festem n und verschiedenem Δn gehören, voneinander zeitlich ganz unabhängig; denn jeder Quantensprung Δn ist ein Ereignis für sich, die einzelnen Spektrallinien werden unabhängig voneinander ausgesandt. Daher sind nur die einzelnen $(n' \mid x \mid n)$ sinnvoll, eine Summe nach Art der Gleichung (3) hat atomphysikalisch keinen Sinn[1]).

Diese Überlegungen lassen sich zu einer Atomphysik ausbauen, s. den folgenden Paragraphen. Zunächst wollen wir versuchen, aus der vermuteten Korrespondenz (7) Schlüsse zu ziehen.

Die Intensität der Ausstrahlung ist im Zeitmittel (durch Überstreichen angedeutet) klassisch gegeben durch $\overline{\ddot{\mathfrak{p}}_x^2} + \overline{\ddot{\mathfrak{p}}_y^2} + \overline{\ddot{\mathfrak{p}}_z^2}$, bis auf (augenblicklich) unwesentliche Faktoren, s. Gl. (2a); sie ist also durch die x_s, y_s, z_s bestimmt. Da das x von Gl. (3) reell sein muß, folgt (* bedeutet konjugiert komplex):

$$x_{-s} = x_s^* . \tag{8}$$

Der Beitrag einer einzelnen Frequenz $s\nu$ zu $\ddot{x}$ ist daher $-(2\pi s\nu)^2\,(x_s e^{2\pi i s\nu t} + x_s^* e^{-2\pi i s\nu t})$ und zu $\overline{\ddot{x}^2}$:

$$(2\pi s\nu)^4 \cdot 2\,|\,x_s\,|^2. \tag{9}$$

Das Amplitudenquadrat $|\,x_s(W_n)\,|^2$ der Schwingung $s\nu(W_n)$ ist also klassisch ein Maß für die Intensität, mit der die Frequenz $s\nu$ ausgestrahlt wird. Wir werden gemäß (7) schließen, daß $|x_{\Delta n}(W_n)|^2$ auch ein ungefähres Maß für die Intensität abgeben wird, mit der die Atomfrequenz $\nu(n+\Delta n, n)$ bzw. $\nu(n, n-\Delta n)$ vorkommt. Nach (7) wird diese Intensität in Wirklichkeit durch $|(n+\Delta n\,|\,x\,|\,n)|^2$ bzw. $|(n\,|\,x\,|\,n-\Delta n)|^2$ gegeben sein; vorläufig kennen wir aber diese quantentheoretischen Größen nicht, sondern nur die $x_{\Delta n}$.

Wenn die $x_{\Delta n}(n)$ für festes Δn, aber beliebiges n alle Null sind, wird man vermuten, daß auch die $(n+\Delta n\,|\,x\,|\,n)$ und $(n\,|\,x\,|\,n-\Delta n)$ alle Null sind. Die Intensität der Linien, die zum Quantensprung Δn gehören, ist dann theoretisch Null. Korrespondenzmäßige Schlüsse dieser Art hat die Erfahrung immer bestätigt. Für den linearen harmonischen

[1]) Vgl. dazu aber auch S. 74.

Oszillator kann die Amplitude dargestellt werden durch: $x = x_1 e^{2\pi i \nu t} + x_{-1} e^{-2\pi i \nu t}$, mit $2\pi\nu = \sqrt{\frac{k}{m}}$; k ist die Bindungskonstante, m die Masse.

Man hat also die „Auswahlregel" $\Delta n = \pm 1$; nur bei diesen Übergängen findet Ausstrahlung statt. Für die Ellipsenbahnen des Wasserstoffs sind die x_s, y_s alle nicht Null; daher werden auch die quantentheoretischen $(n'|x|n)$, $(n'|y|n)$ nicht Null sein. Das bedeutet, daß die Intensitäten aller Quantensprünge Δn nicht Null sind: Es gibt keine Auswahlregel im Wasserstoffspektrum; s. aber auch § 7 IV. Auch die Auswahlregel $\Delta l = \pm 1$ der Alkalien läßt sich mit dem Korrespondenzprinzip verständlich machen.

Weitere Anwendungsbeispiele: Zeeman-Effekt. Wir betrachten die Bewegung eines Elektrons im Kernfeld, wenn ein allmählich von Null anwachsendes Magnetfeld $\mathfrak{H}$ auf das Atom wirkt. Die Richtung von $\mathfrak{H}$ sei für eine große Zahl von Elektronenumläufen zeitlich konstant; wir wählen sie als z-Richtung; die Stärke von $\mathfrak{H}$ sei im Atominnern räumlich konstant. Dann ist

$$\mathfrak{H}_x = \mathfrak{H}_y = 0;\quad \mathfrak{H}_z = H(t). \tag{10}$$

Das Anwachsen geschehe so langsam, daß $\mathfrak{H}$ sich erst während vieler Elektronenumläufe um einen merklichen Bruchteil seiner Stärke ändert. Wir haben die Bewegungsgleichung (μ = Elektronenmasse):

$$\mu\dot{\mathfrak{v}} = -e\mathfrak{E} - \frac{e}{c}[\mathfrak{v}\mathfrak{H}]. \tag{11}$$

In $\mathfrak{E}$ ist die elektrische Feldstärke $\mathfrak{E}(K)$ des Kerns enthalten, außerdem noch das elektrische Feld $\mathfrak{E}(\dot{H})$, das durch das zeitlich sich ändernde Magnetfeld gemäß dem Faradayschen Induktionsgesetz entsteht:

$$\mathfrak{E} = \mathfrak{E}(K) + \mathfrak{E}(\dot{H}). \tag{12}$$

Das Feld $\mathfrak{E}(\dot{H})$ vernachlässigen wir zunächst ganz und untersuchen die Bewegung im **konstanten** Magnetfeld H. Wir führen ebene Polarkoordinaten ϱ, φ ein in der Ebene $\perp z$ durch den Kern; ϱ ist vom Kern aus gezählt. Zur Abkürzung setzen wir:

(13) $\frac{eH}{2\mu c} = \omega_L$ (Larmorsche Kreisfrequenz);

ω_L liegt zwischen 0 und etwa $9 \cdot 10^{11}\,\mathrm{sec}^{-1}$, der letzte Wert gilt für sehr hohe Felder ($H \approx 10^5$ Oersted).

Aus (11) folgt dann:

(14) $\mu(\ddot{\varrho} - \varrho\,\dot{\varphi}^2) = -e\mathfrak{E}_\varrho(K) - 2\mu\omega_L\varrho\dot{\varphi}$;

(15) $\mu(2\,\dot{\varrho}\dot{\varphi} + \varrho\ddot{\varphi}) = +\,2\mu\omega_L\dot{\varrho}$;

(16) $\mu\ddot{z} = -e\mathfrak{E}_z(K)$.

Aus (15) folgt durch Multiplizieren mit ϱ und Integrieren:

(17) $$\mu\varrho^2\dot{\varphi} = \mu\omega_L\varrho^2 + A.$$

Es ist

(18) $$\mu\varrho^2\dot{\varphi} = [\mathfrak{r}\mathfrak{p}]_z$$

gleich dem Drehimpuls um die z-Richtung. Mit der Abkürzung

(19) $$\dot{\psi} = \dot{\varphi} - \omega_L$$

folgt aus (17)

(20) $$\mu\varrho^2\dot{\psi} = A.$$

Auf der feldfreien Bahn ist $\dot{\varphi}$ im Zeitmittel gleich:

$$\frac{2\pi}{\tau} = \frac{Z^2}{n^3} \cdot \frac{\mu e^4}{\hbar^3} = \frac{Z^2}{n^3} \cdot 4{,}1 \cdot 10^{16}\,\mathrm{sec}^{-1}.$$

Das ist selbst für kleines Z (Wasserstoff) noch groß gegenüber ω_L, wenn nicht n allzu groß ist. Aus Stetigkeitsgründen ist dann auch $\dot{\varphi}(H)$ unter derselben Voraussetzung groß gegen ω_L.

Setzt man (19) in (14) ein, so kommt:

(21) $\mu(\ddot{\varrho} - \varrho\,\dot{\psi}^2 + \omega_L^2\varrho) = -e\mathfrak{E}_\varrho(K)$;

das Glied $\mu\omega_L^2\varrho$ (Zentrifugalkraft einer Drehung mit der Larmorfrequenz) kann wegen $\dot\psi \gg \omega_L$ gestrichen werden. Dann bleibt

$$(22)\qquad \mu(\ddot\varrho - \varrho\dot\psi^2) = -e\mathfrak{E}_\varrho(K).$$

Zusammen mit (20), (16) hat man also im System $\varrho\psi z$ formal genau dieselben Bewegungsgleichungen wie im feldfreien Fall. A ist nach (20) der Drehimpuls um z im System $\varrho\psi z$. Aus (19) folgt:

$$(23)\qquad \varphi = \psi + \omega_L t,$$

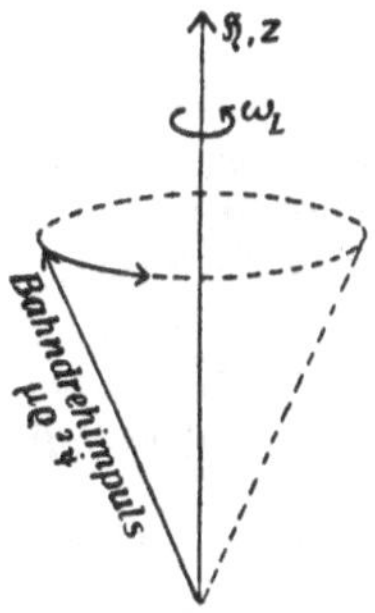

Abb. 9
Larmor-Präzession des Bahndrehimpulses um die Magnetfeldrichtung beim Zeemaneffekt

d. h. das System $\varrho\psi z$ dreht sich mit der Winkelgeschwindigkeit ω_L im positiven Sinn um die z Achse (= Feldachse; Larmorpräzession); s. Abb. 9. Damit ist aber noch nicht gesagt, daß die Bewegung im Feld H aus der vorher vorhandenen Bewegung hervorgeht durch eine bloße Drehung um z, die allmählich in Gang kommt. Wir erhalten zwar aus (23) $\psi = \varphi$, wenn $H \to 0$, und auch der Drehimpuls A geht für $H \to 0$ nach (17) formal in den feldfreien Drehimpuls über, aber damit ist nichts über die wirkliche Entwicklung der feldfreien Bahn zur gedrehten Bahn im Feld ausgesagt, weil bei der Integration von (15) ausdrücklich $\dot H = 0$ gesetzt wurde. Wir wissen nicht, ob der Drehimpuls im gedrehten System derselbe ist wie in der ursprünglichen feldfreien Bahn vor dem Einschalten des Feldes.

Aber gerade aus der vorherigen Integration von (15) sehen wir, daß der Drehimpuls beim Einschalten dann seinen feldfreien Wert unverändert in das System $\varrho\psi z$ hinüberrettet — das allmählich in Drehung kommt —, wenn das induzierte elektrische Feld $\mathfrak{E}(\dot H)$ so klein ist, daß sein Beitrag in der Bewegungsgleichung gegenüber der Kraft $e\mathfrak{E}(K) + \frac{e}{c}\cdot[\mathfrak{v}\mathfrak{H}]$

gestrichen werden kann. Das wird im allgemeinen nur dann der Fall sein, wenn das Feld $\mathfrak{H}$ sich erst in einer Zeit merklich ändert, die groß ist gegenüber τ („adiabatisches" Einschalten des Feldes); d. h.

$$(24) \qquad \dot{\omega}_L/\omega_L = \dot{H}/H \ll \frac{1}{\tau}\,.$$

Dann ist die Bewegung im präzessierenden System $\varrho\psi z$ genau dieselbe wie die vor dem Einschalten im System $\varrho\varphi z$, denn das Kernfeld $\mathfrak{E}(K)$ bleibt bei der Drehung unverändert. Der Drehimpuls A um die z-Achse bleibt dann auch bei diesem Übergang: feldfreies System $\rightarrow \varrho\psi z$ erhalten; er ist eine „adiabatische Invariante". Im System $\varrho\varphi z$ hat er aber nach (17) bei wirkendem Feld nicht mehr den Wert A, sondern ist um $\mu\omega_L\varrho^2$ größer geworden!

Wir bilden den Energiesatz; man bekommt ihn aus (11) durch skalare Multiplikation mit $\mathfrak{v}$, wegen

$$(25) \qquad \mu(\mathfrak{v}\dot{\mathfrak{v}}) = \frac{d}{dt}\left(\frac{\mu}{2}\mathfrak{v}^2\right) = \text{Leistung der wirkenden Kraft} = -e(\mathfrak{E}\mathfrak{v})\,.$$

$\mathfrak{E}(K)$ läßt sich bei Wasserstoff und (angenähert) auch bei den Alkalien als Zentralkraft $\frac{\mathfrak{r}}{r}\cdot f(r)$ darstellen, also aus einem Potential[1]) ableiten. Im konstanten Feld H ist also $\frac{\mu}{2}v^2 + E_{\text{pot}}(K) = W(H)$ die Gesamtenergie der Bewegung.

Im variablen Feld gilt:

$$(26) \qquad \frac{d}{dt}\left(\frac{\mu}{2}\mathfrak{v}^2 + E_{\text{pot}}(K)\right) = \frac{dW(H)}{dt} = -e(\mathfrak{E}(H), \mathfrak{v})\,.$$

Das Induktionsgesetz sagt: Die zeitliche Abnahme des Induktionsflusses: $-\frac{1}{c}\int \dot{\mathfrak{H}}_n\,d\sigma$ senkrecht durch die von der

---

[1]) Wegen: $\left(\frac{\mathfrak{r}}{r}\mathfrak{v}\right)\cdot f(r) = \frac{r}{r}\cdot \dot{r} f(r) = -\frac{d\Phi}{dt}$, mit $\Phi = -\int^{r} f(r)\,dr$. $E_{\text{pot}}(K)$ ist dann gleich $-e\Phi$. Die Annahme einer Zentralkraft für $\mathfrak{E}(K)$ steckt schon in (14)—(16).

Bahn umrandete Fläche ist gleich der in der Bahn induzierten elektromotorischen Kraft: $\oint (\mathfrak{E}(\dot{H}), d\mathfrak{s})$. Integrieren wir (26) über einen Bahnumlauf, so bekommen wir wegen $\mathfrak{v}dt = d\mathfrak{s}$:

$$(27) \quad \int_0^\tau \frac{d}{dt} W(H)\, dt = -e \int_0^\tau (\mathfrak{E}(\dot{H}), \mathfrak{v})\, dt$$

$$= -e \oint (\mathfrak{E}(\dot{H}), d\mathfrak{s}) = \frac{e}{c} \int \dot{\mathfrak{H}}_n d\sigma .$$

Es ist aber $\dot{\mathfrak{H}}_n = \dot{\mathfrak{H}}_z \cos(n, z)$, und $d\sigma \cos(n, z)$ die Projektion von $d\sigma$ auf die Ebene $(\varrho, \varphi) \perp z$. Also:

$$\frac{e}{c} \int \dot{\mathfrak{H}}_n d\sigma = \frac{e}{c} \dot{H} \int \varrho d\varrho d\varphi = \frac{e\dot{H}}{2c} \int_{\text{Bahn}} \varrho^2 d\varphi ;$$

Das Integral rechts ist über die Bahn im Magnetfeld zu erstrecken. Weil das Magnetfeld nur langsam anwachsen soll und nur eine langsame Drehung bewirkt, stimmt sie nahe mit der „ungestörten" Bahn (ohne Magnetfeld) überein. Wegen des Faktors $e\dot{H}/2c$ können wir uns mit der Integration über die ungestörte Bahn begnügen:

$$\frac{e}{c} \int \dot{\mathfrak{H}}_n d\sigma = \mu \dot{\omega}_L \int_0^\tau \varrho^2 \dot{\varphi}\, dt = \dot{\omega}_L \cdot A \cdot \tau .$$

In der gegenüber der „Änderungszeit" von ω_L kleinen Zeit τ ändert sich die Energie des Elektrons nach (27) unter der Wirkung von $\mathfrak{E}(\dot{H})$ um

$$(28) \quad \Delta W(H) = \Delta (E_{\text{kin}} + E_{\text{pot}}(K))_{(H)} = A \cdot \Delta\omega_L .$$

Bei adiabatischer Feldänderung ist daher (Anwendung von (28) auf beliebig viel Umläufe)

$$29) \quad W(H) = (E_{\text{kin}} + E_{\text{pot}}(K))_{(H)} = W(0) + A \cdot \omega_L .$$

Die Energie im Feld ist um $A\omega_L$ größer als vor dem Einschalten.

Nach der Bohrschen Theorie sind aber nur bestimmte der klassisch berechneten Energien W in der Natur realisiert. Zu jedem Freiheitsgrad gehört nach (2), S. 35, eine Quantenzahl. Wir betrachten den Freiheitsgrad φ im feldfreien Fall (wo $\varphi = \psi$); der zugehörige (kanonische) Impuls p_φ ist der Drehimpuls $[\mathfrak{r}\mathfrak{p}]_z$ um die z-Richtung[1]). Im Fall $H=0$ ist p_φ gleich A; also lautet die „Quantenbedingung“:

$$(30) \qquad \int\limits_{\text{Bahn}} p_\varphi d\varphi = A \int\limits_0^{2\pi} d\varphi = 2\pi A = m_l h;$$

$$A = [\mathfrak{r}\mathfrak{p}]_{z,\,H=0} = m_l \hbar\,.$$

Wir haben damit die (auch nach heutiger Auffassung richtige) Gl. (4), S. 36, abgeleitet. Nach (20) gilt diese „Quantelung“ des Drehimpulses mit demselben A, also derselben Quantenzahl m_l, auch für den Drehimpuls im gedrehten System $\varrho\psi z$! Durch das Einschalten des Feldes ist also kein Quantensprung hervorgerufen worden, obwohl die Energie nach (29) sich geändert hat, und zwar stetig! Die Quantenzahl m_l ist eine adiabatische Invariante[2]).

Der Begriff adiabatischer Invarianz kann heute mit den Unschärferelationen besser abgegrenzt werden. Aus $\Delta W \Delta t \geqq \hbar$ folgt nämlich, daß das Atom nur dann eine Energie W mit der Schärfe ΔW annehmen kann, wenn ihm dazu die Zeit $\Delta t \geqq \hbar/\Delta W$ gelassen wird. ΔW wird aber größer als der Abstand zwischen benachbarten magnetischen Energieniveaus: $\hbar\omega_L$ (vgl. 29), (30)), wenn $\Delta t < 1/\omega_L$. Ändert sich also H von einem Wert H_1 aus merklich in einer Zeit von der Ordnung $\leqq 1/\omega_L$, und bleibt dann konstant, so wird man bei einer

[1]) Beweis: Allgemein ist der Impuls, wenn kein Magnetfeld wirkt: $p_k = \frac{\partial E_{\text{kin}}(q, \dot q)}{\partial \dot q_k}$; in unserem Fall ist $E_{\text{kin}} = \frac{\mu}{2}(\dot\varrho^2 + \varrho^2\dot\varphi^2 + \dot z^2)$. Also $p_\varphi = \mu\varrho^2\dot\varphi = \varrho \cdot \mu\varrho\dot\varphi = [\mathfrak{r}, \mu\mathfrak{v}]_z$.

[2]) Alle Quantenzahlen sind adiabatisch invariant; Beweis z. B. in A. Sommerfeld, Atombau und Spektrallinien, 5. Aufl. Bd. I, S. 696.

nachträglichen Beobachtung finden, daß das Atom Quantensprünge in m_l gemacht hat. Man sieht, daß die neue Grenze $\Delta t \approx \frac{1}{\omega_L}$ anders liegt als die alte $\Delta t \approx \tau$.

Die Energie im Magnetfeld ist

$$W(H) = W(0) + m_l \hbar\omega_L \tag{31}$$

und die Ausstrahlungsfrequenzen sind gegeben durch

$$\begin{aligned} h\nu_{\mathrm{II}\to\mathrm{I}} &= W_{\mathrm{II}}(0) + m_{l\mathrm{II}}\hbar\omega_L - W_{\mathrm{I}}(0) - m_{l\mathrm{I}}\hbar\omega_L \\ &= h\nu_{\mathrm{II}\to\mathrm{I}}(0) + (m_{l\mathrm{II}} - m_{l\mathrm{I}})\hbar\omega_L . \end{aligned} \tag{32}$$

Es besteht aber hier eine Auswahlregel. Schreiben wir nämlich für die feldfreien Koordinaten x_0, y_0, z_0 (sie beziehen sich auf die Bewegung ohne Magnetfeld), so gilt nach (23) für die Bewegung im Feld:

$$\begin{aligned} x &= x_0 \cos\omega_L t - y_0 \sin\omega_L t; \\ y &= x_0 \sin\omega_L t + y_0 \cos\omega_L t; \; z = z_0 . \end{aligned} \tag{33}$$

In $x_0 y_0 z_0$ kommen die Frequenzen $s \cdot \nu$ des feldfreien Umlaufs vor, die den Quantensprüngen Δn entsprechen. Für die Korrespondenzbetrachtung hat man nur ein einziges Summenglied $x_s e^{2\pi i s\nu t} + x_s^* e^{-2\pi i s\nu t}$ von x_0 zu untersuchen; vgl. (8), (9). Für y_0, z_0 gilt Entsprechendes. Aus (33) findet man

$$x + iy = (x_0 + iy_0)\, e^{i\omega_L t} . \tag{34}$$

Die uns interessierenden Glieder von $x + iy$ sind (mit $\omega_s = 2\pi s\nu$):

$$\begin{aligned} (x_s + iy_s)\, e^{i(\omega_s + \omega_L)t} &+ (x_s^* + iy_s^*)\, e^{-i(\omega_s - \omega_L)t} \\ &= A_s e^{i\omega_+ t} + B_s e^{-i\omega_- t} . \end{aligned} \tag{35}$$

In der Schwingung x, y kommen also die Frequenzen $\omega_+ = \omega_s + \omega_L$ und $\omega_- = \omega_s - \omega_L$ vor. Den ersten Summanden in (35) $A_s e^{i\omega_+ t}$ nennen wir $x_1 + iy_1$, den zweiten $x_2 + iy_2 = B_s e^{-i\omega_- t}$. Der erste gibt eine linkszirkulare Schwingung in der x, y-Ebene. Denn es ist

$$(36)\quad \begin{cases} A_s e^{i\omega_+ t} = |A_s|\, e^{i(\omega_+ t + \alpha_s)} = x_1 + i y_1; \\ x_1 = |A_s| \cos(\omega_+ t + \alpha_s);\ y_1 = |A_s| \sin(\omega_+ t + \alpha_s); \\ x_1^2 + y_1^2 = |A_s|^2 \text{ (Kreis).} \end{cases}$$

Die Formeln für x_1, y_1 und $\dot{x}_1, \dot{y}_1$ zeigen, daß der Kreis entgegen dem Uhrzeiger durchlaufen wird (es sind $\omega_+, \omega_- > 0$, wegen $\omega_s \gg \omega_L$). Ebenso findet man, daß $B_s e^{-i\omega_- t}$ eine rechtszirkulare Schwingung (x_2, y_2) gibt. Die z-Bewegung ist eine lineare Schwingung und enthält wegen (16) die Frequenz $\omega_s + 0 \cdot \omega_L$.

Den quantentheoretischen Frequenzen (vgl. (32)): $\nu_{n+\Delta n, n}(0) + \Delta m_l \cdot \omega_L/2\pi$ korrespondieren die klassischen (s. (35)): $\Delta n \cdot \nu + \omega_L/2\pi$ (1,0, —1); es ist also nach dem Korrespondenzprinzip zu vermuten, daß $\Delta m_l = \pm 1{,}0$, und zwar gehört nach der klassischen Analogie:

$$(37)\quad \begin{cases} \Delta m_l = +1 \text{ zur linkszirkularen Schwingung aus } x, y, \\ \Delta m_l = -1 \text{ zur rechtszirkularen Schwingung aus } x, y, \\ \Delta m_l = 0 \text{ zur linearen Schwingung } z. \end{cases}$$

Beobachtet man senkrecht zum Feld, etwa in der x-Richtung, so steht wegen der Transversalität der Wellen der elektrische Vektor $\mathfrak{E}'$ und der magnetische Vektor $\mathfrak{H}'$ der Lichtwelle senkrecht zu x, vgl. auch (2b)! Ferner ist $\mathfrak{H}_y' = \ddot{\mathfrak{p}}_z/Rc^2$; $\mathfrak{H}_z' = -\ddot{\mathfrak{p}}_y/Rc^2$; $\mathfrak{E}_y' = -\ddot{\mathfrak{p}}_y/Rc^2$; $\mathfrak{E}_z' = -\ddot{\mathfrak{p}}_z/Rc^2$. Daher gibt die x-Schwingung ($x_1 + x_2$) gar keinen Beitrag zur beobachteten Intensität; die Beiträge der y-Schwingung ($y_1 + y_2$) und der z-Schwingung sieht man. Die Schwingungsrichtung des elektrischen Vektors wollen wir die **Polarisationsrichtung** des Lichtes nennen (senkrecht dazu steht die Polarisationsebene, sie enthält den magnetischen Vektor $\mathfrak{H}'$ der Lichtwelle und die Strahlrichtung $\mathfrak{R}$). Es liefert also die y-Schwingung Licht, dessen elektrischer Vektor $\parallel y$ schwingt—also $\perp$ zu $\mathfrak{H}$—, das ist linear polarisiertes Licht mit der Schwingungsrichtung $\perp \mathfrak{H}$; die Ausstrahlungsfrequenz ist $\nu_{n+\Delta n, n}(0) \pm \omega_L/2\pi$. Die

z-Schwingung gibt linear polarisiertes Licht mit der Schwingungsrichtung || $\mathfrak{H}$ und der Frequenz $\nu_{n+\Delta n,\, n}(0)$. Dabei haben wir die klassischen Aussagen über Polarisation übernommen, wie es das Korrespondenzprinzip nahelegt. Das Bild des eben beschriebenen transversalen Zeemaneffekts geben wir in Abb. 10a; die $\perp$ $\mathfrak{H}$ schwingenden Linien heißen „σ-Komponenten", die || $\mathfrak{H}$ „π-Komponente". In der Abb. ist angedeutet, daß π stärker (doppelt so stark) ist als eine der σ-Komponenten. Auf die korrespondenzmäßige Begründung dafür gehen wir nicht ein.

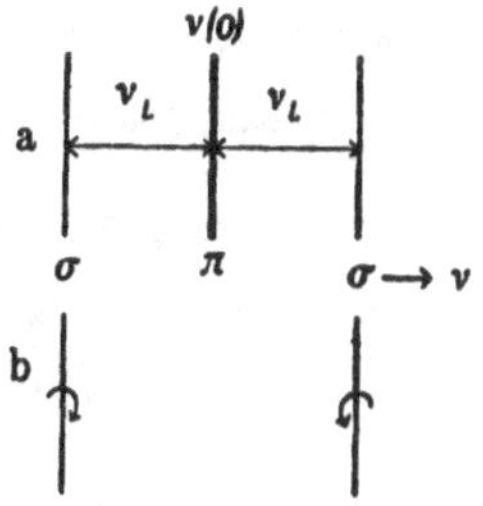

Abb. 10. Normaler Zeemaneffekt
a) transversal,
b) longitudinal; $\nu_L = \frac{\omega_L}{2\pi}$

Beobachtet man in der Feldrichtung — man durchbohrt dazu die Polschuhe des Magneten —, so sieht man die z-Schwingung nicht, die x, y-Schwingungen voll. Im longitudinalen Zeemaneffekt (Abb. 10b) fehlt also die Linie $\nu(0)$. Schaut man entgegen den Kraftlinien (Richtung Südpol → Nordpol am Magneten), so ist die kurzwelligere Linie $\nu(0) + \frac{\omega_L}{2\pi}$ links-zirkularpolarisiert, die andere $\nu(0) - \frac{\omega_L}{2\pi}$ rechts-zirkular.

Wäre die Elektronenladung positiv, so würde sich das Vorzeichen von ω_L umkehren; die kurzwellige Komponente wäre bei derselben Beobachtung wie vorher rechtszirkular. So konnte das Vorzeichen der schwingenden Ladung bestimmt werden (Zeeman, Lorentz). Es ergab sich negativ.

Der hier beschriebene einfache Typ des Zeemaneffektes (normaler Zeemaneffekt) kommt nur bei wenigen Spektrallinien vor. Meist ist das Aufspaltungsbild viel verwickelter; s. § 3 IV.

Starkeffekt. Auch elektrische Felder bewirken eine Aufspaltung der Spektrallinien in mehrere „Komponenten" (Stark). Wir besprechen nur den Starkeffekt wasserstoffähnlicher Atome. Die Bilder in der Längs- und Querbeobachtung unterscheiden sich auch hier in charakteristischer Weise.

Das Kernfeld hat die Form: $\mathfrak{E}(K) = f(r)\mathfrak{r}$. Das äußere elektrische Feld $\mathfrak{E}(F)$ soll die z-Richtung haben: $\mathfrak{E}_z(F) = F$, und innerhalb des Atoms räumlich konstant, aber zeitlich veränderlich sein. Diese Veränderlichkeit hat ein Magnetfeld $\mathfrak{H} = \frac{1}{2c}[\mathfrak{r}, \dot{\mathfrak{E}}(F)]$ zur Folge, das $\perp$ z steht. Die Bewegungsgleichung ist:

$$-\frac{1}{e}\dot{\mathfrak{p}} = f(r)\mathfrak{r} + \mathfrak{E}(F) + \frac{1}{2c^2}[\mathfrak{v}[\mathfrak{r}, \dot{\mathfrak{E}}(F)]],$$

und der Drehimpulssatz:

$$-\frac{1}{e}[\mathfrak{r}\mathfrak{p}]^{\cdot} = [\mathfrak{r}, \mathfrak{E}(F)] - \frac{1}{2c^2}[\mathfrak{r}, \dot{\mathfrak{E}}(F)](\mathfrak{r}\mathfrak{v}) = [\mathfrak{r}, \mathfrak{E}(F)] - \frac{1}{c}\mathfrak{H}(\mathfrak{r}\mathfrak{v}).$$

Der Vektor rechts ist $\perp$ z.

Also bleibt $[\mathfrak{r}\mathfrak{p}]_z$ zeitlich konstant, und hat nach (30) die Werte $m_l\hbar$. Auch die Auswahlregeln (37) gelten hier. Die Größenordnung der Aufspaltung läßt sich leicht aus dem Energiesatz schätzen. Es ist (auch bei zeitlich veränderlichem Feld):

$$(38)\quad \frac{d}{dt}\left(\frac{\mu}{2}\mathfrak{v}^2 + E_{\text{pot}}(K)\right) = -e\,(\mathfrak{E}(F), \mathfrak{v}) = -eF\dot{z}\,.$$

Im konstanten Feld F ist nach (38):

$$(39)\qquad E_{\text{kin}} + E_{\text{pot}}(K) + eFz = W(F)$$

die konstante Gesamtenergie der Bewegung. Im zeitlich veränderlichen Feld gilt daher:

$$(40)\quad \frac{dW(F)}{dt} = \frac{d}{dt}(E_{\text{kin}} + E_{\text{pot}}(K) + eFz) = e\dot{F}z\,.$$

Über einen Umlauf integriert (bei adiabatischer Feldänderung)

$$(41)\qquad \Delta W(F) = e\int_0^\tau \dot{F} z\,dt = e\bar{z}\cdot\Delta F\,.$$

Der Mittelwert $\bar{z}$ kann bei nicht zu großem F über die feldfreie Bahn genommen werden. (41) gibt:

$$(42)\qquad W(F) = W(0) + e\bar{z}\cdot F\,.$$

$\bar{z}$ ist jedenfalls von der Größenordnung der Halbachsen der ungestörten Ellipsenbahn. Also:

$$(43)\qquad W(F) \approx W(0) + e\cdot a_H\cdot\frac{n^2}{Z}\cdot F\,.$$

Die Größenordnung der Abstände der „Linienkomponenten" im Starkeffekt ist daher im Frequenzmaß $\sec^{-1}$ (Übergang $n+\Delta n\to n$): $\frac{e}{h}\cdot a_H\cdot\frac{2\Delta n\cdot n\cdot F}{Z}$. Für $F = 10^5$ Volt/cm und $Z = 1$ ist das $\Delta n\cdot n\cdot 2{,}6\cdot 10^{11}\,\sec^{-1}$; in Wellenlängen ungefähr $\Delta n\cdot n\cdot 2$ Å, wenn $\lambda = 5000$ Å. Die Abstände nehmen in einer Linienserie (n fest, Δn veränderlich) zu mit wachsender Laufzahl $(n+\Delta n)$.

Am Starkeffekt kann man das Vorhandensein elektrischer Felder erkennen, z. B. von Raumladungen in Entladungsröhren.

Resonanzfluoreszenz. Sei $\mathfrak{H}$ ein so schwaches Magnetfeld, daß die von ihm erzeugte Aufspaltung der Energieniveaus ΔW (die auch bei anomalem Zeemaneffekt stets von der Größenordnung $\hbar\omega_L$ ist, vgl. § 3 IV) kleiner ist, als die natürliche Breite δW dieser Niveaus. Letztere ist nach S. 29 verursacht durch die Übergangswahrscheinlichkeit nach andern Zuständen, gemäß der Unschärferelation $\delta W \delta t \approx \hbar$; δt ist die Lebensdauer des Niveaus. Ist speziell — wie im folgenden Beispiel — nur der Übergang zum Grundzustand des Atoms möglich, so ist $\delta W/h$ zugleich die Breite der ausgestrahlten Spektrallinie (im Frequenzmaß). Denn der Grundzustand hat keine Energiebreite δW, weil seine Lebensdauer im ungestörten Zustand beliebig groß ist. Wenn nun $\hbar\omega_L \ll \delta W$, so kann offenbar nicht mehr davon die Rede sein, daß das Atom im Zustand mit der magnetischen Energie $m\hbar\omega_L$ oder im Zustand $(m-1)\,\hbar\omega_L$ ist, weil alle diese Zustände in das Unschärfegebiet δW der Atomenergie hineinfallen. Aus $\Delta t \approx \hbar/\Delta W \approx 1/\omega_L \gg \hbar/\delta W \approx \delta t$ sieht man, daß das Atom in diesem Fall nicht genug Zeit hat, eine bestimmte magnetische Energie innerhalb δW anzunehmen, weil der Übergang zu andern Zuständen (im Mittel) bereits nach der Zeit δt geschieht. Das Atom befindet sich vielmehr in allen Zu-

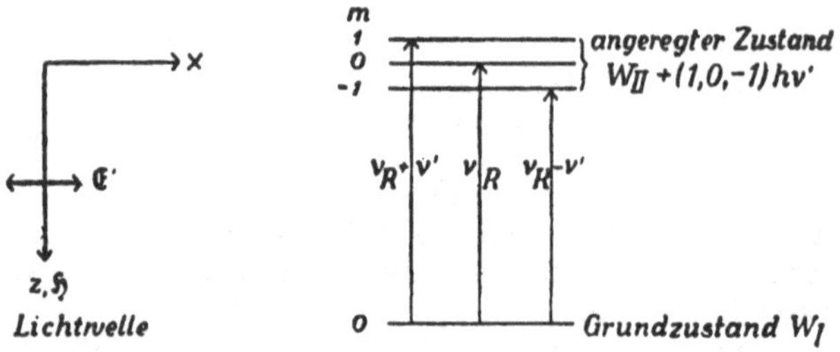

Abb. 11. Zur Resonanzfluoreszenz am Quecksilber

ständen innerhalb δW. Das zeigt folgender Versuch (Wood und Ellett), der also wieder eine Erläuterung der Unschärferelationen gibt:

Auf Hg-Atome, die sich in einem Magnetfeld $\mathfrak{H}_z$ befinden, wird linear polarisiertes Licht eingestrahlt. Die Polarisationsrichtung (Schwingungsrichtung des elektrischen Vektors $\mathfrak{E}'$) der Lichtwelle sei x, die Fortschreitungsrichtung z (also $\parallel \mathfrak{H}$); s. Abb. 11. Im Magnetfeld $\mathfrak{H}_z$ zeigen die Hg-Atome bei Anregung (anomalen) Zeemaneffekt. Wir brauchen davon hier nur zu wissen, daß der Grundzustand durch das Feld nicht aufgespalten wird (er hat $m = 0$) und daß der erste optisch erreichbare angeregte Zustand in 3 Niveaus aufspaltet mit $m = 1, 0, -1$; s. Abb. 11. Die Abstände sind $3/2 \cdot h\nu_L = h\nu'$, (Begründung in § 3 IV). Die Regeln (37) gelten auch hier. Der

Zeemaneffekt zeigt also eine Schwingung $\parallel z$ mit der Frequenz $\nu_R (\Delta m = 0)$, eine Schwingung in der x-Richtung mit den Frequenzen $\nu_R \pm \nu'$ $(\Delta m = \pm 1)$ und eine ebensolche in der y-Richtung. Die Anregung $W_{\mathrm{I}} \rightarrow W_{\mathrm{II}}$ wird durch den elektrischen Vektor der ankommenden Lichtwelle besorgt; man strahlt die Resonanzlinie ν_R von Hg ein. Die Elektronen im Atom machen die x-Schwingung der Lichtwelle mit, und weil die ankommende Frequenz ν_R mit der Eigenfrequenz ν_R (der „Resonanzfrequenz") des Atoms übereinstimmt, so wird Lichtenergie absorbiert. Die Atome absorbieren aber nur mit ihrer x-Schwingung, weil nur diese angeregt wird: Der Hg-Dampf absorbiert nur die beiden Frequenzen $\nu_R \pm \nu'$ und nicht ν_R selbst. (Der eingestrahlte Frequenzbereich wird so breit gewählt, daß außer ν_R auch $\nu_R \pm \nu'$ in ihm enthalten sind. Dazu braucht nur die Dampfdichte im Emissionsgefäß hoch zu sein.) Nach Ablauf der Lebensdauer dieser angeregten Zustände strahlen die Atome ihre Energie wieder aus und gehen in den Grundzustand über. Hier sind aber zwei Extremfälle zu unterscheiden: 1) $\nu' \gg$ natürliche Linienbreite $\delta\nu\,(=\delta W/h)$; 2) $\nu' \ll \delta\nu$. Im ersten Fall strahlt der Hg-Dampf die beiden Komponenten $\nu_R \pm \nu'$ so aus, wie es nach den S. 68/69 beschriebenen Polarisationsverhältnissen zu erwarten ist. Z. B. ist bei der Längsbeobachtung $(\parallel z)$ entgegen dem Feld die ausgestrahlte Frequenz $\nu_R + \nu'$ linkszirkular polarisiert. Das entspricht offenbar auch der Vorstellung diskreter Energiestufen. Im zweiten Fall ($\mathfrak{H}$ ist dann praktisch Null und $\nu_R \pm \nu'$ praktisch gleich ν_R) strahlt der Dampf eine linear $\parallel x$ polarisierte Welle aus. Stellt man sich auch hier auf den Standpunkt, daß die Atome die diskreten Energien: entweder $W_{\mathrm{II}} + h\nu'$ oder $W_{\mathrm{II}} - h\nu'$ haben, so ist das Versuchsergebnis nicht zu verstehen. Denn dann strahlt ein Atom im Zustand $W_{\mathrm{II}} + h\nu'$ bei Längsbeobachtung linkszirkular, ein anderes Atom im Zustand $W_{\mathrm{II}} - h\nu'$ rechtszirkular. Diese beiden Strahlungen geschehen aber voneinander unabhängig, es kann keine Phasenbeziehung zwischen ihnen bestehen. Die Gesamtstrahlung als Summe über viele Atome muß unpolarisiert sein, denn die Frequenzen $\nu_R \pm \nu'$ fallen hier praktisch zusammen. Die wirklich auftretende linear polarisierte Welle zeigt aber, daß doch eine Phasenbeziehung (Kohärenz) zwischen den Emissionen $\nu_R \pm \nu'$ besteht; die lineare Polarisation ist einfach die Folge der Addition der Amplituden der zwei zirkularen. Die Lichtemissionen stehen hier also in Phasenbeziehung zuein nder. Da aber Licht- und Bewegungsfrequenzen übereinstimmen müssen, so haben wir eine Phasenbeziehung (Kohärenz) zwischen den Atomzuständen, die in das Unschärfegebiet δW hineinfallen. Der Atomzustand ist eine Überlagerung dieser Zustände.

§ 4. Quantenmechanik

Wir knüpfen an S. 60 an und versuchen, eine Atommechanik aufzubauen, die der Existenz diskreter Energiezustände entspricht. Die im Vorigen besprochenen „zusammengesetzten Zustände" werden sich später (S. 122) als Verallgemeinerung von selbst ergeben. Die diskreten Stufen numerieren wir durch den Index n (der nicht notwendig die „Hauptquantenzahl" von S. 36 bedeutet). Den Übergängen $l \to n$ sind nach § 3, (7) die Größen $(l\,|x|\,n)$ zugeordnet; gleichzeitig wird die Frequenz

$$(1) \qquad (l\,|\,\nu\,|\,n) = (W_l - W_n)/h = -(n\,|\,\nu\,|\,l)$$

ausgestrahlt. Da die gesuchte Atommechanik in korrespondenzmäßiger Analogie zur klassischen Mechanik stehen soll, so bilden wir in Analogie zu den klassischen „Elektronenkoordinaten" $x_s \cdot e^{2\pi i s\nu t}$ — die zur Frequenz $s\nu$ gehören — die quantentheoretischen Elektronenkoordinaten

$$(2) \qquad (l\,|\,x\,|\,n) \cdot e^{2\pi i (l\,|\,\nu\,|\,n)\,t} \equiv (l\,|\,\mathbf{x}\,|\,n).$$

Was entspricht $x_{-s}\,e^{-2\pi i s\nu t}$? Aus $x_s = x^*_{-s}$, § 3, (8), schließt man zunächst auf $x_{\Delta n} = x^*_{-\Delta n}$. An Stelle des Quantensprunges Δn, etwa von $n+\Delta n \rightarrow n$, haben wir einen Sprung $-\Delta n$ in x^* zu setzen, der um Δn nach „oben" (größeres n) führt. Das Analogon zu $x_{\Delta n}$ ist $(n+\Delta n \mid x \mid n)$; rein formales Ersetzen von Δn durch $-\Delta n$ würde auf:

$$(n+\Delta n \mid x \mid n) = (n-\Delta n \mid x \mid n)^*$$

führen. Das kann aber nicht richtig sein, weil die Größen links und rechts sich auf die gleichen Zustände $n + \Delta n$ und n beziehen müssen, wenn sie konjugiert komplex sein sollen. Sonst würde man eine Beziehung zwischen mindestens 3 Zuständen bekommen, die anzunehmen keinerlei physikalischer Grund vorliegt. Also bleibt nur

$$(3)\qquad (n+\Delta n \mid x \mid n) = (n \mid x \mid n+\Delta n)^*;$$

die Bedingung, daß der Sprung rechts um Δn nach „oben" führt, ist damit auch erfüllt. Wegen (1), (2) gilt auch

$$(4)\qquad (n+\Delta n \mid \boldsymbol{x} \mid n) = (n \mid \boldsymbol{x} \mid n+\Delta n)^*;$$

allgemein: $(l \mid \boldsymbol{x} \mid n) = (n \mid \boldsymbol{x} \mid l)^*$, weil Δn auch < 0 sein kann.

Wir können alle im Atom möglichen Übergangsgrößen $(l \mid x \mid n)$ oder auch $(l \mid \boldsymbol{x} \mid n)$ in ein zweidimensionales Schema („Matrix") schreiben:

$$(5)\qquad \begin{Bmatrix} (1 \mid \boldsymbol{x} \mid 1) & (1 \mid \boldsymbol{x} \mid 2) & (1 \mid \boldsymbol{x} \mid 3) & \dots \\ (2 \mid \boldsymbol{x} \mid 1) & (2 \mid \boldsymbol{x} \mid 2) & (2 \mid \boldsymbol{x} \mid 3) & \dots \\ \dots & \dots & \dots & \dots \end{Bmatrix} \equiv \boldsymbol{x}.$$

In die Diagonale haben wir die formal neben den $(l \mid \boldsymbol{x} \mid n)$ zu erwartenden $(n \mid \boldsymbol{x} \mid n)$ geschrieben. Sie beziehen sich nicht auf Übergänge $l \rightarrow n$, sondern sind einem festen n, also einem bestimmten Atomzustand zugeordnet. Die $(n \mid \boldsymbol{x} \mid n)$ sind also die quantentheoretischen Elektronenkoordinaten, wenn sich das Atom im Zustand n mit der Energie W_n befindet. Sie sind wegen (1), (2) zeitunabhängig. Die Größe $\boldsymbol{x}$ ist die formale Zusammenfassung aller Elemente der Matrix (5); jede

Gleichung für $\mathfrak{x}$ im folgenden ist so gemeint, daß sie für alle Elemente von $\mathfrak{x}$ gelten soll. Die klassische Fourierreihe $x = \sum_{s=-\infty}^{+\infty} x_s e^{2\pi i s\nu t}$ ist das Analogon zu $\mathfrak{x}$.

Klassisch beschreibt man den mechanischen Zustand des Elektrons durch Geschwindigkeit (oder Impuls) und Koordinate; die zeitliche Aufeinanderfolge der Bewegungszustände wird durch die Bewegungsgleichung gegeben. Ein Analogon zur Geschwindigkeit können wir leicht bilden; dem klassischen $(x_s e^{2\pi i s\nu t})^{\cdot} = 2\pi i s\nu \cdot x_s e^{2\pi i s\nu t}$ entspricht

(6) $(l \mid \mathfrak{x} \mid n)^{\cdot} = 2\pi i (l \mid \nu \mid n) \cdot (l \mid \mathfrak{x} \mid n) = (l \mid \dot{\mathfrak{x}} \mid n);$

denn wir wollten die dem Übergang $l \to n$ entsprechende quantentheoretische Geschwindigkeitsgröße finden. Auch für $\dot{\mathfrak{x}}$ und damit auch für $\mathfrak{p}_x = m\dot{\mathfrak{x}}$ (m = Masse) gilt (4), wie man leicht mit Hilfe von (1) findet. Aus (6) bekommt man z. B. für den linearen Oszillator bereits eine Reihe wichtiger Aussagen. Die klassische Bewegungsgleichung

(7) $$m\ddot{x} = -f x$$

übernehmen wir für die quantentheoretischen Größen $\mathfrak{x}$ als gültig. Mit den Abkürzungen

(8) $\sqrt{f/m} = \omega_0$ (klassische Kreisfrequenz des Oszillators, s. S. 61) und

(9) $$(l \mid \omega \mid n) = 2\pi (l \mid \nu \mid n)$$

folgt

(10) $\ddot{\mathfrak{x}} = -\omega_0^2 \mathfrak{x}$ oder $(l \mid \ddot{\mathfrak{x}} \mid n) = -\omega_0^2 (l \mid \mathfrak{x} \mid n).$

Das gibt wegen (6)

(11) $$(l \mid \omega \mid n)^2 (l \mid \mathfrak{x} \mid n) = \omega_0^2 (l \mid \mathfrak{x} \mid n);$$

also

(12) entweder $(l \mid \mathfrak{x} \mid n) \neq 0$, $(l \mid \omega \mid n) = \pm \omega_0$,
oder $(l \mid \mathfrak{x} \mid n) = 0$.

Es gibt also „erlaubte" Übergänge: $(l \mid \mathfrak{x} \mid n) \neq 0$ — das Matrixelement von $\mathfrak{x}$ ist nach S. 60 ein Maß für die ausgestrahlte Intensität! — dabei wird $\nu_0 = \omega_0/2\pi$ ausgestrahlt, und „verbotene" Übergänge: $(l \mid \mathfrak{x} \mid n) = 0$. Der quantentheoretische Oszillator strahlt demnach auch nur eine Frequenz, und zwar dieselbe wie der klassische. Die Energiestufen liegen nach (12), (1) in den Abständen $h\nu_0 = \hbar\omega_0$ voneinander. Aus physikalischen Gründen gibt es einen Zustand kleinster Energie, den Grundzustand; seine uns noch unbekannte Energie W_0 heiße $A \cdot \hbar\omega_0$. Der nächsthöhere Zustand W_1 muß dann bei $(A+1)$ $\hbar\omega_0$ liegen, wegen (12). Allgemein

$$W_n = (A + n)\,\hbar\omega_0, \tag{13}$$

wenn wir die W mit steigenden Nummern n bezeichnen. Mit dieser Numerierung können wir (12) genauer fassen:

$$(n+1 \mid \omega \mid n) = +\,\omega_0; \quad (n-1 \mid \omega \mid n) = -\,\omega_0; \tag{14}$$
$$(l \mid \mathfrak{x} \mid n) = 0, \quad \text{wenn } l \neq n \pm 1\,.$$

Das bedeutet eine Auswahlregel: $\Delta n = \pm 1$.

Die nichtverschwindenden $(l \mid \mathfrak{x} \mid n)$ können wir aber mit den vorigen Formeln nicht berechnen. Wir benützen dazu den Ausdruck für die Gesamtenergie der Bewegung. Klassisch bekommen wir den Energiesatz, wie immer, durch (skalare) Multiplikation der Bewegungsgleichung mit $\mathfrak{v}$; das gibt $\frac{d}{dt}\left(\frac{m}{2}\dot{x}^2\right) = -\,m\omega_0^2 x\dot{x}$. Integriert:

$$\frac{m}{2}\dot{x}^2 + \frac{m}{2}\omega_0^2 x^2 = W. \tag{15}$$

W ist die Gesamtenergie des Oszillators. Wollen wir (15) in die Atomphysik umschreiben, so müssen wir beachten, daß alle in unserer Theorie vorkommenden Größen sich auf die Übergänge ln und die Zustände nn beziehen müssen. Wir fassen daher (15) als Matrixgleichung zwischen $\dot{\mathfrak{x}}^2$, $\mathfrak{x}^2$, $\boldsymbol{W}$ auf; die Elemente von $\boldsymbol{W}$ sind natürlich $(l \mid \boldsymbol{W} \mid n)$. Aber wie bildet man $\dot{\mathfrak{x}}^2$, $\mathfrak{x}^2$ aus $\dot{\mathfrak{x}}$, $\mathfrak{x}$?

Allgemeiner: Wie sehen die Elemente des Produkts $\boldsymbol{ab}$ von zwei Matrizen $\boldsymbol{a}$, $\boldsymbol{b}$ aus? Das klassische Analogon zu $\boldsymbol{a}$ ist

$$(16) \qquad a = \sum_s a_s e^{2\pi i s \nu t};$$

entsprechend für b[1]). Daher ist klassisch

$$(17) \qquad ab = \sum_{s, s' = -\infty}^{+\infty} a_s b_{s'} e^{2\pi i (s+s')\nu t}$$

$$= \sum_{s=-\infty}^{+\infty} \sum_{\sigma=-\infty}^{+\infty} a_s b_{\sigma - s} e^{2\pi i \sigma \nu t} = \sum_{\sigma=-\infty}^{+\infty} (ab)_\sigma e^{2\pi i \sigma \nu t},$$

wenn wir $s' = \sigma - s$ setzen und die Abkürzung $(ab)_\sigma = \sum_{s=-\infty}^{+\infty} a_s b_{\sigma - s}$ benützen. Es gilt:

$$(18) \qquad (ab)_\sigma \cdot e^{2\pi i \sigma \nu t} = \sum_{s=-\infty}^{+\infty} a_s e^{2\pi i s \nu t} \cdot b_{\sigma - s} e^{2\pi i (\sigma - s)\nu t};$$

$(ab)_\sigma \, e^{2\pi i \sigma \nu t}$ ist offenbar das Analogon zum gesuchten $(l \,|\, \boldsymbol{ab} \,|\, n)$. In der Summe rechts steht im Exponenten die Summe zweier Frequenzen: $s\nu$ und $(\sigma - s)\nu$, die zusammengesetzt die linksstehende Frequenz $\sigma\nu$ geben. Bei der quantentheoretischen Umschreibung wird daraus die Summe zweier Quantenfrequenzen, die zusammengesetzt die $\sigma\nu$ entsprechende Quantenfrequenz geben müssen. $\sigma\nu$ können wir die Quantenfrequenz $(n+\sigma \,|\, \nu \,|\, n)$ zuordnen. Daher muß die rechts auftretende Summe von Quantenfrequenzen die Form haben: $(n+\sigma \,|\, \nu \,|\, \alpha) + (\alpha \,|\, \nu \,|\, n)$. Es gibt zwei Möglichkeiten: Die Frequenz $(n+\sigma \,|\, \nu \,|\, \alpha)$ entweder der Frequenz $s\nu$ zuzuordnen oder der Frequenz $(\sigma - s)\nu$. Die erste Möglichkeit bedeutet: $s\nu \to (n+\sigma \,|\, \nu \,|\, n+\sigma - s)$ und daher: $(\sigma - s)\nu \to (n+\sigma - s \,|\, \nu \,|\, n)$.

Folgt

$$(19) \qquad (ab)_\sigma \, e^{2\pi i \sigma \nu t} \to \sum_s (n+\sigma \,|\, \boldsymbol{a} \,|\, n+\sigma - s)(n+\sigma - s \,|\, \boldsymbol{b} \,|\, n).$$

---

[1]) a, b wie auch die quantentheoretischen $\boldsymbol{a}$, $\boldsymbol{b}$ sollen sich auf ein und dasselbe mechanische System beziehen.

Die Summe über s bedeutet in $n+\sigma-s$ ein Durchlaufen aller Quantenzustände, entsprechend der klassischen Summe über alle Obertöne; wir schreiben bequemer j statt $n+\sigma-s$ und summieren über alle j, was aufs gleiche hinausläuft; n und σ sind festgehalten. Die Summe in (19) bezeichnen wir mit $(n+\sigma \mid \boldsymbol{ab} \mid n)$ und haben daher als quantentheoretisches Analogon zu (18) mit $n+\sigma=l$:

$$(20) \qquad (l \mid \boldsymbol{ab} \mid n) \equiv \sum_j (l \mid \boldsymbol{a} \mid j)(j \mid \boldsymbol{b} \mid n).$$

Dieselbe Gleichung gilt für die zeitfreien Elemente: $(l \mid ab \mid n) \equiv \Sigma(l \mid a \mid j)(j \mid b \mid n)$; die Zeitfaktoren fallen ja heraus.

Die zweite Möglichkeit ist $(\sigma - s)\nu \rightarrow (n+\sigma \mid \nu \mid n+s)$, folglich: $s\nu \rightarrow (n+s \mid \nu \mid n)$. Also

$$(21) \qquad (ab)_\sigma e^{2\pi i\sigma\nu t} \rightarrow \sum_s (n+\sigma \mid \boldsymbol{b} \mid n+s)(n+s \mid \boldsymbol{a} \mid n)$$
$$= \sum_j (n+\sigma \mid \boldsymbol{b} \mid j)(j \mid \boldsymbol{a} \mid n).$$

Die rechte Seite bedeutet aber nach (20) (vertausche $\boldsymbol{a}$ mit $\boldsymbol{b}$!): $(n+\sigma \mid \boldsymbol{ba} \mid n)$. Also korrespondiert neben (20) auch

$$(22) \qquad (l \mid \boldsymbol{ba} \mid n) \equiv \sum_j (l \mid \boldsymbol{b} \mid j)(j \mid \boldsymbol{a} \mid n)$$

zum klassischen $(ab)_{l-n} \cdot e^{2\pi i(l-n)\nu t}$; und (20), (22) sind im allgemeinen nicht gleich! In der formalen Zusammenfassung durch Matrizen bedeutet diese Verschiedenheit, daß $\boldsymbol{ab} \neq \boldsymbol{ba}$ im allgemeinen. Wenn speziell $\boldsymbol{ab} = \boldsymbol{ba}$, —das ist z. B. für $\boldsymbol{a} \equiv \boldsymbol{b}$ der Fall—, dann heißen die Matrizen $\boldsymbol{a}, \boldsymbol{b}$ vertauschbar.

Es ist also nicht möglich, eine klassische Gleichung eindeutig ins Quantentheoretische zu übersetzen, wenn sie Produkte von verschiedenen physikalischen Größen miteinander enthält. Bei der Energiegleichung des Oszillators haben wir diese Schwierigkeit nicht, wie (15) zeigt. Wir schreiben also:

$$(23) \qquad \frac{m}{2}\dot{\boldsymbol{x}}^2 + \frac{m}{2}\omega_0^2 \boldsymbol{x}^2 = \boldsymbol{W}.$$

Die Energie ist zeitlich konstant, also hat $\boldsymbol{W}$ nur Diagonalelemente („Diagonalmatrix"), weil alle andern zeitabhängig wären. Wir führen die Abkürzung ein:

$$(24)\qquad \delta_{ln} = \begin{cases} 0, \text{ wenn } l \neq n, \\ 1, \text{ wenn } l = n, \end{cases}$$

dann folgt aus (6), (20), (23):

$$(25)\qquad \frac{m}{2} \sum_j (l \mid \boldsymbol{x} \mid j)(j \mid \boldsymbol{x} \mid n)\{-(l \mid \omega \mid j)(j \mid \omega \mid n) + \omega_0^2\} = (n \mid \boldsymbol{W} \mid n) \cdot \delta_{ln}\,.$$

Für j kommt nur $l \pm 1$ in Frage, wegen (14). Also ist im Fall $n \neq l$ notwendig $n = l \pm 2$. Dann ist aber $(l \mid \omega \mid j)(j \mid \omega \mid n) = \omega_0^2$, nach (14); für $n \neq l$ ist daher (25) identisch erfüllt, womit zunächst nur die Verträglichkeit von (10) und (23) gezeigt ist. Für $n = l$ wird (s. (14), (4), (13)):

$$(26)\qquad \frac{m}{2} \cdot 2\omega_0^2 \{|(n \mid \boldsymbol{x} \mid n-1)|^2 + |(n \mid \boldsymbol{x} \mid n+1)|^2\} = (n \mid \boldsymbol{W} \mid n) = (A + n)\hbar\omega_0\,.$$

$n = 0$ gibt, weil $(0 \mid \boldsymbol{x} \mid -1)$ nicht existiert: $|(0 \mid \boldsymbol{x} \mid 1)|^2 = A\hbar/m\omega_0$; $n = 1$: $|(1 \mid \boldsymbol{x} \mid 2)|^2 = 1 \cdot \hbar/m\omega_0$; allgemein:

$$(27)\qquad |(n \mid \boldsymbol{x} \mid n+1)|^2 = \frac{\hbar}{m\omega_0} \begin{cases} \left(A + \frac{n}{2}\right) \text{ für die geraden } n, \\ \frac{n+1}{2} \quad \text{ für die ungeraden } n. \end{cases}$$

Die Konstante A können wir nicht bestimmen; unser theoretisches Schema ist eben noch nicht vollständig, was sich darin zeigt, daß wir nicht wissen, wie $\boldsymbol{ab}$ mit $\boldsymbol{ba}$ zusammenhängt. Da man alle mechanischen Größen durch Impuls $\boldsymbol{p}$ und Koordinate $\boldsymbol{p}$ ausdrücken kann (die selbst als Funktionen der Zeit gedacht sind), so wird es genügen zu wissen, wie $\boldsymbol{pq}$ mit $\boldsymbol{qp}$ zusammenhängt. Wir müßten also ein Postulat über diesen Zusammenhang aufstellen — diesen systematischen Weg hat Heisenberg eingeschlagen — und daraus A berechnen können.

Unser Beispiel ist aber so einfach, daß wir die nötige Ergänzung erraten können. Wir bilden:

$$(28) \qquad (l\,|\,\boldsymbol{pq}\,|\,n) - (l\,|\,\boldsymbol{qp}\,|\,n) = im \sum_j (l\,|\,\boldsymbol{x}\,|\,j)(j\,|\,\boldsymbol{x}\,|\,n) \cdot \{(l\,|\,\omega\,|\,j) - (j\,|\,\omega\,|\,n)\};$$

$l \neq n$ gibt Null, wegen (14). $l = n$ gibt (s. (27), (4)):

$$(29) \qquad 2im\omega_0 \{|(n\,|\,\boldsymbol{x}\,|\,n-1)|^2 - |(n\,|\,\boldsymbol{x}\,|\,n+1)|^2\} = 2i\hbar \begin{cases} -A \text{ für die geraden } n, \\ A-1 \text{ für die ungeraden } n. \end{cases}$$

Das Ergebnis ist von n unabhängig; da die geraden n durch nichts physikalisch (z. B. bei der Ausstrahlung) vor den ungeraden ausgezeichnet sind, wird $-A = A-1$ sein müssen. Daher:

$$(30) \qquad A = \tfrac{1}{2},$$

womit die Gln. (13), (27) die nötige Ergänzung gefunden haben. Mit der Einführung der (Diagonal)-Matrix **1**, deren Elemente gleich δ_{ln} sind:

$$(31) \qquad (l\,|\,\mathbf{1}\,|\,n) \equiv \delta_{ln},$$

folgt aus (29):

$$(32) \qquad (l\,|\,\boldsymbol{pq}\,|\,n) - (l\,|\,\boldsymbol{qp}\,|\,n) = \hbar/i \cdot (l\,|\,\mathbf{1}\,|\,n),$$

was zu der Matrixgleichung

$$(33) \qquad \boldsymbol{pq} - \boldsymbol{qp} = \hbar/i \cdot \mathbf{1}$$

zusammengefaßt werden kann. Dies ist die berühmte Vertauschungsrelation (Heisenberg) für Koordinate und Impuls. Sie wird in der hier skizzierten Atomtheorie (Quantenmechanik) für jede Koordinate und den zugehörigen Impuls als gültig postuliert. Für die 3 Koordinaten eines Teilchens ist z. B.:

$$(34) \qquad \boldsymbol{p}_x\boldsymbol{x} - \boldsymbol{x}\boldsymbol{p}_x = \frac{\hbar}{i} \cdot \mathbf{1} = \boldsymbol{p}_y\boldsymbol{y} - \boldsymbol{y}\boldsymbol{p}_y = \boldsymbol{p}_z\boldsymbol{z} - \boldsymbol{z}\boldsymbol{p}_z.$$

Sonstige Abweichungen von der Vertauschbarkeit werden nicht angenommen. Es gilt also:

(35) $xy - yx = 0;\ p_x p_y - p_y p_x = 0;\ p_x y - y p_x = 0$ usw.

Nur die zu einander gehörigen (im Sinn der Höheren Mechanik „kanonisch konjugierten“) Koordinaten und Impulse sind nicht vertauschbar, und genügen der Gl. (33). Das wird auf beliebig viele Teilchen erweitert in der Weise, daß Größen, die sich auf verschiedene Teilchen beziehen, immer miteinander vertauschbar sind. Zu (33) kommt dann noch die Definition der Zeitdifferentiation (6), die wie auch Gl. (4) für jede Größe a gelten soll; die Frequenzen $(l\,|\,\nu\,|\,n)$ sollen die Eigenschaft haben:

(36) $(l\,|\,\nu\,|\,n) + (n\,|\,\nu\,|\,j) = (l\,|\,\nu\,|\,j)$, (Kombinationsprinzip).

Und als drittes Postulat die Bewegungsgleichung (und die Impulsdefinition); bei einer einzigen kartesischen Koordinate also:

$$(37) \qquad m\ddot{q} = \dot{p} = K = -\frac{\partial E_{\text{pot}}}{\partial q}.$$

K ist die wirkende Kraft[1]).

Die potentielle Energie setzen wir in der Form einer Potenzreihe voraus:

$$(38) \qquad E_{\text{pot}} = \sum_n c_n q^n;$$

die c_n sind keine Matrizen, sondern gewöhnliche „klassische“ Größen (in der Bezeichnung von Dirac: c-Zahlen, während Matrizen allgemein q-Zahlen, „quantentheoretische“ Größen heißen).

Aus (37) folgt:

$$(39) \qquad \frac{m}{2}(\dot{q}\ddot{q} + \ddot{q}\dot{q}) = -\frac{1}{2}\sum_n c_n n(\dot{q}\,q^{n-1} + q^{n-1}\dot{q}).$$

Es ist:

$$(40) \qquad \dot{q}\ddot{q} + \ddot{q}\dot{q} = \frac{d}{dt}\dot{q}^2,$$

denn es ist allgemein:

---

[1]) Auf die allgemeinere Formulierung für mehr und nicht-kartesische Koordinaten gehen wir nicht ein.

$$(41)\qquad \frac{d}{dt}(\boldsymbol{a}\boldsymbol{b}) = \dot{\boldsymbol{a}}\boldsymbol{b} + \boldsymbol{a}\dot{\boldsymbol{b}}.$$

Beweis:

$$(42)\qquad \left(l \,\middle|\, \frac{d}{dt}(\boldsymbol{ab}) \,\middle|\, j\right) = (l\,|\,\omega\,|\,j)(l\,|\,\boldsymbol{ab}\,|\,j);$$

andrerseits:

$$(43)\qquad (l|\,\dot{\boldsymbol{a}}\boldsymbol{b} + \boldsymbol{a}\dot{\boldsymbol{b}}\,|\,j) = \sum_\sigma \{(l|\dot{\boldsymbol{a}}|\sigma)(\sigma|\boldsymbol{b}|j) + (l|\boldsymbol{a}|\sigma)(\sigma|\dot{\boldsymbol{b}}|j)\}$$
$$= \sum_\sigma (l|\boldsymbol{a}|\sigma)(\sigma|\boldsymbol{b}|j)\{(l|\omega|\sigma) + (\sigma|\omega|j)\} = (l\,|\omega|\,j)(l|\,\boldsymbol{ab}|\,j);$$

dabei sind die Gln. (6), (20), (36) benützt worden.

Außerdem ist:

$$(44)\qquad \frac{1}{2}n(\dot{\boldsymbol{q}}\boldsymbol{q}^{n-1} + \boldsymbol{q}^{n-1}\dot{\boldsymbol{q}}) = \frac{d}{dt}\boldsymbol{q}^n.$$

Beweis:

$$(45)\qquad m\,\boldsymbol{q}^{n-1}\dot{\boldsymbol{q}} = \boldsymbol{q}^{n-1}\boldsymbol{p} = \boldsymbol{q}^{n-2}\boldsymbol{p}\boldsymbol{q} - \boldsymbol{q}^{n-2}\cdot\frac{\hbar}{i}$$
$$= \boldsymbol{q}^{n-3}\boldsymbol{p}\boldsymbol{q}^2 - \boldsymbol{q}^{n-2}\cdot 2\frac{\hbar}{i} = \boldsymbol{q}^{n-\lambda-1}\boldsymbol{p}\boldsymbol{q}^\lambda - \boldsymbol{q}^{n-2}\cdot\lambda\frac{\hbar}{i};$$

λ beliebig positiv ganzzahlig: $0 \leqq \lambda \leqq n-1$; in (45) ist die Impulsdefinition $\boldsymbol{p} = m\dot{\boldsymbol{q}}$ und (33) benützt. Ebenso gilt:

$$(46)\qquad m\dot{\boldsymbol{q}}\boldsymbol{q}^{n-1} = \boldsymbol{p}\boldsymbol{q}^{n-1} = \boldsymbol{q}\boldsymbol{p}\boldsymbol{q}^{n-2} + \boldsymbol{q}^{n-2}\cdot\frac{\hbar}{i}$$
$$= \boldsymbol{q}^\lambda\boldsymbol{p}\boldsymbol{q}^{n-\lambda-1} + \boldsymbol{q}^{n-2}\cdot\lambda\cdot\frac{\hbar}{i}.$$

Es folgt:

$$(47)\qquad \frac{n}{2}(\dot{\boldsymbol{q}}\boldsymbol{q}^{n-1} + \boldsymbol{q}^{n-1}\dot{\boldsymbol{q}}) = \frac{1}{2m}\sum_{\lambda=0}^{n-1}(\boldsymbol{q}^{n-\lambda-1}\boldsymbol{p}\boldsymbol{q}^\lambda$$
$$+ \boldsymbol{q}^\lambda\boldsymbol{p}\boldsymbol{q}^{n-\lambda-1}) = \sum_{\lambda=0}^{n-1}\boldsymbol{q}^{n-\lambda-1}\dot{\boldsymbol{q}}\boldsymbol{q}^\lambda = \frac{d}{dt}\boldsymbol{q}^n,$$

wegen (41).

Aus (39), (40), (44) schließen wir auf:

$$(48)\qquad \frac{d}{dt}\left(\frac{m}{2}\dot{\boldsymbol{q}}^2 + \sum_n c_n\boldsymbol{q}^n\right) = \frac{d}{dt}(\boldsymbol{E}_{\text{kin}} + \boldsymbol{E}_{\text{pot}}) = 0.$$

Der Klammerausdruck ist also von t unabhängig, demnach eine Diagonalmatrix $\boldsymbol{W}$:

(49) $$\frac{1}{2m}\boldsymbol{p}^2 + \boldsymbol{E}_{\text{pot}}(\boldsymbol{q}) = \boldsymbol{W}.$$

Dies ist der Energiesatz. Man kann zeigen, daß aus ihm die Bohrsche Frequenzbedingung folgt.

Zum Beweis führen wir zunächst die Abkürzung ein:

(50) $$[\boldsymbol{ab}] \equiv \boldsymbol{ab} - \boldsymbol{ba};$$

$[\boldsymbol{ab}]$ heißt „Kommutator von $\boldsymbol{a}, \boldsymbol{b}$“. Wir bilden mit beliebig positiv ganzzahligem λ den Ausdruck:

(51) $$[\boldsymbol{p}^2\boldsymbol{q}^\lambda] = [\boldsymbol{p}^2\boldsymbol{q}]\boldsymbol{q}^{\lambda-1} + \boldsymbol{q}\boldsymbol{p}^2\boldsymbol{q}^{\lambda-1} - \boldsymbol{q}^\lambda\boldsymbol{p}^2 = [\boldsymbol{p}^2\boldsymbol{q}]\boldsymbol{q}^{\lambda-1}$$
$$+ \boldsymbol{q}[\boldsymbol{p}^2\boldsymbol{q}]\boldsymbol{q}^{\lambda-2} + \boldsymbol{q}^2\boldsymbol{p}^2\boldsymbol{q}^{\lambda-2} - \boldsymbol{q}^\lambda\boldsymbol{p}^2 = \sum_{\tau=0}^{\lambda-1}\boldsymbol{q}^\tau[\boldsymbol{p}^2\boldsymbol{q}]\boldsymbol{q}^{\lambda-\tau-1};$$

andrerseits ist:

(52) $$[\boldsymbol{p}^2\boldsymbol{q}] = \boldsymbol{p}[\boldsymbol{pq}] + [\boldsymbol{pq}]\boldsymbol{p} = 2\frac{\hbar}{i}\boldsymbol{p} = 2\frac{\hbar}{i}m\dot{\boldsymbol{q}};$$

also:

(53) $$[\boldsymbol{p}^2\boldsymbol{q}^\lambda] = 2\frac{\hbar}{i}m\frac{d}{dt}\boldsymbol{q}^\lambda.$$

Da $\boldsymbol{E}_{\text{pot}}(\boldsymbol{q})$ mit $\boldsymbol{q}^\lambda$ vertauschbar ist, folgt aus (49), (53):

(54) $$\frac{1}{2m}[\boldsymbol{p}^2\boldsymbol{q}^\lambda] = \frac{\hbar}{i}\frac{d}{dt}\boldsymbol{q}^\lambda = [\boldsymbol{W}\boldsymbol{q}^\lambda].$$

Was für $\boldsymbol{q}^\lambda$ gilt, gilt offenbar für jede Funktion $\boldsymbol{f}(\boldsymbol{q})$, die sich in Form einer Reihe mit ganzen positiven Potenzen von $\boldsymbol{q}$ darstellen läßt:

(55) $$\frac{\hbar}{i}\frac{d}{dt}\boldsymbol{f}(\boldsymbol{q}) = [\boldsymbol{W}, \boldsymbol{f}(\boldsymbol{q})].$$

Weiter ist wegen (46):

(56) $$[\boldsymbol{p}^\lambda\boldsymbol{q}^n] = \sum_{k=0}^{\lambda-1}\boldsymbol{p}^{\lambda-k-1}[\boldsymbol{p}\boldsymbol{q}^n]\boldsymbol{p}^k = n\frac{\hbar}{i}\sum_{k=0}^{\lambda-1}\boldsymbol{p}^{\lambda-k-1}\boldsymbol{q}^{n-1}\boldsymbol{p}^k.$$

Aus (37), (38), (49) folgt so:

(57) $$\left[\boldsymbol{p}^\lambda, \frac{1}{2m}\boldsymbol{p}^2 + \boldsymbol{E}_{\text{pot}}(\boldsymbol{q})\right] = \frac{\hbar}{i}\sum_{k=0}^{\lambda-1}\boldsymbol{p}^{\lambda-k-1}\sum_n c_n n\boldsymbol{q}^{n-1}\boldsymbol{p}^k$$
$$= -\frac{\hbar}{i}\sum_{k=0}^{\lambda-1}\boldsymbol{p}^{\lambda-k-1}\dot{\boldsymbol{p}}\boldsymbol{p}^k = -\frac{\hbar}{i}\frac{d}{dt}\boldsymbol{p}^\lambda = [\boldsymbol{p}^\lambda, \boldsymbol{W}].$$

Eine entsprechende Gleichung läßt sich für eine beliebige Funktion $\boldsymbol{f}(\boldsymbol{p}, \boldsymbol{q})$ beweisen, die als Reihe nach $\boldsymbol{p}$ und $\boldsymbol{q}$ mit ganzen positiven Potenzen dargestellt werden kann. Mithilfe der Vertauschungsrelationen kann $\boldsymbol{f}(\boldsymbol{p},\boldsymbol{q})$ dann immer in die Form gebracht werden:

$$(58)\qquad \boldsymbol{f}(\boldsymbol{p},\boldsymbol{q}) = \sum_{\lambda,k} b_{\lambda k}\boldsymbol{p}^{\lambda}\boldsymbol{q}^{k};$$

die $b_{\lambda k}$ sind c-Zahlen. Es ist nach (49), (38):

$$(59)\qquad \left[\boldsymbol{p}^{\lambda}\boldsymbol{q}^{k}, \frac{1}{2m}\boldsymbol{p}^{2} + \sum_{p} c_n\boldsymbol{q}^{n} - \boldsymbol{W}\right] = 0,$$

und:

$$(60)\qquad \frac{1}{2m}[\boldsymbol{p}^{\lambda}\boldsymbol{q}^{k}, \boldsymbol{p}^{2}] = \frac{1}{2m}\boldsymbol{p}^{\lambda}[\boldsymbol{q}^{k}\boldsymbol{p}^{2}] = -\frac{\hbar}{i}\boldsymbol{p}^{\lambda}\frac{d}{dt}\boldsymbol{q}^{k},$$

wegen (53). Weiter:

$$(61)\qquad [\boldsymbol{p}^{\lambda}\boldsymbol{q}^{k}, \boldsymbol{E}_{\text{pot}}(\boldsymbol{q})] = [\boldsymbol{p}^{\lambda}, \boldsymbol{E}_{\text{pot}}(\boldsymbol{q})]\boldsymbol{q}^{k} = -\frac{\hbar}{i}\frac{d}{dt}(\boldsymbol{p}^{\lambda})\cdot\boldsymbol{q}^{k},$$

wegen (57). Das gibt aus (60), (61), (49), (41):

$$(62)\qquad -\frac{\hbar}{i}\frac{d}{dt}(\boldsymbol{p}^{\lambda}\boldsymbol{q}^{k}) = [\boldsymbol{p}^{\lambda}\boldsymbol{q}^{k}, \boldsymbol{W}].$$

Die linke Seite von (49) heißt H a m i l t o n f u n k t i o n $\boldsymbol{H}(\boldsymbol{p},\boldsymbol{q})$; $\boldsymbol{H}$ ist allgemein die Energie, dargestellt als Funktion der Koordinaten und Impulse. (49) schreiben wir also:

$$(63)\qquad \boldsymbol{H}(\boldsymbol{p},\boldsymbol{q}) = \boldsymbol{W},$$

und (59), (62):

$$(64)\qquad [\boldsymbol{H}(\boldsymbol{p},\boldsymbol{q}), \boldsymbol{p}^{\lambda}\boldsymbol{q}^{k}] = \frac{\hbar}{i}\frac{d}{dt}(\boldsymbol{p}^{\lambda}\boldsymbol{q}^{k}) = [\boldsymbol{W}, \boldsymbol{p}^{\lambda}\boldsymbol{q}^{k}].$$

Nach (58) gilt dies auch für $\boldsymbol{f}(\boldsymbol{p},\boldsymbol{q})$, so daß wir das allgemeine Ergebnis haben:

$$(65)\qquad [\boldsymbol{H}(\boldsymbol{p},\boldsymbol{q}), \boldsymbol{f}(\boldsymbol{p},\boldsymbol{q})] = \frac{\hbar}{i}\frac{d}{dt}\boldsymbol{f}(\boldsymbol{p},\boldsymbol{q})] = [\boldsymbol{W}, \boldsymbol{f}(\boldsymbol{p},\boldsymbol{q})].$$

In Matrixelementen geschrieben gibt dies:

$$(66)\qquad \hbar(l|\omega|j)(l|\boldsymbol{f}|j) = \sum_{\sigma}\{(l|\boldsymbol{W}|\sigma)(\sigma|\boldsymbol{f}|j) - (l|\boldsymbol{f}|\sigma)(\sigma|\boldsymbol{W}|j)\} = (W_l - W_j)(l|\boldsymbol{f}|j),$$

weil $\boldsymbol{W}$ Diagonalmatrix ist und also gilt:

$$(67)\qquad (l|\boldsymbol{W}|\sigma) = (l|\boldsymbol{W}|l)\cdot\delta_{l\sigma} \equiv W_l\cdot\delta_{l\sigma};$$

W_l bedeutet $(l|\boldsymbol{W}|l)$, und ist der Wert („Eigenwert") der Energie im Zustand l. (66) gilt nach unserer Ableitung für beliebiges $\boldsymbol{f}$ und beliebige Matrixelemente $l \to j$. Weil es für jeden in der Natur vorkommenden Übergang $l \to j$ eine physikalische Größe $\boldsymbol{f}$ geben muß, deren Übergangs-Matrixelement $l \to j$ von Null verschieden ist, so können wir schließen[1]), daß

$$(68) \qquad W_l - W_j = \hbar\,(l|\omega|j) = h(l|\nu|j)\,;$$

das ist die Bohrsche Frequenzbedingung.

Wir haben den Beweis für ein System mit nur einer Koordinate $\boldsymbol{q}$ geführt; er läßt sich auch für beliebig endlich viele Koordinaten führen. Aus Bewegungsgleichung, Definition von Impuls und Zeitdifferentiation, Kombinationsprinzip und Vertauschungsrelation kann man die Matrixelemente von $\boldsymbol{p}$, $\boldsymbol{q}$, $\boldsymbol{W}$ und allen Funktionen der Form (58) berechnen, womit das Problem gelöst ist; man kennt die Energiestufen, die Strahlungsfrequenzen, ihre Intensität und Polarisation. Letztere folgt genau so wie mit dem Korrespondenzprinzip, wie ja die Quantenmechanik nichts andres ist als eine Verschärfung des Korrespondenzprinzips zu einer exakten Theorie.

Doch ist zu beachten, daß hier die quantenmechanische Form der Bewegungsgleichung als gegeben vorausgesetzt wird. Zu ihrer Aufstellung hat man nur die Anweisung, daß sie mit der klassischen übereinstimmen müßte, wenn $\boldsymbol{p}$, $\boldsymbol{q}$ als vertauschbar angesehen werden könnten. Wegen der Nichtvertauschbarkeit von $\boldsymbol{p}$, $\boldsymbol{q}$ ist also von vornherein nicht sicher, welche der hiernach möglichen Formen die quantenmechanische Bewegungsgleichung haben muß. Hier kann vorerst nur die Erfahrung entscheiden; es hat sich gezeigt, daß man bei Verwendung kartesischer Impulse in der kinetischen Energie (für ein Teilchen mit 3 Freiheitsgraden $\boldsymbol{E}_{\text{kin}} = m/2 \cdot (\boldsymbol{p}_x^2 + \boldsymbol{p}_y^2 + \boldsymbol{p}_z^2)$) und in dem Fall, daß $\boldsymbol{E}_{\text{pot}}$ nur von den $\boldsymbol{q}$ abhängt, die

[1]) Der Schluß setzt allerdings voraus, daß alle physikalischen Größen $\boldsymbol{f}$ sich in der Form (58) schreiben lassen. Für andre Fälle wird man (68) verallgemeinernd postulieren, oder ein breiteres theoretisches Schema aufstellen.

klassische Gleichung einfach übernehmen kann. Schwierigere Aufgaben, wo Umrechnung auf nicht-kartesische Impulse die Lösung erleichtern würde, behandelt man besser mit der völlig gleichwertigen, aber leichter zu handhabenden Form der Atommechanik, der Wellenmechanik, die Schrödinger unabhängig von Heisenberg entwickelt hat.

§ 5. Die Analogie Optik-Mechanik

Wir betrachten ein Elektron im Atom; es hat, eben wegen der Bindung ans Atom, eine Schwankung Δx in seiner Ortskoordinate, die mit der Wellenzahlschwankung $\Delta k_x = \Delta p_x/\hbar$ zusammenhängt gemäß $\Delta k_x \Delta x \approx 1$ (für den Grundzustand). Dafür kann man schreiben, wegen $k = 2\pi/\lambda = 1/\lambda\!\!\!{}^{-}$: $\Delta \frac{1}{\lambda\!\!\!{}^{-}} \Delta x \approx 1$ oder

$$(1) \qquad \frac{\Delta \lambda\!\!\!{}^{-}}{\lambda\!\!\!{}^{-}} \cdot \frac{\Delta x}{\lambda\!\!\!{}^{-}} \approx 1 .$$

Wenn also Δx von der Größenordnung der (mittleren) Wellenlänge λ des Elektrons ist — das trifft für Atome zu, s. S. 21, dann ist $\Delta \lambda \approx \lambda$. D. h. die Wellengruppe („Wellenpaket"), die wir zur Darstellung des Elektrons brauchen, hat eine beträchtliche Ausdehnung im Wellenlängenbereich. Man wird daher deutliche Interferenzeffekte erwarten; mit andern Worten: Die Atommechanik muß eine Art Optik der Materiewellen („Wellenmechanik") sein.

Die klassische Mechanik läßt sich aber vollständig in die geometrische Optik umschreiben. Nämlich: Im Fermatschen Prinzip kann man die ganze geometrische Optik[1]) zusammenfassen, es lautet: „Für den Lichtstrahl ist das Integral

$$(2) \qquad S_{\text{opt}} = \int_{P_1}^{P_2} n\,ds \quad \text{(‚Lichtweg' oder Eikonal,} \; n = \text{Brechungsindex)}$$

[1]) Die geometrische Optik umfaßt geradlinige Ausbreitung, Brechung, Reflexion, d. h. alle Erscheinungen, die auch ohne die Vorstellung interferierender Wellen rein korpuskular (Newton) beschrieben werden können.

zwischen 2 Punkten P_1, P_2 ein Extremum" (im allgemeinen möglichst klein). Für den wirklichen Lichtweg ist also

$$\delta S_{\mathrm{opt}} = 0\,. \tag{3}$$

Bei festgehaltenem P_1 ist das längs des wirklichen Lichtstrahls erstreckte Integral S eine Funktion von P_2; die Flächen $S = \mathrm{const}$ sind die Flächen, zu deren Punkten der wirkliche Lichtweg von P_1 aus gleich groß ist. Wir können mit dieser Bedeutung von S schreiben

$$S_{\mathrm{opt}}(P_2) = \int_{P_1}^{P_2} n\,ds\,. \tag{4}$$

Sei P_3 ein beliebig benachbarter Punkt zu P_2 auf dem Lichtstrahl P_1P_2, dann ist

$$S_{\mathrm{opt}}(P_3) - S_{\mathrm{opt}}(P_2) = dS_{\mathrm{opt}} = \int_{P_2}^{P_3} n\,ds = n\,ds \tag{5}$$

der Lichtweg von P_2 nach P_3. Auf der Fläche $S_{\mathrm{opt}} = S_{\mathrm{opt}}(P_2)$ liege P'_2 beliebig benachbart zu P_2; die Gerade P'_2P_3 ist im allgemeinen kein Lichtstrahl. Nach dem Fermatschen Prinzip ist $\int_{P_1}^{P_2} n\,ds + \int_{P_2}^{P_3} n\,ds = \int_{P_1}^{P'_2} n\,ds + \int_{P'_2}^{P_3} n\,ds$ bis auf kleine Größen 2. Ordnung. Die ersten Integrale links und rechts sind nach Voraussetzung gleich; das zweite Integral rechts schreiben wir $n'ds'$, wobei $n' = n + dn$, weil P'_2 beliebig benachbart zu P_2 sein sollte. Folgt (vgl. (5)): $n\,ds = (n + dn)ds'$, d. h. $ds = ds'$ bis auf Größen kleinerer Ordnung. P_2P_3 ist also das Lot auf die Fläche $S_{\mathrm{opt}} = \mathrm{const}$ durch P_2, der Lichtstrahl hat die Richtung des Gradienten von S. Nach (5) gilt daher:

$$\frac{\partial S_{\mathrm{opt}}}{\partial s} = n = \mathrm{grad}_s\, S_{\mathrm{opt}} = |\,\mathrm{grad}\, S_{\mathrm{opt}}\,|\,. \tag{6}$$

Führt man einen Vektor $\mathfrak{n}$ in Richtung des Lichtstrahls ein vom Betrag n, so ist

(7) $$\operatorname{grad} S_{\text{opt}} = \mathfrak{n};$$

$$(\operatorname{grad} S_{\text{opt}})^2 \equiv \left(\frac{\partial S}{\partial x}\right)^2 + \left(\frac{\partial S}{\partial y}\right)^2 + \left(\frac{\partial S}{\partial z}\right)^2 = n^2 \text{ (Eikonalgleichung).}$$

Das Prinzip (3) setzt Konstanthalten der Frequenz voraus; es sollen in δS_{opt} nur Lichtwege von Strahlen gleicher Frequenz miteinander verglichen werden.

Dem Fermatschen Prinzip entspricht in der klassischen Mechanik das Prinzip der kleinsten Wirkung (Maupertuis):

(8) $$\delta \int_{P_2} 2 E_{\text{kin}}\, dt \equiv \delta S_{\text{mech}} = 0\,;$$

$$S_{\text{mech}} = \int_{P_1} 2 E_{\text{kin}}\, dt \text{ (Wirkungsfunktion)}.$$

Die wirkliche mechanische Bahn ist durch ein Extremum von S ausgezeichnet. In δS ist die Gesamtenergie W konstant zu halten; es sollen nur Bahnen gleicher Energie in δS_{mech} miteinander verglichen werden.

Wir betrachten den Fall eines einzigen Massenpunkts; dann ist

(9) $$S_{\text{mech}} = \int_{P_1}^{P_2} mv \frac{ds}{dt}\, dt = \int_{P_1}^{P_2} p\, ds\,,$$

womit die Analogie zu (2) hergestellt ist (Hamilton). Es gilt daher

(10) $$\operatorname{grad} S_{\text{mech}} = \mathfrak{p};\ (\operatorname{grad} S_{\text{mech}})^2 \equiv \left(\frac{\partial S}{\partial x}\right)^2 + \left(\frac{\partial S}{\partial y}\right)^2 + \left(\frac{\partial S}{\partial z}\right)^2 = p^2 = 2m\,(W - E_{\text{pot}})\,,$$

wegen des Energiesatzes. Die rechte Gleichung von (10) heißt Hamilton-Jacobische Gleichung. Man kann also zum mechanischen Problem ein entsprechendes optisches angeben, so daß die Bahnen die gleichen werden.

Beachtet man, daß $n = c/\lambda\nu$ und daß ν in (3) festgehalten werden soll, so folgt als gleichwertig mit (3):

(11) $$\delta \int \frac{1}{\lambda}\, ds = 0$$

für die geometrische Optik. Nun ordnet die Gleichung (m_0 = Ruhmasse)

$$h\nu = mc^2 = W + m_0c^2 \tag{12}$$

jeder Energie[1]) eine Frequenz zu, so daß formal auch einem mechanischen Körper eine Frequenz zugeschrieben werden kann. Die Analogie (3), (8) legt nahe, diese formale Beziehung ernst zu nehmen — man beachte, daß ν = const nach (12) W = const bedeutet —, so daß man versuchen wird, dem Körper Wellen zuzuordnen. Solange wir also an der klassischen Mechanik festhalten, bekommen wir eine völlig gleichwertige Beschreibung der Teilchenbewegung durch Wellen, in Form einer geometrischen Optik dieser Wellen, wenn wir (8) und (11) identisch machen. D. h. wir setzen (s. (9)!)

$$p = A/\lambda, \tag{13}$$

wo A ein universeller Faktor sein muß; denn die Umrechnung muß für alle Teilchenarten, Energien usw. richtig sein. Da nun $p\lambda$ die Dimension einer Wirkung (erg sec) hat und die Naturkonstante h diese Dimension hat, wird man A proportional h setzen. Die Relativitätstheorie zeigt, daß aus (12) zwangsläufig $p = h/\lambda$ folgt (de Broglie), d. h. $A = h$, in Übereinstimmung mit der Erfahrung.

Nach der speziellen Relativitätstheorie transformiert sich die Größe

$$x_\sigma \equiv \{\mathfrak{r},\ ict\} \tag{14}$$

bei einer Lorentztransformation wie ein Vektor im vierdimensionalen Raum R_4 („Vierervektor"). Lorentztransformationen sind orthogonale Transformationen im R_4 mit den Koeffizienten $\alpha_{\mu\varrho}$:

$$\sum_{\mu=1}^{4} \alpha_{\mu\varrho}\,\alpha_{\mu\tau} = \delta_{\varrho\tau};\quad \sum_{\sigma=1}^{4} \alpha_{\iota\sigma}\,\alpha_{k\sigma} = \delta_{\iota k}\,. \tag{15}$$

Die Koeffizienten α, bei denen einer der Indizes 4 ist, sind rein imaginär, alle andern reell. Anschaulich bedeutet die Lorentztransformation eine Translation eines orthogonalen Koordinatensystems K' gegen ein andres, im allgemeinen dagegen gedreht liegendes

[1]) W ist Energie ohne Ruhenergie.

System K, mit der gradlinig gleichförmigen Geschwindigkeit $\mathfrak{w}$. Für $|\mathfrak{w}| \ll c$ ergeben sich aus der Lorentztransformation die Formeln, welche in der klassischen Mechanik für eine solche Translation im R_3 gelten („Galilei-Transformation"). Jeder Vierervektor transformiert sich gemäß:

$$(16) \qquad A_\sigma = \sum_\varrho \alpha_{\varrho\sigma} A'_\varrho \, ; \; A'_\varrho = \sum_\sigma \alpha_{\varrho\sigma} A_\sigma \, .$$

Als orthogonale Transformation im R_4 läßt die Lorentztransformation das Abstandsquadrat ds^2 invariant:

$$(17) \qquad ds^2 = \sum_{\sigma=1}^{4} dx_\sigma^2 = \sum_{\varrho=1}^{4} dx_\varrho'^2 \, ,$$

wie man leicht aus (16), (15) bestätigt.

Die Maxwellschen Gleichungen und die aus ihnen abgeleitete Wellengleichung der Elektrodynamik:

$$(18) \qquad \sum_{l=1}^{4} \frac{\partial^2}{\partial x_l^2} u = 0$$

sind invariant gegen Lorentztransformationen. (18) hat als Lösung die ebene Welle:

$$(19) \qquad u = a e^{i \sum_l k_l x_l} \, ,$$

die also in K' dieselbe Form hat[1]). Führt man die Bezeichnung ein:

$$(20) \qquad k_\sigma \equiv \left\{ \mathfrak{k}, \frac{i\omega}{c} \right\} ,$$

so sieht man, daß die Phase $\sum_l k_l x_l$ von u die Form hat: $(\mathfrak{k}\mathfrak{r}) - \omega t$; $\mathfrak{k}$ ist also der Wellenzahlvektor, ω die Kreisfrequenz der ebenen Welle (s. S. 5). Da die Exponentialfunktion in (19) in eine Potenzreihe entwickelt werden kann, so muß die Phase invariant sein; sonst würden sich die verschiedenen Reihenglieder verschieden transformieren. Es folgt:

$$(21) \qquad \sum_l k_l x_l = \sum_\varrho k'_\varrho x'_\varrho = \sum_{\varrho, l} k'_\varrho \alpha_{\varrho l} x_l ; \; k_l = \sum_\varrho \alpha_{\varrho l} k'_\varrho \, ,$$

weil die x_l willkürlich wählbar sind. k_l ist also ein Vierervektor.

Wir schreiben ds um:

$$(22) \qquad ds = \sqrt{(d\mathfrak{r})^2 - c^2 dt^2} = i c \, dt \sqrt{1 - \frac{\mathfrak{v}^2}{c^2}} \, ;$$

---

[1]) Daß wegen (18) noch die Bedingung $\sum_{l=1}^{4} k_l^2 = 0$ erfüllt sein muß, ist für den folgenden Schluß gleichgültig.

$\mathfrak{v}$ ist die Geschwindigkeit, mit der die Verlagerung $d\mathfrak{r}$ geschieht. Offenbar ist die Größe

$$P_\sigma = i m_0 c \frac{dx_\sigma}{ds} \tag{23}$$

ein Vierervektor; wegen (22) ist auch:

$$P_\sigma = \frac{m_0}{\sqrt{1-\frac{\mathfrak{v}^2}{c^2}}} \frac{dx_\sigma}{dt} = m \frac{dx_\sigma}{dt} = m\{\mathfrak{v}, ic\} = \left\{\mathfrak{p}, \frac{iE}{c}\right\}. \tag{24}$$

P_σ heißt Impuls-Energie-Vierervektor, $\mathfrak{p}$ ist der Impuls, E die Energie.

Wenn nun (12) in jedem Bezugssystem gelten soll, so bedeutet dies die 2 Gleichungen:

$$\frac{i}{c} h\nu = \hbar \frac{i\omega}{c} = \hbar k_4 = P_4; \tag{25}$$

$$\hbar k_4' = P_4' = \hbar \sum_{\sigma=1}^{4} \alpha_{4\sigma} k_\sigma = \sum_{\sigma=1}^{4} \alpha_{4\sigma} P_\sigma . \tag{26}$$

Wegen (25) heben sich in (26) die Glieder $\sigma = 4$ auf; es bleibt:

$$\hbar \sum_{\sigma=1}^{3} \alpha_{4\sigma} k_\sigma = \sum_{\sigma=1}^{3} \alpha_{4\sigma} P_\sigma . \tag{27}$$

3 von den 4 Größen $\alpha_{4\sigma}$ sind aber immer willkürlich wählbar, erst die vierte ist durch (15) bestimmt. So folgt aus (27), (25) für alle σ:

$$\hbar k_\sigma = P_\sigma ; \; \hbar \mathfrak{k} = \mathfrak{p} ; \; h\nu = E . \tag{28}$$

Der Schluß ist in der gleichen Weise immer möglich, wenn eine Beziehung zwischen je einer Komponente von zwei Vierervektoren in allen Bezugssystemen gelten soll, wie hier die Gl. (25); dann gilt die Beziehung für alle Komponenten, als Vektorgleichung.

Bildet man den Betrag der zweiten Gl. (28), so ergibt sich die de Brogliesche Beziehung

$$p = \frac{h}{\lambda} . \tag{29}$$

Mit der Zuordnung geometrisch-optischer Begriffe zur Teilchenbewegung haben wir zunächst nichts gewonnen als die Möglichkeit, ein mechanisches Problem geometrisch-optisch einzukleiden, was manchmal bequem ist. Die moderne „Elektronenoptik" z. B. betrachtet Kraftfelder als Gebiete veränderlichen Brechungsindex („Linsen") für die Elektronen, die als geometrisch-optisch laufende Wellen behandelt werden. Diese Zuordnung entspricht nämlich (9), (10) und (7):

$$p = \sqrt{2m(W - E_{pot})} \rightarrow n. \tag{30}$$

In der Optik ist: $n = \frac{\lambda_{vac}}{\lambda}$, daher nach de Broglie $n = \frac{p}{p_{vac}}$, wobei sich p_{vac} offenbar auf die Bewegung ohne äußere Einwirkung, also die kräftefreie Bewegung beziehen muß. Nach der relativistischen Mechanik ist

$$E_{kin} + E_0 + E_{pot} = E = mc^2 + E_{pot},$$

und wegen $p = mv$:

$$c^2 p^2 + E_0^2 = m^2 c^4 = (E - E_{pot})^2.$$

Für die kräftefreie Bewegung ist $E = mc^2$, $E_{pot} = 0$; also:

$$n = \sqrt{\frac{(E - E_{pot})^2 - E_0^2}{E^2 - E_0^2}} = \sqrt{1 - \frac{(2E - E_{pot})\, E_{pot}}{E^2 - E_0^2}};$$

wegen $E = E_0 + W$ bedeutet dies, solange $E_{pot} \ll E_0$ und $W \ll E_0$ (nichtrelativistische Bewegung):

$$n = \sqrt{1 - \frac{E_{pot}}{W}},$$

womit die Zuordnung (30) zu einer Gleichung gemacht ist.

Die Wellengleichung. Die Übereinstimmung der beiden Grenzfälle klassische Mechanik — geometrische Optik spricht für die Vermutung (Schrödinger), daß die Atommechanik (Wellenmechanik) der Wellenoptik ähnlich ist, daß die klassische Mechanik der „geometrisch-optische" Grenzfall der Wellenmechanik ist. Zur Aufstellung der Wellengleichung, der Grundgleichung der Wellenmechanik, haben wir in den vorigen Paragraphen genug Material zusammengebracht. Wir werden von ihr verlangen: 1) daß sie für freie Teilchen die de Brogliesche ebene Welle als Lösung hat (S. 8), 2) daß sie Überlagerung von Wellen nach Art der Optik zuläßt (dafür sprechen die Überlegungen zur Interferenz der Wellen, die bei der Unschärferelation gemacht werden, auch die Kohärenz von Atomzuständen), 3) daß sie der optischen Wellengleichung ähnlich ist (dafür spricht die Analogie klassische Mechanik — geometrische Optik). Forderung 2) verlangt, daß die Differentialgleichung linear ist, Forderung 3), daß sie von 2. Ordnung ist, Forderung 1), daß sie die Lösung

$$u = A e^{\frac{i}{\hbar}((\mathfrak{p}\mathfrak{r}) - Et)} \tag{31}$$

zuläßt, wenn keine Kraft wirkt; dabei ist dann zu verlangen, daß für nicht relativistische Bewegung

$$E = E_0 + W = E_0 + \frac{p^2}{2m}, \text{ mit} \tag{32}$$

$$E_0 = m_0 c^2, p^2 = \mathfrak{p}_x^2 + \mathfrak{p}_y^2 + \mathfrak{p}_z^2.$$

Für die Bewegung des kräftefreien Teilchens, also auch der de Proglieschen ebenen Welle, ist keine Raumrichtung bevorzugt, der Raum isotrop. Der einzige lineare Differentialoperator zweiter Ordnung, der bei Raumdrehungen invariant bleibt, ist aber:

$$\Delta \equiv \frac{\partial^2}{\partial x^2} + \frac{\partial^2}{\partial y^2} + \frac{\partial^2}{\partial z^2}; \tag{33}$$

es folgt $\Delta u = \left(\frac{i}{\hbar}\right)^2 p^2 u$ und $\frac{\partial u}{\partial t} = -\frac{i}{\hbar} E u$. Das gibt zusammen mit (32) als Wellengleichung für ein freies Teilchen:

$$\left(\frac{\hbar}{i}\right)^2 \cdot \frac{1}{2m} \Delta u + E_0 u = -\frac{\hbar}{i} \frac{\partial u}{\partial t}. \tag{34}$$

Es ist die einzige Gleichung, die unseren 3 Forderungen genügt.

Hat das Teilchen genau bekannte Energie, so ist dem nach de Broglie durch den Ansatz:

$$u = \psi(x, y, z) e^{-\frac{i}{\hbar} Et} \tag{35}$$

Rechnung zu tragen. Gl. (34) kann dann in der Form geschrieben werden:

$$(36)\qquad \left(\frac{\hbar}{i}\right)^2 \cdot \frac{1}{2m} \Delta\psi = (E - E_0)\psi = W\psi\,.$$

Bemerkenswert ist, daß diese Gleichung formal aus dem klassischen Energiesatz entsteht, wenn man p_x durch $\frac{\hbar}{i}\frac{\partial}{\partial x}$ (entsprechend für y, z) ersetzt. Die linke Seite von (36) entspricht dann der kinetischen Energie $\frac{p^2}{2m}$. Diese Analogie legt nahe, für den Fall, daß eine Kraft mit der potentiellen Energie E_{pot} auf das Teilchen wirkt, als erweiterte Gleichung für ein Teilchen konstanter Gesamtenergie anzusetzen:

$$(37)\qquad \left(\frac{\hbar}{i}\right)^2 \frac{1}{2m} \Delta\psi + E_{\text{pot}}\psi = W\psi,$$

oder im allgemeinen Fall, als Erweiterung von (34):

$$(38)\qquad \left(\frac{\hbar}{i}\right)^2 \frac{1}{2m} \Delta u + (E_{\text{pot}} + E_0)\, u = -\frac{\hbar}{i}\frac{\partial u}{\partial t}\,.$$

(38) sehen wir als die allgemeine zeitabhängige Wellengleichung für ein Teilchen im Kraftfeld mit der potentiellen Energie E_{pot} an (Schrödinger).

Wir zeigen, wie aus (37) die klassische Gleichung (10) wird[1]). Reelle Bewegung gibt es in der klassischen Mechanik nur, wenn die kinetische Energie > 0, also $W - E_{\text{pot}} > 0$ ist. (37) hat dann die Form einer optischen Wellengleichung

$$(39)\qquad \Delta\psi + k^2\psi = 0$$

mit reellem k; ψ ist also dann eine oszillierende Funktion der Koordinaten. Es ist $k = 2\pi/\lambda$; klassische Mechanik können wir nur dann erwarten, wenn die Meßgenauigkeit so klein ist, daß die kleinste feststellbare Länge $l \gg \lambda$ ist, also

$$(40)\qquad l \gg \lambda = \frac{2\pi}{k} = \frac{h}{\sqrt{2m(W - E_{\text{pot}})}} = \frac{h}{p_{kl}}\,,$$

wenn p_{kl} den klassischen Impuls bedeutet. Für den Gültigkeits-

[1]) Auch für (38) und für Mehrteilchenprobleme läßt sich eine entsprechende Überlegung anstellen.

bereich der klassischen Mechanik haben wir ferner anzunehmen, daß sich E_{pot} erst über viele λ merklich ändert (makroskopische Verhältnisse). Daher können wir ansetzen:

$$\psi = a(x, y, z) \cos \frac{S(x, y, z)}{\hbar}, \tag{41}$$

wobei a, S (reelle) Funktionen[1]) sind; a und grad S ändern sich samt ihren Differentialquotienten erst über viele λ merklich nach unseren Annahmen. Der cos dagegen ist schnell veränderlich, weil ja ψ die Wellenlänge λ hat. Diese ist bestimmt durch: $\frac{S_2 - S_1}{\hbar} = 2\pi \approx \frac{\delta' S}{\delta' s} \cdot \frac{\lambda}{\hbar}$; dabei ist $\delta' S = S_2 - S_1$ die Änderung von S auf einer Wellenlänge, und $\delta' s = \lambda$. Änderungen auf Strecken $\delta' s \gg \lambda$ bezeichnen wir mit δ; wegen der langsamen Veränderlichkeit von grad S ist $\frac{\delta' S}{\delta' s} = \frac{\delta S}{\delta s}$. Wir können also schreiben:

$$|\overline{\operatorname{grad} S}| = \frac{2\pi\hbar}{\lambda} = \frac{h}{\lambda}, \tag{42}$$

wenn das Überstreichen Differentiation nach den „makroskopischen" Differentialen $\delta s (\gg \lambda)$ andeutet. (42) ist schon die zu beweisende Gl. (10), wegen (40). Die folgende Rechnung zeigt nur, daß unter den Bedingungen klassischer Mechanik die übrigen Glieder in (43) wirklich wegfallen. (41) setzen wir in (37) ein und erhalten nach Division durch ψ:

$$\left(\frac{\hbar}{i}\right)^2 \frac{1}{2m}\left[\frac{\Delta a}{a} - \frac{2}{\hbar}\left(\frac{\operatorname{grad} a}{a}, \operatorname{grad} S\right) \operatorname{tg}\frac{S}{\hbar} - \frac{\Delta S}{\hbar} \operatorname{tg}\frac{S}{\hbar} - \frac{(\operatorname{grad} S)^2}{\hbar^2}\right] = W - E_{\text{pot}}. \tag{43}$$

Diese Gleichung mitteln wir über viele λ, was wir wieder durch Überstreichen andeuten. $\operatorname{tg}\frac{S}{\hbar}$ ist schnell veränderlich, seine Faktoren nach unseren Annahmen sehr viel langsamer veränderlich; grad S ändert sich ja erst merklich über viele λ, ebenso $\frac{\operatorname{grad} a}{a}$ und ΔS. Deshalb ist auch: $\frac{\overline{\Delta S}}{\hbar} = \frac{\overline{\Delta S}}{\hbar}$ und weiter

[1]) Im Sinn der Wellenmechanik wäre es konsequenter, $a\, e^{\frac{i}{\hbar} S}$ anzusetzen, mit reellem S. Aus didaktischen Gründen haben wir den Ansatz (41) gewählt. Das Endergebnis ist beide Male dasselbe: die Hamilton-Jacobische Gleichung der klassischen Mechanik.

$$\approx O\left(\frac{\delta}{\delta s}\frac{|\,\overline{\text{grad}}\,S\,|}{\hbar}\right) = O\left(\frac{\delta\frac{2\pi}{\lambda}}{\delta s}\right) = O\left(\frac{\delta\lambda}{\lambda^2\delta s}\right) \ll O\left(\frac{1}{\lambda^2}\right) = O\left(\frac{(\overline{\text{grad}}\,S)^2}{\hbar^2}\right).$$

Ebenso: $\overline{\left(\frac{\text{grad}\,a}{a\hbar}, \text{grad}\,S\right)} \approx \left(\frac{\overline{\text{grad}\,a}}{a\hbar}, \overline{\text{grad}}\,S\right) \approx O\left(\frac{1}{a\hbar}\frac{\delta a}{\delta s}\cdot\frac{h}{\lambda}\right)$

$\ll O\left(\frac{\delta a}{a\lambda^2}\right) \lessapprox O\left(\frac{1}{\lambda^2}\right)$. grad a wird sich erst über viele λ um Beträge der Ordnung a/λ ändern (diese Voraussetzung ist im allgemeinen nur an der Strahlgrenze, der „Schattengrenze", nicht erfüllt); daher ist auch: $\frac{\overline{\Delta a}}{a} \approx \frac{\overline{\Delta} a}{a} \approx O\left(\frac{1}{a}\frac{\delta}{\delta s}\frac{\delta a}{\delta s}\right) \lessapprox O\left(\frac{a/\lambda}{a\delta s}\right) \ll O\left(\frac{1}{\lambda^2}\right)$. Wegen $\overline{(\text{grad}\,S)^2} = (\overline{\text{grad}}\,S)^2$ sind also die ersten 3 Glieder in (43) neben dem vierten vernachlässigbar; es bleibt die klassische Gl. (10): $(\overline{\text{grad}}\,S)^2 = 2m(W - E_{\text{pot}})$.

§ 6. Einfache Beispiele zur Wellenmechanik

Kräftefreies Teilchen im unbegrenzten Raum, Bewegung nur in *x*-Richtung. Aus (34), S. 94, wird[1])

$$(1) \qquad -\frac{\hbar^2}{2m}\frac{\partial^2 u}{\partial x^2} + E_0 u = -\frac{\hbar}{i}\frac{\partial u}{\partial t},$$

was im Fall genau bekannter Energie wegen (35), S. 94, natürlich auf die de Brogliewelle

$$(2) \qquad u = a\,e^{\frac{i}{\hbar}(p_x x - Et)}$$

als Lösung führt.

Die Funktion (2) ist aber nicht die einzig mögliche Lösung von (1); sie entspricht vielmehr der Bedingung, daß für $x = -\infty$ eine unbegrenzte ebene Welle in der $+x$-Richtung einläuft; die Phasengeschwindigkeit $V = \lambda\nu = \frac{h}{p_x}\cdot\frac{E}{h} = \frac{E}{p_x}$ ist positiv. Sind andere „Randbedingungen" gestellt, so be-

[1]) Ob man hier $E_{\text{pot}} = 0$ oder const setzt, ist gleichgültig. Die physikalischen Ergebnisse sind davon unabhängig, wie aus den Entwicklungen dieses Paragraphen folgt, s. auch § 6, IV.

kommt man andere Lösungen. Welche Aussagen gibt die Lösung (2) über das freie Teilchen? Die Antwort kennen wir aus § 1. Setzen wir nämlich $u = f(t)$ und fassen u als Aussage über den zeitlichen Verlauf der Bewegung auf, so ist $|f(t)|^2$ nach S. 31 die Gewichtsfunktion für t. Es ist aber $|u|^2 = |a|^2$ von t unabhängig; alle t-Werte haben das gleiche Gewicht. Das bedeutet $\Delta t \to \infty$ und daher $\Delta\omega \to 0$; wirklich kommt in u auch nur eine Frequenz $\omega = E/\hbar$ vor. Entsprechendes wie für E, t gilt für Impuls und Ort. Denn wir können auch $u = g(x)$ setzen und $|g(x)|^2$ als Gewichtsfunktion für x ansehen: Alle x-Werte sind gleichwahrscheinlich; $\Delta x \to \infty$, $\Delta k_x \to 0$. Es kommt ja auch nur ein Impulswert p_x in (2) vor. Aus (2) kann man also über den raumzeitlichen Ablauf der Bewegung nichts erfahren, weil p, E völlig genau festgelegt sind.

Wir werden daher das $|u|^2$ von (2) als Maß der Wahrscheinlichkeit auffassen können dafür, das Teilchen, dessen Impuls p_x genau bekannt ist, an der Stelle x zur Zeit t anzutreffen; sie ist überall gleich.

Durch Addition von Lösungen $u(p_x) = a(p_x) \cdot e^{\frac{i}{\hbar}(p_x x - Et)}$ kann man allgemeinere Lösungen von (1) bekommen, wobei aber immer gemäß (1) $E - E_0 = p_x^2/2m$ sein muß. Wir können so eine ganz beliebige Funktion von x in Fourierscher Weise zusammensetzen:

$$(3) \qquad u(x, t) = \frac{1}{\sqrt{2\pi\hbar}} \int_{-\infty}^{+\infty} a(p_x) e^{\frac{i}{\hbar}(p_x x - E(p_x)t)} \, dp_x,$$

die Zeitabhängigkeit ist wegen $E = E(p_x)$ dadurch bereits gegeben. Die Welle $u(x,t)$ kann etwa für $t = 0$ vorgegeben werden — damit ist nach (7), (8), S. 30, $a(p_x)$ festgelegt —, dann ist $u(x, t)$ für alle späteren Zeiten bestimmt, solange eben die Voraussetzung der Gl. (1) — kräftefreie Bewegung — erfüllt bleibt. Daß aus (3) die Unschärferelation $\Delta p_x \Delta x \geqq \hbar$

folgt, ist klar; das haben wir im Anhang zu § 1 bewiesen[1]). $|u(x, t)|^2$ ist die Gewichtsfunktion für x; also ist $|u(x, t)|^2 dx$ die Wahrscheinlichkeit[2]), das Teilchen zur Zeit t an der Stelle x (im Spielraum x bis $x + dx$) zu finden. $|u(x, 0)|^2 dx$ ist die entsprechende Wahrscheinlichkeit für $t = 0$; geben wir sie vor, so bedeutet das, daß wir uns durch Messung die durch $|u(x, 0)|^2 \cdot dx$ dargestellte Kenntnis vom Teilchenort verschafft haben. Die Gewichtsfunktion $|a(p_x)|^2$ des Impulses ist zwangsläufig durch $u(x, 0)$ bestimmt; die Impulskenntnis ist eben durch die Ortskenntnis bedingt gemäß den Unschärferelationen:

$$(4) \qquad a(p_x) = \frac{1}{\sqrt{2\pi}} \int_{-\infty}^{+\infty} u(x, 0)\, e^{-\frac{i}{\hbar} p_x x}\, dx;$$

$$u(x, t) = \frac{1}{h} \iint_{-\infty}^{+\infty} u(x', 0) \cdot e^{\frac{i}{\hbar}(p_x(x-x') - E(p_x)t)}\, dx'\, dp_x.$$

Man sieht: Wenn der Impuls nicht mehr scharf bekannt ist, ist es hier die Energie auch nicht; dafür ist raumzeitliche Beschreibung möglich, sie wird durch $|u(x, t)|^2$ gegeben.

Strom und Dichte. In abgeschlossenen Systemen (keine Wirkung durch den „Rand" hindurch) muß die Wahrscheinlichkeit, die Teilchen irgendwo anzutreffen, zeitunabhängig sein[3]). Wir führen die Überlegung für ein Teilchen — für mehrere läuft sie gerade so, vgl. § 1, IV —, gehen also von (38), S. 95, aus. Die konjugiert komplexe Gleichung ist

$$(5) \qquad -\frac{\hbar^2}{2m} \Delta u^* + (E_{\text{pot}} + E_0)\, u^* = \frac{\hbar}{i} \frac{\partial u^*}{\partial t}.$$

Wir multiplizieren (38), S. 95, mit u^*, (5) mit u, und subtrahieren:

---

[1]) Man beachte $p_x = \hbar k_x$.

[2]) Bei geeigneter Normierung, s. S. 103.

[3]) Zerstrahlung und Materieerzeugung gehören ins Gebiet relativistischer Effekte (hohe Energieumsätze!), die wir vorerst ausschließen.

(6) $-\frac{\hbar^2}{2m}(u^*\Delta u - \Delta u^* \cdot u) + \frac{\hbar}{i}\left(u^* \frac{\partial u}{\partial t} + \frac{\partial u^*}{\partial t} u\right) = 0\,.$

Das erste Glied läßt sich umformen[1]):

(7) $-\frac{\hbar^2}{2m}\operatorname{div}(u^* \operatorname{grad} u - \operatorname{grad} u^* \cdot u) + \frac{\hbar}{i}\frac{\partial(u^* u)}{\partial t} = 0\,.$

Die erste Klammer ist ein Vektor; wir setzen:

(8) $\mathfrak{j} \equiv \frac{\hbar}{2mi}(u^* \operatorname{grad} u - \operatorname{grad} u^* \cdot u);\ \varrho \equiv u^* u = |u|^2\,.$

div eines Vektors $\mathfrak{A}$ bedeutet:

(9) $$\operatorname{div}\mathfrak{A} \equiv \frac{\partial \mathfrak{A}_x}{\partial x} + \frac{\partial \mathfrak{A}_y}{\partial y} + \frac{\partial \mathfrak{A}_z}{\partial z}\,.$$

Aus (7) wird so

(10) $$\operatorname{div}\mathfrak{j} + \frac{\partial \varrho}{\partial t} = 0 \quad \text{(Kontinuitätsgleichung).}$$

Wir integrieren (10) über ein beliebiges Raumstück τ; $d\sigma$ sei ein Flächenelement der Oberfläche von τ. Dann ist nach dem Gaußschen Satz

(11) $$\int \operatorname{div}\mathfrak{j}\, d\tau = \int \mathfrak{j}_n d\sigma$$

die Strömung des Vektors $\mathfrak{j}$ durch die Oberfläche nach außen, n die Normale auf $d\sigma$ nach außen. Also:

(12) $$\int \mathfrak{j}_n\, d\sigma = -\int \frac{\partial \varrho}{\partial t} d\tau = -\frac{d}{dt}\int \varrho d\tau,$$

wenn das Raumstück τ festgehalten wird. Die rechte Seite bedeutet aber die Abnahme der Gesamtaufenthaltswahrscheinlichkeit des Teilchens in τ pro Zeiteinheit; sie ist nach (12) gleich der Strömung von $\mathfrak{j}$ durch die Oberfläche von τ. Daher ist $\mathfrak{j}$ der Vektor der Strömung der Aufenthaltswahrscheinlichkeit pro sec durch die $\perp$ $\mathfrak{j}$ gestellte Flächeneinheit; kurz: der Vektor „Teilchenstrom“. Ist das System abgeschlossen, so bedeutet das physikalisch hinreichend starkes Verschwinden

---

[1]) Bewiesen in jedem Lehrbuch der Vektorrechnung oder theoret. Physik; auch leicht direkt zu bestätigen.

von u am „Rand" von τ; der Teilchenstrom durch den Rand ist Null und daher $\int \varrho d\tau$ zeitlich konstant, wie zu verlangen.

Handelt es sich um ein System mit diskreten Energiewerten W_k, so kann man ψ und daher auch u nach k numerieren Bildet man dann Gl. (38), S. 95, mit u_k, (5) mit u_l^*, so folgt wieder (7), (10), (12); nur ist $\mathfrak{j}$, ϱ ersetzt durch

$$(13) \quad \mathfrak{j}_{lk} = \frac{\hbar}{2mi}(u_l^* \operatorname{grad} u_k - \operatorname{grad} u_l^* \cdot u_k); \; \varrho_{lk} = u_l^* u_k.$$

Wir bekommen also neben $\varrho_{kk} = |u_k|^2 = |\psi_k|^2$ auch Wahrscheinlichkeiten, die 2 Zuständen l, k zugeordnet sind. Ihre Zeitabhängigkeit ist $e^{-\frac{i}{\hbar}(E_k - E_l)t} \equiv e^{i(l|\omega|k)t}$, in der Bezeichnung von § 4[1]). Für ein abgeschlossenes System mit diskreten Eigenwerten folgt aus (12) der wichtige Satz:

$$(14) \quad e^{\frac{i}{\hbar}(E_l - E_k)t} \cdot \int \psi_l^* \psi_k d\tau = \text{const}; \text{ d. h.} \int \psi_l^* \psi_k d\tau = 0,$$
$$\text{wenn } E_l \neq E_k.$$

Eigenfunktionen, die zu verschiedenen Eigenwerten (E) gehören, sind **orthogonal** zu einander; so nennt man das Verschwinden des Integrals $\int \psi_l^* \psi_k d\tau$.

Der Erhaltungssatz (12) gibt auch **Randbedingungen** für u. Bilden wir nämlich $\mathfrak{j}$ ganz allgemein aus einer beliebigen Lösung v^* von (5) und der uns interessierenden Lösung u von (38), S. 95, so gilt bei einem abgeschlossenen System (v^*, $u \to 0$ am Rand):

$$(15) \quad \int_{\text{Rand}} \mathfrak{j}_n d\sigma = 0$$

aus physikalischen Gründen: Das Integral muß für jedes $\mathfrak{j}_n$, das aus beliebigem v^*, u gebildet ist, Null sein. Bei der Umformung (11) sind aber (Satz von Gauß) alle Gebiete auszuschließen, in denen $\mathfrak{j}$ nicht eindeutig, endlich, stetig oder div $\mathfrak{j}$

[1]) Hier deutet sich der Zusammenhang mit der Quantenmechanik an, auf den wir in § 7 eingehen.

nicht endlich ist. Das Integral (15) über den Rand solcher Gebiete muß daher immer Null geben — auch bei nichtabgeschlossenen Systemen! —, denn wäre es nicht Null, so würde das Teilchenerzeugung oder -vernichtung in diesen Gebieten bedeuten. Ferner ist zu verlangen, daß die Aufenthaltswahrscheinlichkeit $|u|^2 d\tau$, allgemeiner $\int\limits_\tau v^* u\, d\tau$ überall eindeutig, endlich, stetig ist (auch für sehr kleines τ) und mit abnehmendem τ gegen Null geht.

Kastenmodell (vgl. S. 17). Bewegungsrichtung sei x, die auf das Teilchen wirkende Kraft sei gegeben durch die potentielle Energie[1]):

$$E_{\text{pot}} = \begin{cases} -A = \text{const} < 0 \text{ für } x \text{ zwischen } 0 \text{ und } L \text{ (Gebiet II)} \\ 0 \text{ für } x < 0 \text{ (Gebiet I), und für } x > L \text{ (Gebiet III).} \end{cases}$$

Für die Lösungen mit genau bekanntem W ist dann:

$$\text{(16)} \quad \frac{d^2\psi}{dx^2} + l^2\psi = 0;\ l^2 = \frac{2m}{\hbar^2}(W - E_{\text{pot}}) = \begin{cases} \frac{2m}{\hbar^2}(W + A) = k^2 \text{ in II,} \\ \frac{2m}{\hbar^2} W = -\varkappa^2 \text{ in I, III.} \end{cases}$$

Wir nehmen an, es sei $W < 0$ und $W + A > 0$, dann ist $\varkappa$ reell wie k. Klassisch ist dann Bewegung nur im Gebiet II möglich, weil nur dort $E_{\text{kin}} = W - E_{\text{pot}}$ positiv ist; das Teilchen wird durch die Potentialwände bei $x = 0$, L im Gebiet II gehalten. Wellenmechanisch entspricht dem Gebiet II Schwingungscharakter von ψ, wegen (16); in I, III wird ψ durch Exponentialfunktionen mit reellem Exponenten dargestellt. Man sieht schon daraus, daß das Teilchen nach der Wellenmechanik nicht auf das Gebiet II beschränkt ist. Wir haben:

$$\text{(17)} \qquad \begin{cases} \text{in: I: } \psi = a_1 e^{\varkappa x} + b_1 e^{-\varkappa x}, \\ \text{in II: } \psi = a_2 e^{ikx} + b_2 e^{-ikx}, \\ \text{in III: } \psi = a_3 e^{\varkappa x} + b_3 e^{-\varkappa x}. \end{cases}$$

[1]) Diese Energienormierung entspricht der beim H-Problem, S. 15.

Da die Aufenthaltswahrscheinlichkeit für $x \to \pm\infty$ nicht ∞ werden darf, folgt: $b_1 = 0$; $a_3 = 0$. Da $v^* \frac{du}{dx} - \frac{dv^*}{dx} u$ (s. S. 101) überall stetig sein muß, müssen alle ψ und $\frac{d\psi}{dx}$ bei $x = 0$, L stetig sein; denn man kann v^* beliebig wählen. Diese Randbedingungen bei $x = 0$, L geben:

$$a_1 = a_2 + b_2;\ a_1 \varkappa = ik(a_2 - b_2);\ a_2 e^{ikL} + b_2 e^{-ikL} = b_3 e^{-\varkappa L};$$
$$ik(a_2 e^{ikL} - b_2 e^{-ikL}) = -\varkappa b_3 e^{-\varkappa L}.$$

Durch Auflösen folgt:

$$2ika_2 = a_1(ik + \varkappa);\ 2ikb_2 = a_1(ik - \varkappa);$$
$$a_1[(ik + \varkappa)e^{ikL} + (ik - \varkappa)e^{-ikL}] = 2ikb_3 e^{-\varkappa L};$$
$$a_1 ik[(ik + \varkappa)e^{ikL} - (ik - \varkappa)e^{-ikL}] = -2ik\varkappa b_3 e^{-\varkappa L};$$

und als Lösbarkeitsbedingung für die letzten 2 Gleichungen:

$$\text{(18)} \qquad \operatorname{tg} kL = \frac{2k\varkappa}{k^2 - \varkappa^2}.$$

(18) hat bestimmte k, also bestimmte Energien W als Lösung; es ist eine „Eigenwertgleichung“ zur Bestimmung der dem Teilchen möglichen Energiewerte[1]). Mit den vorigen Gln. kann man alle a, b etwa durch a_2 allein ausdrücken. $|a_2|$ ist bestimmt durch die „Normierungsbedingung“: Die Gesamtwahrscheinlichkeit, das Teilchen irgendwo anzutreffen, muß eins sein. Daher:

$$\text{(19)} \qquad \int_{-\infty}^{+\infty} |\psi|^2 dx = 1.$$

Der Einfachheit halber beschränken wir uns jetzt auf den Fall $A \gg W + A$ (sehr hohe Potentialwände bei $x = 0$, L) und $\varkappa L \gg 1$; dann ist $\varkappa \gg k$. Aus (18) wird $\operatorname{tg} kL \to -\frac{2k}{\varkappa} \to 0$; d. h. $kL \to n\pi$; n ganz, $n = 0$ ist auszuschließen, weil sonst $a_1 = 0$ und $\psi \equiv 0$ in I—III herauskäme. Ferner wird:

$$a_1 \to a_2 \cdot \frac{2ik}{\varkappa};$$
$$b_2 \to -a_2;\ b_3 \to a_2 \cdot e^{\varkappa L} \cdot 2i \sin kL \to -a_2 e^{\varkappa L} \cdot \frac{4ik}{\varkappa} \cdot (-)^n.$$

---

[1]) Für $W + A < 0$ käme an Stelle von (18) mit $k = i\lambda$: $\varepsilon^{2\lambda L} = \left(\frac{\varkappa - \lambda}{\varkappa + \lambda}\right)^2$, was wegen $\varkappa > 0$ keine Lösung hat. $W < -A$ ist also unmöglich; es gibt nur die oben genannten Energiewerte.

In I, III nimmt ψ dann sehr schnell mit der Entfernung von $x = 0$, L ab; d. h. das Teilchen ist im wesentlichen auf II beschränkt. Man sieht aber, daß es ganz auf den Wert von $\frac{k}{\varkappa}$ und von $\varkappa L$ ankommt dafür, wie schnell ψ in I, III mit der Entfernung von $x = 0$, L abnimmt; im allgemeinen ist die Aufenthaltswahrscheinlichkeit in diesen Gebieten noch von merklicher Größe in der Nähe von $x = 0, L$. In unserem speziellen Fall ist in II: $\psi = 2ia_2 \sin kx$; $k = \frac{n\pi}{L}$; und wegen (19): $|a_2|^2 = \frac{1}{2L}$. Die Eigenwerte sind dann:

$$A + W_n = \frac{(\hbar k)^2}{2m} = \frac{1}{2m} \cdot \left(\frac{n\pi\hbar}{L}\right)^2;$$

es sind dieselben, die wir S. 18 gefunden hatten (dort war die potentielle Energie im Gebiet II Null gesetzt); auch die Wellenlängen stimmen überein:

$$\lambda = 2\pi/k = 2L/n.$$

Zu jedem W_n gibt es eine Eigenfunktion $\psi_n = \text{const} \cdot \sin n\pi x/L$; denn die Eigenfunktion ψ_{-n} ist von ψ_n linear abhängig[1]); $\psi_{-n} = A_n \psi_n$.

Offenbar ist $|\psi_n|^2 dx$ als die Wahrscheinlichkeit anzusehen, das Teilchen an der Stelle x zu finden, wenn die Energie des Systems W_n ist. Macht man den Versuch wirklich, so wird durch eine genaue Ortsmessung Impuls auf das Teilchen übertragen, daher der Eigenzustand W_n gestört. Man muß den Versuch immer wieder an anderen Systemen machen, die

---

[1]) Wegen der Normierung (19) ist $|A_n| = 1$, $A_n = e^{i\delta_n}$; ψ_{-n} und ψ_n unterscheiden sich also nur um eine willkürliche Phasenkonstante. In den physikalisch deutbaren Größen $\psi^* O \psi$ (s. § 7) ist ein Phasenmittel zu bilden, da die Phase von ψ nicht beobachtbar ist, wobei sich dasselbe ergibt, wie wenn man gleich $\delta_n = 0$ gesetzt hätte. Es tritt nämlich ein Faktor $e^{i(\delta_n - \delta_{n'})}$ in diesen Größen auf, der bei der Mittelung über beliebige, von einander unabhängige Werte von δ_n, $\delta_{n'}$ Eins gibt, weil nur die Stelle $\delta_n = \delta_{n'}$ einen von Null verschiedenen Beitrag liefert. Die willkürliche Phasenkonstante findet sich auch in der Matrixmechanik, vgl. (27), S. 80, wo wir nur den Absolutbetrag von $(n|x|n+1)$ bestimmen konnten. Immerhin kann der nicht beobachtbare Faktor $e^{i(\delta_n - \delta_{n'})}$ in der ungemittelten Größe $\psi^* O \psi$ als unbefriedigend empfunden werden. Dirac hat versucht, die Phasen $e^{i\delta}$ zu deuten und festzulegen, Proc. Roy. Soc. London (A) **133**, 60, (1931).

sich vor der Messung im Zustand W_n befinden. Es ergibt sich nicht immer der gleiche Teilchenort, sondern bei oftmaligem Wiederholen eine Statistik, die — so behauptet die Theorie — gerade durch $|\psi_n|^2$ gegeben ist.

Messen kann man nur die Wahrscheinlichkeit, das Teilchen in einem endlichen Bereich $\Delta x = x_2 - x_1$ anzutreffen. Ist es vor der Messung in W_n, so ist diese Wahrscheinlichkeit:

$$\int_{x_1}^{x_2} |\psi_n|^2 dx = \frac{\Delta x}{L}\left[1 - \frac{L}{n\pi\Delta x}\cdot\sin\left(\frac{n\pi\Delta x}{L}\right)\cdot\cos\frac{n\pi}{L}(x_1+x_2)\right];$$

$$0 \leqq x_1, x_2 \leqq L.$$

Durchgang durch eine Potentialschwelle. Wir betrachten der Einfachheit halber nur Bewegung in der x-Richtung. $E_{\text{pot}} \equiv V$ sei Null in I, III; $V = A > 0$ in II, s. Abb. 12. Eine

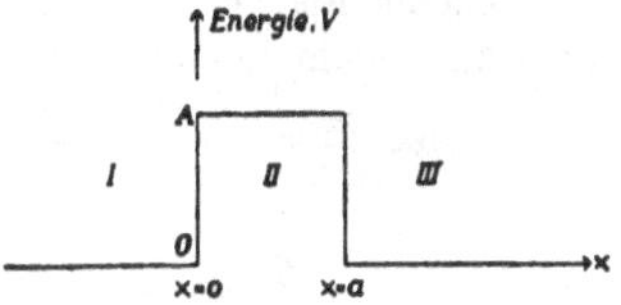

Abb. 12. Zum Durchgang durch eine Potentialschwelle.

Teilchenwelle (mit $W > 0$) komme im Gebiet I ($x < 0$) an; wieviel Teilchen werden das Gebiet II passieren können? Nach der klassischen Mechanik ist die Sache sehr einfach. Aus dem Energiesatz $p^2/2m = W - V$ folgt: Wenn $W < A$, ist p imaginär in II; Teilchen mit $W < A$, die von links kommen, können das Gebiet II nicht durchschreiten, sondern werden bei $x = 0$ reflektiert. Wellenmechanisch haben wir in I zwar auch eine ankommende Welle $\psi = a_1 e^{ik_1 x}$ und eine reflektierte Welle $b_1 e^{-ik_1 x}$, mit $(k_1\hbar)^2/2m = W$. In II haben wir entsprechend als allgemeine Lösung der Wellengleichung $\psi = a_2 e^{ik_2 x} + b_2 e^{-ik_2 x}$, mit $(k_2\hbar)^2/2m = W - A < 0$, wenn $W < A$; k_2 ist dann rein imaginär, wie der klassische Impuls p_2.

Das bedeutet aber nur, daß ψ sich exponentiell verhält (die Rechnung im folgenden zeigt, daß ψ abnimmt von $x = 0$ bis $x = a$); ψ ist keineswegs Null. In III ist $\psi = a_3 e^{ik_1 x}$; $b_3 = 0$, weil hier nur eine auslaufende Welle vorhanden sein kann. Die Randbedingungen sind stets:

(20) ankommender Strom = reflektierter Strom + weggehender Strom in III;

das bedeutet nach (8) wegen $\hbar k_1/m = p_1/m = v_1$ (Geschwindigkeit der ankommenden Teilchen):

$$v_1 \mid a_1 \mid^2 = v_1 \mid b_1 \mid^2 + v_1 \mid a_3 \mid^2; \tag{21}$$

die reflektierten und die weggehenden Teilchen (in III) haben (wegen $k_3 = k_1$) dieselbe Geschwindigkeit v_1. Der ankommende Teilchenstrom ist $v_1 \mid a_1 \mid^2$ = Zahl der Teilchen pro sec und cm^2 durch eine $\perp$ x stehende Fläche. Wir wollen das Verhältnis von durchgehendem zu ankommendem Strom, die „Durchlässigkeit" der Schwelle: $D = \left| \frac{a_3}{a_1} \right|^2$ berechnen. Das Reflexionsvermögen $R = \left| \frac{b_1}{a_1} \right|^2$ ist nach (21) $= 1 - D$. Die Randbedingung ist wieder: ψ, $\frac{d\psi}{dx}$ stetig bei $x = 0, a$. Wegen der Kontinuitätsgleichung ist dann bei unserem zeitunabhängigen $\varrho = \mid u \mid^2$ die Bedingung (20) von selbst erfüllt. Die Stetigkeitsforderung für ψ gibt 2 Bedingungen (je eine bei $x = 0$ und a) und die für $d\psi/dx$ noch 2:

$$a_1 + b_1 = a_2 + b_2; \quad a_2 e^{ik_2 a} + b_2 e^{-ik_2 a} = a_3 e^{ik_1 a};$$
$$k_1(a_1 - b_1) = k_2(a_2 - b_2); \quad k_2(a_2 e^{ik_2 a} - b_2 e^{-ik_2 a}) = k_1 a_3 e^{ik_1 a};$$

zusammen 4 Bedingungen für die 5 Konstanten a_1, b_1, a_2, b_2, a_3; a_1 bleibt daher unbestimmt, wie es sein muß. Mit den Abkürzungen (reine Zahlen!):

$$\sqrt{\frac{2mA}{\hbar^2}}\, a = \alpha, \quad \frac{W}{A} = \xi \tag{22}$$

folgt für beliebiges W ($\gtreqless A$)

$$(23)\qquad D = \left\{1 + \frac{\mathfrak{Sin}^2 \alpha \sqrt{(1-\xi)}}{4\xi\,(1-\xi)}\right\}^{-1}.$$

a) $W < A$: Für $W = 0$ ist $D = 0$, für $W \ll A$ natürlich auch $D \ll 1$; bei der Annäherung an $W = A$ wird D aber rasch größer. Wellenmechanisch ist die Schwelle immer durchlässig, wie man sieht. Es gibt mannigfache Anwendungen von (23). Für Elektronen, die im Kristallgitter in äußeren Schalen der Gitteratome gebunden sind, ist $\alpha \approx O(1)$; man setze: $A \approx 3{,}5$ e Volt, $a \approx 1$ Å, $m = m_{El}$! Für $W = 3{,}2\,e$-Volt wird $D \approx 0{,}80$; für $W = 2{,}8\,e$-Volt (d. s. 80% von A) ist D immer noch gleich 0,74. So nah unterhalb der Schwellenhöhe gebundene Elektronen gehen also mit großer Wahrscheinlichkeit durch; sie wechseln von ihrem Platz zum nächsten Atom usw. Wir wollen die Lebensdauer des gebundenen Zustandes abschätzen.

Macht das Teilchen, solange es auf seinem ursprünglichen Platz ist, ν Schwingungen in der sec — es stößt also ν-mal auf die trennende Wand —, so gehen $ND\nu$ Teilchen pro sec durch die Schwelle, wenn vorher N im gebundenen Zustand waren. Also

$$(24)\qquad dN = -ND\nu\,dt;\; N = N(0)\cdot e^{-D\nu t}.$$

Die Lebensdauer des gebundenen Zustandes ist daher: $\Delta t \equiv \tau = 1/D\nu$ und die Unschärfe der Energie im gebundenen Zustand der Quantenzahl n: $\Delta E \approx nh\nu D$. Für $nh\nu$ können wir größenordnungsmäßig die Ionisierungsarbeit I aus dem Zustand W einsetzen[1]); I bedeutet bei uns offenbar $A - W = A\,(1-\xi)$. Es folgt:

$$(25)\qquad \Delta E \approx I \cdot D;\; \tau \approx nh/DI.$$

$1/\tau = \lambda$ ist ersichtlich die „Zerfallskonstante" des gebundenen Zustandes.

---

[1]) Für Coulombsches Feld ist nach (25), S. 15: $I \approx \overline{E_{\text{kin}}} = \frac{p^2}{2m}$; außerdem $\nu = \frac{v}{2d} = \frac{p}{2md}$, wenn d der Durchmesser des „Lochs" ist, in dem sich das Teilchen befindet. $\frac{I}{\nu} = pd \approx \Delta p\,\Delta q \approx nh$.

Wir haben damit auch den Schlüssel zum Verständnis des α-Zerfalls. Der Kern (Ladung Ze) werde als Potentialfeld schematisiert, das auf das α-Teilchen wirkt: Im Innern konstantes Anziehungspotential, das am Rand r_0 des Kerns rasch auf den Wert $(Z-2)\cdot 2e/r_0$ ansteigt und dann nach größeren Abständen hin gemäß dem Coulombschen Potential abfällt, s. Abb. 13. α-Teilchen von UI haben eine Energie von $4{,}05\cdot 10^6$ e-Volt. Sie verlassen demnach den Kern bei $r = 6{,}5\cdot 10^{-12}$ cm, wenn wir für den UI-Kern $r_0 = 1{,}2\cdot 10^{-12}$ cm setzen.

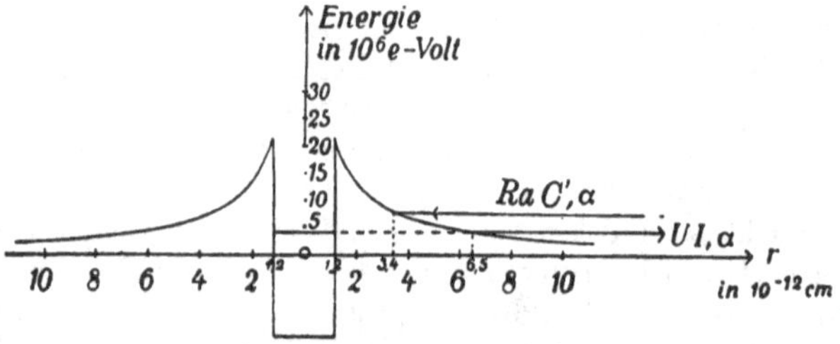

Abb. 13. Zum α-Zerfall des Urans

Weil die Energie $UI\alpha$ so tief unter dem Kamm des Potentialbergs liegt, ist die Lebensdauer des UI-Kerns so groß; die Durchgangswahrscheinlichkeit durch die Schwelle ist gering. Das Teilchen hat aber im gebundenen Zustand für seine Bewegung beliebig lange Zeit zur Verfügung, so wird es trotz der geringen Durchgangswahrscheinlichkeit durch die ziemlich breite Schwelle doch einmal durchkommen. Man sieht auch, daß der gebundene Zustand des UI-α-Teilchens bei positiven Energien liegt.

α-Teilchen des RaC' von $7{,}7\cdot 10^6$ e-Volt Energie zeigen bei Streuung an U keine Abweichung vom Rutherfordschen Streugesetz. Würde nun die Energie des RaC' α-Teilchens genau der Energie eines gebundenen Zustands im UI-Kern entsprechen, so würde die Aufenthaltswahrscheinlichkeit für das Teilchen im Innern des UI-Kerns sehr groß sein und das Teilchen daher eingefangen werden (Resonanzeinfangung). In Wirklichkeit entspricht die *RaC'*α-Energie aber keinem solchen Eigenwert, daher wird die Welle des *RaC'*-Teilchens den ziemlich breiten Berg nicht durchschreiten können; die Stoßdauer ist viel zu kurz, um die Aufenthaltswahrscheinlichkeit im Innern merklich anwachsen zu lassen. Daher werden die *RaC'* α-Teilchen reflektiert.

Gamow konnte mit diesem Modell die Geiger-Nuttallsche Regel ableiten.

Wenn $W = A$, ist nach (23) $D = \left\{1 + \frac{\alpha^2}{4}\right\}^{-1} < 1$.

b) $W > A$. Dann wird aus (23) wegen $\xi > 1$:

$$D = \left\{1 + \frac{\sin^2 \alpha\sqrt{\xi - 1}}{4\xi\,(\xi - 1)}\right\}^{-1}. \tag{26}$$

Auch hier ist immer $D \leqq 1$; für $W \gg A$ geht $D \to 1$. Klassisch kann das Teilchen das Gebiet II durchschreiten, mit verringerter Geschwindigkeit. Wellenmechanisch ergibt sich, daß die Schwelle völlig durchlässig wird, wenn ein ganzes Vielfaches der halben Wellenlänge λ_2, wie sie in II gilt, gerade gleich der Schwellenbreite ist:

$$\frac{n}{2}\lambda_2 = a\,. \tag{27}$$

Dann gilt nämlich:

$$\alpha\sqrt{\xi - 1} = \sqrt{\frac{2m}{\hbar^2}(W - A)} \cdot a = \frac{p_2 a}{\hbar} = k_2 a = \frac{2\pi a}{\lambda_2} = n\pi\,,$$

und $D = 1$. Wenn die ankommende E_{kin} also um $\frac{1}{2m}\left(\frac{n\pi\hbar}{a}\right)^2$ größer ist als die Schwellenhöhe A, so geht das Teilchen mit Sicherheit durch die Schwelle, es ist $R = 0$. In allen andern Fällen ist $R > 0$, $D < 1$; es besteht eine Wahrscheinlichkeit R dafür, daß das Teilchen reflektiert wird.

Gl.(23) gilt aber auch noch, wenn $A < 0$, $W > 0$: Das Teilchen läuft über ein Potentialloch weg. Auch dann ergibt sich $D \leqq 1$.

Abb. 14 zeigt D in Abhängigkeit von $W/|A|$; 14a gilt für $A > 0$ (Potentialschwelle), 14b für $A < 0$ (Potentialloch); jedesmal ist $W \geqq 0$. Die gestrichelte Kurve entspricht $|\alpha| = a\sqrt{\frac{2m|A|}{\hbar^2}} = 4$, die ausgezogene $|\alpha| = 8$. Setzt man

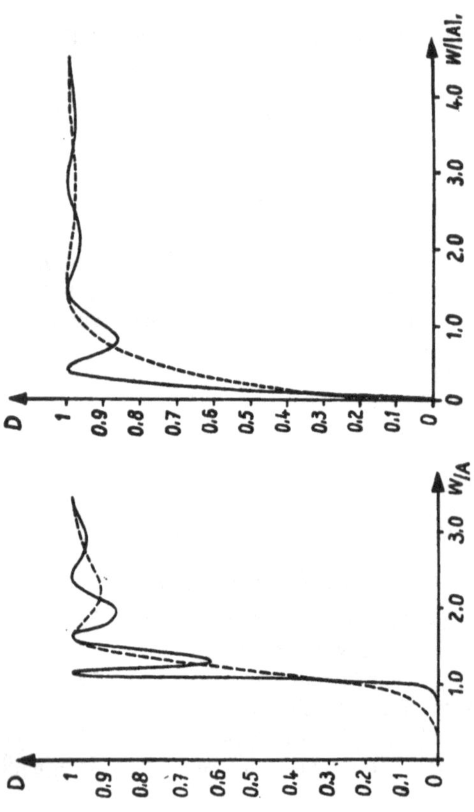

Abb. 14a

Abb. 14b

Durchlässigkeit D in Abhängigkeit von $W/|A|$; Abb. 14a für eine Potentialschwelle, 14b für ein Potentialloch; $W \geqq 0$. Weitere Erklärung im Text.

m gleich der Elektronenmasse, und rechnet a in Å, A in e-Volt, so bedeutet $|\alpha| = 4$: $A = \frac{61{,}2}{a^2}$; $|\alpha| = 8$: $A = \frac{244}{a^2}$.

Der Fall $A < 0$, $W < 0$ ist schon S. 102 behandelt worden.

Linearer harmonischer Oszillator. Hier ist $E_{\text{pot}} = \frac{m}{2}\omega_0^2 x^2$ (siehe S. 77); für die „monochromatischen" Lösungen[1]) $u = \psi e^{-\frac{i}{\hbar}Et}$ gilt daher:

$$\frac{d^2\psi}{dx^2} + \frac{2m}{\hbar^2}\left(W - \frac{m}{2}\omega_0^2 x^2\right)\psi = 0; \tag{28}$$

wir führen dimensionslose Variable ein:

$$\xi = \sqrt{\frac{m\omega_0}{\hbar}}\, x, \quad \frac{2W}{\hbar\omega_0} = w, \tag{29}$$

dann gilt:

$$\frac{d^2\psi}{d\xi^2} + (w - \xi^2)\psi = 0. \tag{30}$$

Die einzige Stelle, wo ψ (also auch u) möglicherweise nicht endlich bleibt, ist $\xi = \pm\infty$, weil dort $E_{\text{pot}} \to \infty$ geht. Es muß also $\int \mathfrak{j}_n d\sigma$ über den ∞ fernen „Rand" ($\xi = \pm\infty$) Null geben. Das Verhalten von ψ an dieser Stelle ist bestimmbar aus der Gleichung

$$\frac{d^2\psi}{d\xi^2} \approx \xi^2\psi; \quad \text{also} \quad \psi \approx e^{\pm\xi^2/2}, \tag{31}$$

wie man durch Einsetzen bestätigt. Zulässig ist aber nur $\psi \approx e^{-\xi^2/2}$ ($\xi \to \pm\infty$); denn $|\psi|^2$ muß endlich sein. Man wird also zur Lösung von (30) ansetzen:

$$\psi = e^{-\xi^2/2} \cdot v(\xi); \quad \text{mit} \quad \frac{d^2v}{d\xi^2} - 2\xi\frac{dv}{d\xi} + v(w-1) = 0, \tag{32}$$

wegen (30). Der Ansatz $v = \sum_{l=0}^{\infty} a_l \xi^l$ führt auf die Beziehung:

[1]) Sie entsprechen abgeschlossenem System; keine äußere Störung, daher $\Delta E \to 0$.

(33) $$\sum_{l=0}^{\infty} a_l [l(l-1)\xi^{l-2} - 2l\xi^l + (w-1)\xi^l] = 0\,;$$

oder anders geschrieben (beachte, daß im ersten Ausdruck in der Klammer in (33) die Glieder mit $l=0$ und $l=1$ wegfallen!):

(34) $$\sum_{l=0}^{\infty} \xi^l [a_{l+2}(l+2)(l+1) + a_l(w-1-2l)] = 0\,.$$

Da die Reihe (34) in einem ganzen Bereich von ξ-Werten Null sein soll, muß der Faktor jeder Potenz ξ^l Null sein:

(35) $$a_{l+2} = -\frac{(2l+1-w)}{(l+2)(l+1)} \cdot a_l;\ l \geqq 0, \text{ ganz.}$$

Zwei auf einander folgende Glieder der Reihe v verhalten sich also wie:

(36) $$\frac{a_{l+2}\,\xi^{l+2}}{a_l\,\xi^l} = \frac{(2l+1-w)\,\xi^2}{(l+2)(l+1)} = \frac{2}{l} \cdot \frac{1 + \frac{1-w}{2l}}{\left(1+\frac{2}{l}\right)\left(1+\frac{1}{l}\right)} \cdot \xi^2;$$

für $l \gg 1$ wird daraus $\frac{2}{l}\,\xi^2$. Dies ist aber das Verhältnis zweier auf einander folgender, hinreichend hoher Glieder der Reihe für e^{ξ^2}. Beweis:

(37) $$e^{\xi^2} = \sum_{\sigma=0}^{\infty} \frac{1}{\sigma!}\,\xi^{2\sigma}\,;$$

Verhältnis zweier auf einander folgender Glieder:

(38) $$\frac{\xi^{2\sigma+2}}{(\sigma+1)!} \cdot \frac{\sigma!}{\xi^{2\sigma}} = \frac{1}{\sigma+1} \cdot \xi^2 \to \frac{1}{\sigma}\,\xi^2 \text{ für } \sigma \gg 1\,.$$

Vergleich der linken Seiten von (38), (36) lehrt, daß $l = 2\sigma$ zu setzen ist; w. z. b. w. Damit ist gezeigt, daß die Reihe v für $\xi \to \pm\infty$ divergiert wie e^{ξ^2}; wegen (32) divergiert dann ψ wie $e^{+\xi^2/2}$, während ψ doch endlich bleiben soll für $\xi \to \pm\infty$! Der Schluß wird nur dann unmöglich, wenn die Reihe v keine unendliche Reihe ist, sondern abbricht. Sie bricht nur dann ab, wenn alle auf ein bestimmtes $l = n$ folgenden Glieder der Reihe verschwinden. Wegen (35) verlangt das $a_{n+2} = 0$, also:

(39) $$w = 2n + 1;\ n \text{ ganz}, \geqq 0\,,$$

was eine Bedingung für die Energie W bedeutet; die einzig möglichen Energiewerte $W = W_n$ sind demnach:

(40) $$W_n = \hbar\omega_0\left(n + \frac{1}{2}\right);\ n \text{ ganz}, \geqq 0;$$

dies sind genau dieselben, die auch die Quantenmechanik liefert; vgl. § 4, III, Gl. (26), (30). Die zu W_n gehörige Wellenfunktion ist:

(41) $$\psi_n = e^{-\xi^2/2} \cdot v_n = e^{-\xi^2/2} \sum_{l=0}^{n} a_l \xi^l ;$$

für die a gilt (35), (39):

(42) $$a_{l+2} = \frac{2(l-n)}{(l+2)(l+1)}\, a_l .$$

Je nachdem, ob n gerade ist oder ungerade, sind die v_n Polynome mit nur geraden oder nur ungeraden Potenzen von ξ. Die Quantenzahl n ist der Grad des Polynoms und daher zugleich die Zahl der Nullstellen („Knoten") von ψ. Bis auf einen vorerst willkürlichen Faktor C_n (a_0 oder a_1 wird durch (42) nicht festgelegt!) stimmen die v_n mit den Hermiteschen Polynomen $H_n(\xi)$ überein[1]). Es ist:

(43) $$v_n = C_n H_n(\xi);\ H_n(\xi) = (-)^n e^{\xi^2} \frac{d^n}{d\xi^n}(e^{-\xi^2});$$

$$\psi_n = e^{-\xi^2/2} \cdot C_n H_n(\xi) .$$

C_n wird durch die Normierung bestimmt: $\int_{-\infty}^{+\infty} |\,\psi_n\,|^2\, dx = 1$, vgl. (19).

Man findet durch schrittweise partielle Integration, wegen (41), (43), (29):

(44) $$\sqrt{\frac{m\omega_0}{\hbar}}\,\frac{1}{|C_n|^2} = J_n \equiv \int_{-\infty}^{+\infty} e^{-\xi^2} H_n^2(\xi)\, d\xi$$

$$= (-)^n \int_{-\infty}^{+\infty} \frac{d^n}{d\xi^n}(e^{-\xi^2})\, H_n(\xi)\, d\xi = (-)^{n+1} \int_{-\infty}^{+\infty} \frac{d^{n-1}}{d\xi^{n-1}}(e^{-\xi^2})\, \frac{dH_n}{d\xi}\, d\xi$$

$$= \int_{-\infty}^{+\infty} e^{-\xi^2} \frac{d^n H_n}{d\xi^n}\, d\xi .$$

[1]) Beweis z. B. in A. Sommerfeld, Atombau und Spektrallinien, 5. Aufl. Bd. II, S. 32; auch leicht direkt zu bestätigen.

H_n ist ein Polynom vom Grad n; also ist $\frac{d^n H_n}{d\xi^n}$ gleich $n!$ mal dem Faktor, den ξ^n in H_n hat. Dieser ist nach (43) 2^n. Folgt:

$$J_n = n!\,2^n \int_{-\infty}^{+\infty} e^{-\xi^2}\, d\xi = n!\, 2^n \sqrt{\pi}\,; \quad | C_n | = \sqrt[4]{\frac{m\omega_0}{h}}\, \frac{1}{\sqrt{n!\,2^n}},$$

und damit:

$$(45) \qquad \psi_n = \sqrt[4]{\frac{2m\,\omega_0}{h}}\, \frac{1}{\sqrt{n!\,2^n}}\, e^{i\delta_n}\, (-)^n\, e^{+\xi^2/2}\, \frac{d^n e^{-\xi^2}}{d\xi^n}\,;$$

$$\xi = \sqrt{\frac{m\,\omega_0}{\hbar}}\, x\,.$$

δ_n ist die S. 104, Anm. 1 erwähnte willkürlich bleibende Phase; wir können sie Null setzen.

Was bedeuten die quantenmechanischen $(n\,|\,\boldsymbol{x}\,|\,n+1)$ (S. 80) in der Wellenmechanik? Sie sind von der Variablen x explizit unabhängig, müssen also Integrale über Wellenfunktionen sein, und sie müssen u_n^*, u_{n+1} enthalten, wegen ihrer Zeitabhängigkeit, s. (2) S. 74. Wir versuchen den nächstliegenden Ansatz, der auch wirklich richtig ist (s. S. 116):

$$(46) \qquad (l\,|\,\boldsymbol{x}\,|\,n) = \int u_l^*\, x u_n\, d\tau = (n\,|\,\boldsymbol{x}\,|\,l)^*,$$

das Integral über den ganzen Spielraum der Koordinaten; hier: in x von $-\infty$ bis $+\infty$.

$$(47) \qquad (l\,|\,x\,|\,n) = \int_{-\infty}^{+\infty} \psi_l^*\, x\psi_n dx \equiv \frac{\hbar}{m\omega_0} \cdot K_{ln}\,;$$

$$K_{ln} = C_l^* C_n \int_{-\infty}^{+\infty} e^{-\xi^2}\, H_l(\xi)\xi H_n(\xi) d\xi\,.$$

$l = n$ gibt einen ungeraden Integranden und daher Null. Wir können $l > n$ annehmen, weil jedes Matrixelement mit $l < n$ sich wegen (46) auf eines mit $l > n$ zurückführen läßt. ξH_n ist ein Polynom vom Grad $n + 1$, folglich darstellbar durch:

(48) $$\xi H_n = \sum_{\nu=0}^{n+1} b_\nu \xi^\nu = \sum_{\sigma=0}^{n+1} c_\sigma H_\sigma .$$

Das gibt (beachte $l > n$ und die Orthogonalität der ψ, (14), S. 101!):

$$K_{ln} = C_l^* C_n \int_{-\infty}^{+\infty} e^{-\xi^2} H_l \sum_{\sigma=0}^{n+1} c_\sigma H_\sigma d\xi = \sqrt{\frac{m\omega_0}{\hbar}} C_n \sum_{\sigma=0}^{n+1} \frac{c_\sigma}{C_\sigma} \int_{-\infty}^{+\infty} \psi_l^* \psi_\sigma dx$$

$$= \sqrt{\frac{m\omega_0}{\hbar}} C_n \sum_{\sigma=0}^{n+1} \frac{c_\sigma \delta_{l\sigma}}{C_\sigma} = \sqrt{\frac{m\omega_0}{\hbar}} C_n \frac{c_{n+1}}{C_{n+1}} \cdot \delta_{l,n+1} .$$

Durch Vergleich des Faktors von ξ^{n+1} in ξH_n – er ist 2^n – und in $c_{n+1} H_{n+1}$ – dieser ist $c_{n+1} \cdot 2^{n+1}$ –, findet man: $c_{n+1} = 1/2$. Folgt:

$$K_{ln} = \sqrt{\frac{m\omega_0 (n+1)}{2\hbar}} \cdot \delta_{l,n+1} .$$

Es sind also nur von Null verschieden:

(49) $$(n+1 \,|\, x \,|\, n) = \sqrt{\frac{\hbar(n+1)}{2m\omega_0}} \cdot e^{\frac{i}{\hbar}(W_{n+1} - W_n)t} ;$$

$$(n-1 \,|\, x \,|\, n) = \sqrt{\frac{\hbar n}{2m\omega_0}} \, e^{\frac{i}{\hbar}(W_{n-1} - W_n)t} .$$

Das sind genau die Ergebnisse der Quantenmechanik, vgl. (1), (2), S. 74, (27), (30), S. 80/81. Sie bedeuten zugleich die Auswahlregel $\Delta n = \pm 1$, S. 77. Auch die Aussagen über die Intensität der Ausstrahlung sind dieselben, weil die Wellenmechanik die auf dem Korrespondenzprinzip gründenden Aussagen der Quantenmechanik über Intensität und Polarisation der Strahlung einfach übernimmt. Die Frequenz wird aus der Bohrschen Frequenzbedingung berechnet. Der Oszillator strahlt nur die e i n e Frequenz $\omega_0/2\pi$, wegen $W_l - W_n = \hbar\omega_0 (l - n)$, s. (40), und $\Delta n = \pm 1$.

§ 7. Zusammenhang zwischen Operatorenrechnung, Quantenmechanik und Wellenmechanik

Wir führen für cartesische Koordinaten q_l die „Operatoren“ P_l, Q_l ein durch:

(1) $$P_l \equiv \frac{\hbar}{i}\frac{\partial}{\partial Q_l}; \; Q_l \equiv q_l$$

und definieren:

(2) $$(n\,|\,\boldsymbol{p}_l\,|\,n') = \int u_n^* \frac{\hbar}{i}\frac{\partial}{\partial q_l} u_{n'}\, d\tau_q;$$

p_l ist der zu q_l (im Sinn von Anm. 1, S. 66) gehörige „kanonisch konjugierte“ Impuls. Das Integral (2) geht über den ganzen Spielraum aller q_l. Die Funktionen u hängen im allgemeinen von allen q_l ab; von der Zeit sollen sie nur in der Form abhängen:

(3) $$u_n = \psi_n(q)\, e^{-\frac{i}{\hbar}E_n t},$$

und der Wellengleichung (38), S. 95, genügen[1]). Die u sind also Wellenfunktionen zu fester Energie E. Die Definition (2) stimmt damit überein, daß wir schon S. 95 p_x durch $\frac{\hbar}{i}\frac{\partial}{\partial x}$ ersetzen gelernt haben. Wir definieren weiter:

(4) $$(n\,|\,\boldsymbol{q}_l\,|\,n') = \int u_n^* q_l u_{n'}\, d\tau_q\,.$$

Wir werden beweisen, daß die Größen (2), (4) alle Eigenschaften der quantenmechanischen Größen haben, die wir in § 4, III ebenso genannt haben, und daß jeder quantenmechanischen Beziehung eine wellenmechanische entspricht. Dazu bilden wir die allgemeine Größe:

(5) $$(n\,|\,\boldsymbol{f}(\boldsymbol{p}, \boldsymbol{q})\,|\,n') \equiv \int u_n^* f(P, Q)\, u_{n'}\, d\tau_q;$$

$\boldsymbol{f}(\boldsymbol{p}, \boldsymbol{q})$ hängt im allgemeinen von allen $\boldsymbol{p}_l$, $\boldsymbol{q}_l$ ab, soll aber nicht explizit von t abhängen. Der Operator $f(P, Q)$ wird aus

[1]) Verallgemeinerung der Betrachtungen dieses § auf Mehrteilchenprobleme ist ohne weiteres möglich, vgl. § 1, IV.

$f(p, q)$ einfach so gebildet, daß ohne Änderung der Faktorenreihenfolge jedes p_l durch das gemäß (1) entsprechende P_l ersetzt wird; $f(P, Q)$ wirkt auf das hinter ihm stehende u.

Es ist:

$$(6)\quad \frac{d}{dt}(n \mid f \mid n') = \int \left\{ \frac{\partial u_n^*}{\partial t} f\, u_{n'} + u_n^* f \frac{\partial u_{n'}}{\partial t} \right\} d\tau_q$$
$$= \frac{i}{\hbar}(E_n - E_{n'}) \int u_n^* f u_{n'} d\tau_q = 2\pi i (n \mid \nu \mid n')(n \mid f \mid n'),$$

was mit (6), S. 76, übereinstimmt. Außerdem gilt:

$$(7)\qquad (n \mid q_l \mid n')^* = \int u_n q_l u_{n'}^* d\tau_q = (n' \mid q_l \mid n).$$

Zum Beweis der (7) entsprechenden Gleichung für die Funktion f brauchen wir die Voraussetzung, daß das System aufs Endliche beschränkt ist, womit wir meinen, daß alle Oberflächenintegrale, die bei partiellen Integrationen im folgenden entstehen, Null sind deshalb, weil die u hinreichend stark am Rand verschwinden.

Dann ist:

$$(8)\qquad (n \mid p_l \mid n') = \frac{\hbar}{i} \int u_n^* \frac{\partial u_{n'}}{\partial q_l} d\tau_q = \frac{-\hbar}{i} \int \frac{\partial u_n^*}{\partial q_l} u_{n'} d\tau_q$$
$$= (n' \mid p_l \mid n)^*.$$

Die wellenmechanischen Operatoren $f(P, Q)$ sind immer Summen von Produkten der Form:

$$(9)\qquad F(P, Q) = g_1(Q)\, P_{l_1}^{k_1}\, g_2(Q) P_{l_2}^{k_2} \ldots g_j(Q) P_{l_j}^{k_j},$$

mit positiv-ganzen Exponenten k_i und reellen $g_i(Q)$. Es gilt:

$$(10)\qquad (n \mid F \mid n') = \int u_n^* g_1(q) \left(\frac{\hbar}{i}\right)^{k_1} \frac{\partial^{k_1}}{\partial q_{l_1}^{k_1}} \left[g_2(q) \left(\frac{\hbar}{i}\right)^{k_2} \frac{\partial^{k_2}}{\partial q_{l_2}^{k_2}} \ldots \right.$$
$$\left. g_j(q) \left(\frac{\hbar}{i}\right)^{k_j} \frac{\partial^{k_j}}{\partial q_{l_j}^{k_j}} u_{n'} \right] d\tau_q = (-)^{k_1} \int \left(\frac{\hbar}{i}\right)^{k_1} \frac{\partial^{k_1}}{\partial q_{l_1}^{k_1}} (g_1(q) u_n^*)$$
$$\cdot g_2(q) \left(\frac{\hbar}{i}\right)^{k_2} \frac{\partial^{k_2}}{\partial q_{l_2}^{k_2}} \left[\ldots g_j(q) \left(\frac{\hbar}{i}\right)^{k_j} \frac{\partial^{k_j}}{\partial q_{l_j}^{k_j}} u_{n'} \right] d\tau_q =$$

$$= (-)^{k_1+k_2} \int \left(\frac{\hbar}{i}\right)^{k_2} \frac{\partial^{k_2}}{\partial q_{l_2}^{k_2}} \left[g_2(q) \left(\frac{\hbar}{i}\right)^{k_1} \frac{\partial^{k_1}}{\partial q_{l_1}^{k_1}} (g_1(q) u_n^*) \right] \cdots$$

$$g_j(q) \left(\frac{\hbar}{i}\right)^{k_j} \frac{\partial^{k_j}}{\partial q_{l_j}^{k_j}} u_{n'}\, d\tau_q = (-)^{k_1+k_2+\cdots+k_j} \int u_{n'} \left(\frac{\hbar}{i}\right)^{k_j} \frac{\partial^{k_j}}{\partial q_{l_j}^{k_j}}$$

$$\left\{ g_j(q) \ldots \left(\frac{\hbar}{i}\right)^{k_2} \frac{\partial^{k_2}}{\partial q_{l_2}^{k_2}} \left[g_2(q) \left(\frac{\hbar}{i}\right)^{k_1} \frac{\partial^{k_1}}{\partial q_{l_1}^{k_1}} (g_1(q) u_n^*) \right] \right\} d\tau_q$$

$$= (n' \mid \boldsymbol{p}_{l_j}^{k_j} \boldsymbol{g}_j(\boldsymbol{q}) \ldots \boldsymbol{p}_{l_2}^{k_2} \boldsymbol{g}_2(\boldsymbol{q}) \boldsymbol{p}_{l_1}^{k_1} \boldsymbol{g}_1(\boldsymbol{q}) \mid n)^* \equiv (n' \mid \widetilde{\boldsymbol{F}} \mid n)^* ;$$

$\widetilde{F}(P, Q)$ heißt „zu F adjungierter Operator"; er entsteht aus F durch Umkehren der Faktorenreihenfolge.

Es seien nun a, b zwei Operatoren, die auf u angewandt, Funktionen ergeben, die sich nach den Eigenfunktionen u entwickeln lassen[1], so daß z. B. gilt:

$$b(P, Q) u_{n'} = \sum_l b_{ln'}\, u_l(q); \tag{11}$$

die Summe geht über alle Eigenfunktionen u_l, die $b_{ln'}$ sind die „Entwicklungskoeffizienten" des Operators b nach den u. Sie bestimmen sich durch Integration von (11):

$$\int u_n^* b u_{n'}\, d\tau_q \equiv (n \mid \boldsymbol{b} \mid n') = \sum_l b_{ln'} \int u_n^* u_l\, d\tau_q = b_{nn'}\,, \tag{12}$$

sind also einfach die Matrixelemente von $\boldsymbol{b}$. Wir bilden:

$$(n \mid \boldsymbol{ab} \mid n') \equiv \int u_n^*\, ab\, u_{n'}\, d\tau_q = \int u_n^* a \sum_l (l \mid \boldsymbol{b} \mid n') u_l\, d\tau_q \tag{13}$$

$$= \sum_l (l \mid \boldsymbol{b} \mid n') \int u_n^* a u_l\, d\tau_q = \sum_l (n \mid \boldsymbol{a} \mid l)(l \mid \boldsymbol{b} \mid n').$$

Aus der Identität:

$$\frac{\partial}{\partial q_l}(q_l u_{n'}) - q_l \frac{\partial}{\partial q_l}(u_{n'}) = u_{n'}\,, \tag{14}$$

die für jede beliebige Funktion gilt, (nicht nur für Eigenfunktionen u), ergibt sich durch Integration:

$$\int u_n^* \frac{\hbar}{i} \left(\frac{\partial}{\partial q_l} q_l - q_l \frac{\partial}{\partial q_l} \right) u_{n'}\, d\tau_q = \frac{\hbar}{i} \int u_n^* u_{n'}\, d\tau_q = \frac{\hbar}{i} \delta_{nn'}\,; \tag{15}$$

[1]) Für die Bedingungen der Entwickelbarkeit, die bei den wellenmechanischen Problemen in der Regel erfüllt sind, vgl. z.B. Courant-Hilbert, Methoden der mathematischen Physik, I, Springer, Berlin.

das ist:

$$(16)\qquad (n\,|\,p_l\,q_l - q_l\,p_l\,|\,n') = \frac{\hbar}{i}\,(n\,|\,\mathbf{1}\,|\,n')\,.$$

Man kann (14) auch als „Operatorgleichung" schreiben:

$$(17)\qquad P_l Q_l - Q_l P_l = \frac{\hbar}{i}\,,$$

womit gemeint ist, daß beide Seiten von (14) als Operatoren gedacht sind, die auf eine Funktion wirken sollen. Es ist klar, daß jede Operatorgleichung

$$(18)\qquad L\,M = N$$

in eine Matrixgleichung verwandelt werden kann dadurch, daß man sie auf eine Wellenfunktion $u_{n'}$ anwendet, mit u_n^* von links multipliziert und über den Koordinatenraum integriert:

$$(19)\qquad (n\,|\,LM\,|\,n') = (n\,|\,N\,|\,n')\,,$$

oder als reine Matrixgleichung geschrieben:

$$(20)\qquad \boldsymbol{L}\,\boldsymbol{M} = \boldsymbol{N}\,.$$

Offenbar läßt sich an Operatoren die Vertauschbarkeit quantentheoretischer Größen besonders leicht untersuchen. Die Operatorenmethode ist vor allem von Dirac entwickelt worden.

Es ist:

$$(21)\qquad (n\,|\,p_x\,|\,n') = \frac{1}{2}\,\{(n\,|\,p_x\,|\,n') + (n'\,|\,p_x\,|\,n)^*\}$$

$$= \frac{\hbar}{2i}\int\left(u_n^*\,\frac{\partial u_{n'}}{d\,x} - \frac{\partial u_n^*}{\partial x}\,u_{n'}\right)d\tau_q = m\int j_{x,\,nn'}\,d\tau_q\,,$$

nach (13), S. 101. Andrerseits:

$$(22)\qquad m\,(n\,|\,\dot{x}\,|\,n') \equiv m\,\frac{d}{dt}\,(n\,|\,x\,|\,n')$$

$$= m\int\left(\frac{\partial u_n^*}{\partial t}\,u_{n'} + u_n^*\,\frac{\partial u_{n'}}{\partial t}\right)x\,d\tau_q$$

$$= -\,m\int x\,\operatorname{div}\,\mathfrak{j}_{nn'}\,d\tau_q = +\,m\int j_{x,\,nn'}\,d\tau_q\,;$$

bei der letzten Umformung ist partiell integriert worden. Damit ist

$$(23)\qquad p_x = m\,\dot{x}$$

bewiesen. Schließlich ist wegen (38), S. 95:

(24) $$(n\,|\,\dot{p}_x\,|\,n') = \frac{d}{dt}\int u_n^* \frac{\hbar}{i}\frac{\partial u_{n'}}{\partial x}\,d\tau_q$$

$$= \int\left(\frac{\hbar}{i}\frac{\partial u_n^*}{\partial t}\frac{\partial u_{n'}}{\partial x} + u_n^*\frac{\partial}{\partial x}\frac{\hbar}{i}\frac{\partial u_{n'}}{\partial t}\right)d\tau_q$$

$$= \int\left\{\left[\left(\frac{\hbar}{i}\right)^2\frac{1}{2m}\,\Delta u_n^* + E_{\text{pot}}\,u_n^* + E_0 u_n^*\right]\frac{\partial u_{n'}}{\partial x}\right.$$

$$\left. - u_n^*\frac{\partial}{\partial x}\left[\left(\frac{\hbar}{i}\right)^2\frac{1}{2m}\,\Delta u_{n'} + E_{\text{pot}}\,u_{n'} + E_0\,u_{n'}\right]\right\}d\tau_q$$

$$= \int\left(\frac{\hbar}{i}\right)^2\frac{1}{2m}\left(\Delta u_n^*\,\frac{\partial u_{n'}}{\partial x} - u_n^*\,\Delta\,\frac{\partial u_{n'}}{\partial x}\right)d\tau_q$$

$$- \int u_n^*\,\frac{\partial E_{\text{pot}}}{\partial x}\,u_{n'}\,d\tau_q = -\left(n\,\middle|\,\frac{\partial \boldsymbol{E}_{\textbf{pot}}}{\partial \boldsymbol{x}}\,\middle|\,n'\right),$$

weil der Ausdruck $v\Delta w - w\Delta v = \operatorname{div}(v\,\operatorname{grad} w - w\,\operatorname{grad} v)$ bei der Integration ein Oberflächenintegral gibt; bei uns ist $v = \frac{\partial u_{n'}}{\partial x}$, $w = u_n^*$. Die Matrixelemente

(25) $$(n\,|\,\boldsymbol{a}\,|\,n') = \int u_n^* a u_{n'}\,d\tau_q = \int \psi_n^* a \psi_{n'}\,d\tau_q \cdot e^{\frac{i}{\hbar}(E_n - E_{n'})t}$$
$$= (n\,|\,a\,|\,n') \cdot e^{2\pi i (n|\nu|n')t}$$

haben die Frequenz

(26) $$(n\,|\,\nu\,|\,n') = \frac{1}{h}(E_n - E_{n'})\,,$$

entsprechen also der Bohrschen Frequenzbedingung, wenn man annimmt, was die Wellenmechanik tut, daß diese in den Matrixelementen vorkommenden Frequenzen die Frequenzen der Ausstrahlung sind. Damit ist nämlich gesichert, daß die Frequenzen der mechanischen Größen $(n\,|\,\boldsymbol{a}\,|\,n')$ zugleich die Strahlungsfrequenzen sind, wie es die Erfahrung fordert. Das Kombinationsprinzip (36), S. 82, folgt unmittelbar aus (26).

Damit ist gezeigt, daß die quantenmechanischen Grundgleichungen aus der Wellenmechanik abgeleitet werden können.

Zugleich ist ganz deutlich geworden, daß Heisenbergs Matrixelemente Übergängen zwischen Zuständen fester Energie entsprechen; die u_n sind Eigenfunktionen der Energie:

(27) $$H(P, Q)\, u_n = E_n u_n\,.$$

Man sagt: das System der Eigenfunktionen u_n macht die Energie „diagonal", nämlich zu einer Diagonalmatrix. Die Theorie behauptet, in Übereinstimmung mit der Erfahrung, diese Energiewerte E_n seien die Meßwerte, die sich bei einer Energiemessung ergeben.

Man kann nun weiter fragen: wenn ich durch Messung festgestellt habe, daß das System im Zustand E_n ist, was werde ich bei einer Messung irgend einer andern physikalischen Größe $L(p, q)$ an diesem System als Meßwert finden? Die Theorie antwortet: die Frage ist nicht mit Sicherheit zu beantworten. Es ist vielmehr so — und die Erfahrung stimmt dem zu —, daß bei einer oftmaligen Wiederholung der Messung von L an Systemen, die sich vor dieser Messung jedesmal im Zustand E_n befanden, die Meßwerte von L eine Häufigkeitsverteilung zeigen. Die Theorie kann diese Häufigkeitsverteilung berechnen, auch den Mittelwert $\overline{L}$ von L angeben. Das Ergebnis einer Einzelmessung aber kann sie nicht voraussagen, und die Erfahrung zeigt auch immer wieder, daß die Ergebnisse von Einzelmessungen an atomaren Systemen beliebig streuen, zufällig verteilt sind in dem eben genannten Sinn, daß viele Einzelmessungen derselben Größe unter gleichen Versuchsbedingungen eine reproduzierbare Häufigkeitsverteilung liefern für die Meßwerte dieser Größe.

Das gilt allgemein für die Messung einer Größe L an Systemen, die sich vor der Messung in einem Zustand befanden, in dem eine andere Größe M einen bekannten Meßwert μ hat.

Wenn M die Energie ist, hat man:

(28) $$H(P, Q)\, u_n(q) = E_n u_n(q)\,;$$

ist durch Messung der Wert E_n gefunden worden, so befindet sich (nach der Theorie) das System im Zustand $u_n(q)$. Die Eigenwertgleichung der Größe L mit den Eigenwerten Λ lautet:

(29) $$L(P, Q)\, S_\Lambda(q) = \Lambda\, S_\Lambda(q)\,.$$

Es ist nach Gl. (10), die nicht nur für die u, sondern für beliebige Funktionen, also auch für die S_Λ gilt:

$$(30)\qquad \int S_\Lambda^* L S_\Lambda d\tau_q = \int S_\Lambda \tilde{L}^* S_\Lambda^* d\tau_q = \Lambda \int |S_\Lambda|^2 d\tau_q .$$

Wenn nun

$$(31)\qquad \tilde{L} = L \text{ (selbstadjungierter Operator)},$$

so folgt:

$$(32)\qquad \Lambda \int |S_\Lambda|^2 d\tau_q = \int S_\Lambda L^* S_\Lambda^* d\tau_q = \Lambda^* \int |S_\Lambda|^2 d\tau_q ;$$
$$\Lambda = \Lambda^* .$$

Selbstadjungierte Größen haben reelle Eigenwerte, sind also meßbar. Auch die Diagonalelemente $(n|\boldsymbol{L}|n) = (n|\tilde{\boldsymbol{L}}|n)^*$ sind dann reell. Die wellenmechanischen Operatoren, die zu Meßgrößen gehören, sind alle selbstadjungiert. Ihre Eigenfunktionen sind orthogonal zueinander und können normiert werden.

Beweis:

$$\int S_{\Lambda'}^* L S_\Lambda d\tau_q = \Lambda \int S_{\Lambda'}^* S_\Lambda d\tau_q = \int S_\Lambda \tilde{L}^* S_{\Lambda'}^* d\tau_q = \Lambda' \int S_\Lambda S_{\Lambda'}^* d\tau_q ;$$

also:

$$(33)\qquad \int S_{\Lambda'}^* S_\Lambda d\tau_q = 0, \text{ wenn } \Lambda \neq \Lambda' .$$

Im allgemeinen gibt es zu festem Eigenwert Λ mehrere linear unabhängige Eigenfunktionen $S_{\Lambda\sigma}$, $(\sigma = 1, 2, \ldots \alpha_\Lambda)$; der Eigenwert heißt dann „entartet", vgl. z. B. die n^2 Eigenfunktionen des H-Atoms zu festem E_n, S. 140. Dann sind die $S_{\Lambda\sigma}$ zu festem Λ zwar im allgemeinen nicht von vornherein orthogonal zueinander, man kann sie aber stets so wählen, daß sie orthogonal sind[1]). Man kann also immer Eigenfunktionen $S_{\Lambda\sigma}(q)$ benützen, die zueinander orthogonal sind. Normierung ist immer möglich, weil zu den $S_{\Lambda\sigma}$ ein konstanter Faktor zugefügt werden kann, denn alle Operatorgleichungen sind homogen in den $S_{\Lambda\sigma}$. Orthogonalität und Normierung setzen wir im Folgenden immer voraus.

---

[1]) Das Verfahren ist angegeben z. B. in Courant-Hilbert, Methoden der math. Physik I, Springer, Berlin.

Wir entwickeln jetzt [1]) die Eigenfunktion $u_n(q)$ der Energie nach den Eigenfunktionen $S_\Lambda(q)$ von L (den Index σ lassen wir weg, die Summe geht über alle S):

$$(34) \qquad u_n(q) = \sum_\Lambda v_{n\Lambda} S_\Lambda(q).$$

Durch „Umkehrung" (Multiplikation mit $S^*_{\Lambda'}$ und Integration über den Koordinatenraum der q) findet man:

$$(35) \qquad v_{n\Lambda} = \int S^*_\Lambda(q) u_n(q)\, d\tau_q.$$

Wir behaupten: $|v_{n\Lambda}|^2$ ist die Wahrscheinlichkeit, bei einer Messung von L den Wert Λ zu finden, wenn das System vor der Messung die Energie E_n hatte. Zur Erläuterung bilden wir zunächst durch Einsetzen von (35) in (34) die Identität:

$$(36) \qquad u_n(q) = \sum_\Lambda S_\Lambda(q) \int S^*_\Lambda(q') u_n(q')\, d\tau_{q'};$$

folgt:

$$(37) \qquad \sum_\Lambda |v_{n\Lambda}|^2 = \sum_\Lambda \int S_\Lambda(q)\, u^*_n(q)\, S^*_\Lambda(q')\, u_n(q')\, d\tau_{q'}\, d\tau_q$$
$$= \int |u_n(q)|^2 d\tau_q = 1,$$

was die Deutung der $|v_{n\Lambda}|^2$ als Wahrscheinlichkeiten möglich macht. Weiter mit Hilfe von (34), (29):

$$(38) \qquad (n|\boldsymbol{L}|n') = \int u^*_n(q) L(P,Q) u_{n'}(q)\, d\tau_q$$
$$= \sum_{\Lambda,\Lambda'} v^*_{n\Lambda'} v_{n'\Lambda} \int S^*_{\Lambda'}(q) L(P,Q) S_\Lambda(q)\, d\tau_q$$
$$= \sum_{\Lambda,\Lambda'} v^*_{n\Lambda'} v_{n'\Lambda} \cdot \Lambda \cdot \delta_{\Lambda'\Lambda} = \sum_\Lambda v^*_{n\Lambda} v_{n'\Lambda} \cdot \Lambda;$$

die Diagonalelemente ($n=n'$) der Matrix $\boldsymbol{L}$ sind also die Mittelwerte aller möglichen Meßwerte Λ, heißen deshalb auch die „Erwartungswerte" der Größe L im Zustand n.

Natürlich kann man dasselbe Begriffsschema auch anwenden auf den Fall, daß nicht die Energie, sondern eine andere Größe M vor der Messung von L bekannt war. Dann hat man statt (28):

---

[1]) Über die Möglichkeit vgl. Courant-Hilbert, I, S. 37.

(39) $$M(P, Q)\, w_\mu(q) = \mu\, w_\mu(q)\,;$$

an die Stelle der u_n treten die w_μ, anstelle von (34) kommt:

(40) $$w_\mu(q) = \sum_\Lambda v_{\mu\Lambda}\, S_\Lambda(q)\,.$$

Ist M gemessen und der Wert μ gefunden worden, so gibt $|v_{\mu\Lambda}|^2$ die Wahrscheinlichkeit, bei einer darauffolgenden Messung von L den Wert Λ zu finden Mißt man wirklich und findet einen der möglichen Werte Λ, etwa Λ', so kann man sich fragen, welchen Wert M jetzt hat. Es ist:

(41) $$S_{\Lambda'}(q) = \sum_\mu V_{\Lambda'\mu}\, w_\mu(q)\,;\; V_{\Lambda'\mu} = \int S_{\Lambda'}(q)\, w_\mu^*(q)\, d\tau_q\,;$$

andrerseits wegen (40):

(42) $$v_{\mu\Lambda'} = \int S_{\Lambda'}^*(q)\, w_\mu(q)\, d\tau_q\,;$$

also:

(43) $$V_{\Lambda'\mu} = v_{\mu\Lambda'}^*\,.$$

$|v_{\mu\Lambda}|^2$ ist also zugleich die Wahrscheinlichkeit, den Wert μ von M zu finden, wenn vorher der Wert Λ von L am System gemessen wurde. Mit andern Worten: Dadurch, daß wir L gemessen haben, ist die vor der Messung von L vorhandene genaue Kenntnis des Wertes von M verloren gegangen. Es ist nur mehr eine Wahrscheinlichkeit dafür angebbar, daß bei einer jetzt folgenden Messung von M ein bestimmter der möglichen Meßwerte μ gefunden wird. Die Messungen von L, M sind in der Weise zueinander „komplementär", daß die Messung der einen Größe die vorher vorhanden gewesene Kenntnis des Wertes der andern Größe stört, und zwar in grundsätzlich nicht genau angebbarer Weise. Nur dann, wenn

(44) $$v_{\mu\Lambda} = \delta_{\Lambda\Lambda'}\,,$$

bekommt man bei der auf die Messung von M folgenden Messung von L mit Sicherheit den Wert Λ'. (Wegen $\sum_\Lambda |v_{\mu\Lambda}|^2 = 1$ sind dann alle andern $v_{\mu\Lambda}$ Null). Nur dann stört die Messung der einen Größe die der andern nicht. Wir untersuchen, wann dies nach der Theorie eintritt. (44) macht aus (40):

(45) $$w_\mu(q) = S_{\Lambda'}(q) ;$$

d. h. w_μ ist Eigenfunktion auch von L zum Eigenwert Λ': $M w_\mu = \mu w_\mu$; $L w_\mu = \Lambda' w_\mu$. Es folgt:

$$L M w_\mu = \mu L w_\mu = \mu \Lambda' w_\mu ; \quad M L w_\mu = \Lambda' M w_\mu = \Lambda' \mu w_\mu .$$

Also:

(46) $$(L M - M L) w_\mu = 0 .$$

Multiplikation mit einer beliebigen Funktion U, die nur am Rand hinreichend verschwinden muß, gibt:

$$\int U (L M - M L) w_\mu \, d\tau_q = 0 = \int w_\mu ((\widetilde{L M})^* - (\widetilde{M L})^*) \, U d\tau_q$$
$$= \int w_\mu (L^* M^* - M^* L^*) \, U d\tau_q .$$

Daraus folgt:

(47) $$L M - M L \equiv 0 ;$$

denn wenn dies nicht richtig wäre, würde das Integral nicht Null sein können für beliebige Funktionen U. Die Operatoren L, M sind vertauschbar, wenn die Messungen von L und M sich nicht stören.

Es gilt auch die Umkehrung: Wenn L, M vertauschbar sind, so kann man die Messung so einrichten, daß die Kenntnis der einen Größe durch die Messung der andern nicht gestört wird.

Mathematisch: Man kann es so einrichten, daß $v_{\mu\Lambda} = \delta_{\Lambda\Lambda'}$ wird, oder $\delta_{\mu\mu'}$, je nachdem, was zuerst gemessen wurde: M oder L. Es sei L gemessen und der Wert Λ gefunden; es gilt:

(48) $$L S_\Lambda = \Lambda S_\Lambda ; \; M L S_\Lambda = L M S_\Lambda = \Lambda M S_\Lambda ;$$

also ist $M S_\Lambda$ ebenfalls Eigenfunktion von L zum gleichen Eigenwert Λ. Gibt es zu Λ nur eine einzige Eigenfunktion S_Λ, so muß $M S_\Lambda$ proportional zu S_Λ sein, was bedeutet, daß: $M S_\Lambda = \mu S_\Lambda$ ist. Im allgemeinen aber gibt es zu Λ mehrere Eigenfunktionen $S_{\Lambda\sigma}$, ($\sigma = 1$,

$2, \ldots \alpha_\Lambda$); sie seien orthogonal und normiert (s. S. 122). Man bilde nun aus den $S_{\Lambda\sigma}$ die Linearkombination (Λ fest):

$$T_\Lambda = \sum_{\sigma=1}^{\alpha_\Lambda} c_{\Lambda\sigma} S_{\Lambda\sigma}\,. \tag{49}$$

Behauptung: die $c_{\Lambda\sigma}$ können immer so gewählt werden, daß L, M gleichzeitig diagonal werden, (also ohne gegenseitige Störung gemessen werden können, behauptet die Theorie):

$$L T_\Lambda = \Lambda T_\Lambda\,;\quad M T_\Lambda = \mu T_\Lambda\,. \tag{50}$$

Beweis: Da $M S_{\Lambda\sigma'}$ Eigenfunktion von L zum Eigenwert Λ ist, muß es eine Linearkombination aus allen $S_{\Lambda\sigma}$ sein:

$$M S_{\Lambda\sigma'} = \sum_{\sigma=1}^{\alpha_\Lambda} a_{\sigma\sigma'}^{(\Lambda)} S_{\Lambda\sigma}\,; \tag{51}$$

die a sind bekannt:

$$a_{\sigma\sigma'}^{(\Lambda)} = \int S_{\Lambda\sigma}^* M S_{\Lambda\sigma'}\, d\tau_q = (\sigma \mid \boldsymbol{M} \mid \sigma') = (\sigma' \mid \boldsymbol{M} \mid \sigma)^*\,. \tag{52}$$

Nach (50) soll gelten:

$$\begin{aligned} M T_\Lambda = M \sum_{\sigma'} c_{\Lambda\sigma'} S_{\Lambda\sigma'} &= \sum_{\sigma'} c_{\Lambda\sigma} \sum_{\sigma} a_{\sigma\sigma'}^{(\Lambda)} S_{\Lambda\sigma} = \mu T_\Lambda \\ &= \mu \sum_{\sigma} c_{\Lambda\sigma} S_{\Lambda\sigma}\,; \end{aligned} \tag{53}$$

folgt:

$$\sum_{\sigma'} c_{\Lambda\sigma'} a_{\sigma\sigma'}^{(\Lambda)} = \mu c_{\Lambda\sigma}\,. \tag{54}$$

(54) gibt die Eigenwertgleichung der μ:

$$\| a_{\sigma\sigma'}^{(\Lambda)} - \mu\, \delta_{\sigma\sigma'} \| = 0\,; \tag{55}$$

sie hat α_Λ Wurzeln μ und zu jedem μ gibt es einen Satz $c_{\Lambda\sigma}$; wir numerieren sie durch den Index $\varkappa$:

$$\sum_{\sigma'} c_{\Lambda\sigma'}^{(\varkappa)} a_{\sigma\sigma'}^{(\Lambda)} = \mu_\varkappa c_{\Lambda\sigma}^{(\varkappa)}\,. \tag{56}$$

Wegen (48), (49) gibt es also auch α_Λ verschiedene T_Λ, die wir $T_{\Lambda\varkappa}$ nennen:

$$T_{\Lambda\varkappa} = \sum_{\sigma=1}^{\alpha_\Lambda} c_{\Lambda\sigma}^{(\varkappa)} S_{\Lambda\sigma}\,, \tag{57}$$

und die den Gln. genügen:

$$L T_{\Lambda\varkappa} = \Lambda T_{\Lambda\varkappa}\,;\quad M T_{\Lambda\varkappa} = \mu_\varkappa T_{\Lambda\varkappa} \tag{58}$$

Notwendige und hinreichende Bedingung für ungestörte Meßbarkeit zweier Größen (im oben erläuterten Sinn) ist demnach, daß die Operatoren dieser Größen vertauschbar sind. Die Unschärfen ΔL, ΔM können hier beide zugleich Null sein. Im allgemeinen, bei nicht vertauschbaren L, M, hängen ΔL, ΔM so mit einander zusammen, daß nicht beide Null sein können. Für kanonisch konjugierte Größen (wie P, Q) gilt die Unschärferelation:

(59) $$\Delta P \Delta Q \geqq \hbar.$$

Beispiel: Drehimpuls eines einzelnen Teilchens: $[\mathfrak{r}\mathfrak{p}]_x = YP_z - ZP_y$, ähnlich für die y, z-Komponente. Es ist $[\mathfrak{r}\mathfrak{p}]_z = XP_y - YP_x = \frac{\hbar}{i}\frac{\partial}{\partial\varphi} = P_\varphi$, wenn wir Kugelkoordinaten r, ϑ, φ einführen. (Übrigens ist auch in der klassischen Mechanik $[\mathfrak{r}\mathfrak{p}]_z$ nach Anm. 1, S. 66 der zu φ gehörige Impuls p_φ). Wie in (17) gilt

(60) $$P_\varphi \Phi - \Phi P_\varphi = \frac{\hbar}{i};$$

also ist der Drehimpuls nicht gleichzeitig mit dem zugehörigen Drehwinkel scharf meßbar.

Beweis: Betrachte die Eigenwertgleichung

(61) $$P_\varphi = A;$$

A reell, denn die Drehimpulswerte sind meßbar. Die Lösung ist:

(62) $$u = e^{\frac{i}{\hbar}A\varphi} \cdot \text{const.}$$

Aus u kann man in der Form v^*Ou physikalisch deutbare Größen bilden (O ein Operator), die natürlich eindeutig sein müssen; also muß $e^{\frac{i}{\hbar}(A-A')\varphi}$ eindeutig sein, muß für φ und $\varphi + 2\pi$ denselben Wert haben, wobei A' zu v und A zu u gehört. Folgt: $\frac{A'-A}{\hbar}$ reell, ganz; da $\frac{A'}{\hbar}$ eine der Zahlen $\frac{A}{\hbar}$ ist, gilt: $\frac{A}{\hbar} = a +$ ganze Zahl; a beliebig, reell. Weil u^* mit u

gleichberechtigt ist, muß auch gelten: $-\frac{A}{\hbar} = a +$ ganze Zahl; daher $2a$ ganz, a halb- oder ganzzahlig. Die Eigenwertgleichung für das Quadrat des gesamten Bahndrehimpulses $[\mathfrak{r}\mathfrak{p}]^2$ legt (für freie atomare Systeme) $\frac{A}{\hbar}$ als ganzzahlig fest, s. S. 133. Folgt:

$$A = m\hbar; \tag{63}$$

m eine ganze Zahl, die auch Null sein kann. (61) hat also nur für bestimmte A physikalisch zulässige Lösungen; die Funktionen

$$u = \frac{e^{im\varphi}}{\sqrt{2\pi}} \tag{64}$$

sind die (auf 1 normierten) Eigenfunktionen des Drehimpulses p_φ, $m\hbar$ seine Eigenwerte. Die u sind orthogonal, wegen $\int\limits_0^{2\pi} u_m^* u_{m'}\, d\varphi = \delta_{mm'}$. In u ist der Drehimpuls scharf bekannt, $\Delta p_\varphi \to 0$, dafür ist $\Delta\varphi \to \infty$, denn die Gewichtsfunktion $|u|^2$ von φ läßt keine Aussage über φ zu. Man bekommt allgemein zwischen p_φ, φ die Beziehung $\Delta p_\varphi \cdot \Delta\varphi \geqq \hbar$, s. den Beweis S. 29, der zu diesem Zweck für periodische Funktionen formuliert werden muß; dort steht er für aperiodische.

Anders bei nicht kanonisch konjugierten Größen: Bei festem Eigenwert ist bei einem Atom zwar keine Aussage über den zeitlichen Ablauf der Bewegung möglich, aber die räumliche Verteilung der Aufenthaltswahrscheinlichkeit $|\psi|^2$ kann angegeben werden. Man kann zwar nicht sagen: „Hier befand sich das Elektron zur Zeit t"; aber wohl: „im Zeitmittel befindet es sich in einem vorgegebenen Gebiet mit so und so viel % Wahrscheinlichkeit". Aus $\Delta E \to 0$ folgt nicht $\Delta q \to \infty$.

Der theoretische Zusammenhang zwischen ΔL, ΔM und die theoretischen Aussagen über gleichzeitige Meßbarkeit von zwei Größen L, M lassen sich an experimentellen Beispielen prüfen und bestätigen, wobei die duale Natur von Licht und Materie zu beachten ist.

§ 8. Das H-Atom

Streng genommen handelt es sich um ein Zweikörperproblem. Der klassische Energiesatz ist: $E_{\text{kin}} + E_{\text{pot}} = W$; $E_{\text{pot}} = -\frac{Ze^2}{r_{12}}$; r_{12} = Entfernung Kern–Elektron; 1 der Kern, 2 das Elektron. Die kinetische Energie läßt sich zerlegen in kinetische Energie des Schwerpunkts und der Relativbewegung von Elektron und Kern:

$$(1)\quad E_{\text{kin}} \equiv \sum_{i=1}^{2} \frac{\mathfrak{p}_i^2}{2m_i} = E_{\text{kin},\,S} + E_{\text{kin},\,\text{rel}} \equiv \frac{\mathfrak{p}_S^2}{2m_S} + \frac{\mathfrak{p}_{\text{rel}}^2}{2m_{\text{rel}}};$$

$$m_S = m_1 + m_2;\; m_{\text{rel}} = \frac{m_1 m_2}{m_1 + m_2}.$$

Diese Umformung beruht klassisch auf einer Umrechnung zwischen den Impulsen. Impulse sind quantentheoretisch immer miteinander vertauschbar. Da quantentheoretische kinematische Gleichungen sich von den klassischen nur durch eventuelle Nichtvertauschbarkeit unterscheiden, so gilt die vorige Umformung auch in der Quantentheorie. Betrachten wir einen Zustand, in dem die Energie der Schwerpunktbewegung bekannt ist, so gilt:

$$(2)\quad E_{\text{kin},S} = W_S = \text{const},$$

denn auf den Schwerpunkt wirkt bei unserem Problem keine Kraft. Folgt:

$$(3)\quad E_{\text{kin},\,\text{rel}} + E_{\text{pot}} = W - W_S \equiv W_{\text{rel}} = \text{const}.$$

Die zugehörige Wellengleichung ist:

$$(4)\quad -\frac{\hbar^2}{2m_{\text{rel}}}\Delta\psi - \frac{Ze^2}{r_{12}}\psi = W_{\text{rel}}\psi;\; \Delta_{\text{rel}} \equiv \frac{\partial^2}{\partial x^2} + \frac{\partial^2}{\partial y^2} + \frac{\partial^2}{\partial z^2}$$

in Relativkoordinaten:

$$x = x_2 - x_1;\; y = y_2 - y_1;\; z = z_2 - z_1.$$

Wir formen auf Kugelkoordinaten r, ϑ, φ um:

(5) $$x = r \sin\vartheta \cos\varphi;\; y = r \sin\vartheta \sin\varphi;\; z = r \cos\vartheta,$$

führen atomare Einheiten ein:

(6a) $$\frac{\hbar^2}{m_{\text{rel}} e^2} = a_{\text{H}};\; -\frac{e^2}{2a_{\text{H}}} = W_{\text{H}},$$

und bilden die dimensionslosen Größen:

(6b) $$\frac{r}{a_{\text{H}}} = \varrho;\; \frac{W_{\text{rel}}}{-W_{\text{H}}} = w.$$

Die Wellengleichung der Relativbewegung, die hier allein interessiert, wird so:

(7) $$\frac{1}{\varrho}\frac{\partial^2}{\partial\varrho^2}(\varrho\psi) + \frac{1}{\varrho^2}L(\vartheta,\varphi)\psi + \left(\frac{2Z}{\varrho} + w\right)\psi = 0;$$

$$L(\vartheta,\varphi)\psi \equiv \frac{1}{\sin\vartheta}\cdot\frac{\partial}{\partial\vartheta}\left(\sin\vartheta\frac{\partial\psi}{\partial\vartheta}\right) + \frac{1}{\sin^2\vartheta}\frac{\partial^2\psi}{\partial\varphi^2}.$$

Eine Lösung von (7) bekommen wir durch den Ansatz der Trennung der Veränderlichen:

(8) $$\psi = R(\varrho)\,\theta(\vartheta)\,\Phi(\varphi).$$

Dividiert man die so entstehende Gleichung durch ψ/ϱ^2, so sieht man, daß die Wellengleichung als Summe von 2 Ausdrücken aufgefaßt werden kann, von denen der eine nur von ϱ, der andere nur von ϑ, φ abhängt; also müssen beide einzeln konstant sein. Die Konstante nennen wir A und haben:

(9a) $$\frac{1}{\varrho}\frac{d^2(\varrho R)}{d\varrho^2} + \left(w + \frac{2Z}{\varrho} - \frac{A}{\varrho^2}\right)R = 0;$$

(9b) $$(L + A)\,\theta\,\Phi = 0.$$

Multipliziert man die letzte Gleichung mit $\sin^2\vartheta/\theta\Phi$, so kann auch diese Gleichung zerfällt werden in 2 Ausdrücke, von denen der eine nur von ϑ, der andere nur von φ abhängt. Der letztere gibt so:

(9c) $$\frac{d^2\Phi}{d\varphi^2} = \text{const}\cdot\Phi.$$

Die Konstante darf nicht positiv sein; wäre sie positiv, so würde Φ eine reelle Exponentialfunktion in φ, physikalische Größen

$\Phi^* O \Phi$ (O ein Operator) wären dann nicht eindeutig in φ. Wir nennen die Konstante daher $-m_l^2$ (m_l reell) und erhalten:

$$(10) \qquad \Phi \equiv \Phi_{m_l}(\varphi) = \frac{1}{\sqrt{2\pi}} \cdot e^{i m_l \varphi},$$

wobei der Faktor $\frac{1}{\sqrt{2\pi}}$ für die Normierung sorgt. Durch dieselben Überlegungen wie S. 127 folgt: m_l kann entweder nur ganzzahlige Werte $0, \pm 1, \pm 2, \ldots$ haben, oder nur halbzahlige $\pm 1/2, \pm 3/2, \ldots$ Aus (9b) bleibt dann für θ, wenn wir $\cos \vartheta = \varepsilon$ schreiben:

$$(11) \qquad \frac{d^2\theta}{d\varepsilon^2} - \frac{2\varepsilon}{1-\varepsilon^2}\frac{d\theta}{d\varepsilon} + \left(A' - \frac{m_l^2}{1-\varepsilon^2}\right)\frac{\theta}{1-\varepsilon^2} = 0;$$

der physikalische Bereich geht in ε von -1 ($\vartheta = \pi$) bis $+1$ ($\vartheta = 0$); an diesen Stellen werden die Koeffizienten in (11) singulär. Aus den Randbedingungen von S. 101 folgt: $\int v^* u \sin \vartheta d\vartheta$ muß endlich bleiben für $\vartheta \to 0, \pi$. In der Theorie der Differentialgleichungen wird gezeigt, wie sich θ in der Nähe von $\varepsilon = \pm 1$ verhält; es sind „außerwesentlich singuläre Stellen"[1]), in ihrer Nähe kann man ansetzen: $\theta \sim (\varepsilon \mp 1)^\lambda$. Wir setzen z. B. $\eta = \varepsilon - 1$ und untersuchen die Stelle $\eta = 0$. Der Ansatz $\theta \sim \eta^\lambda$ gibt als Faktor der niedersten Potenz ($\eta^{\lambda-2}$) aus (11): $\lambda^2 = \frac{m_l^2}{4}$; $\lambda = \pm \frac{m_l}{2}$. Derselbe Wert ergibt sich aus der Untersuchung der Stelle $\varepsilon = -1$. Wir schreiben deshalb:

$$(12) \qquad \theta = (1-\varepsilon^2)^{\frac{|m_l|}{2}} \cdot G(\varepsilon).$$

Die Theorie der Differentialgleichungen lehrt, daß $G(\varepsilon)$ in der Nähe von $\varepsilon = +1$ die Form hat:

$$(13) \qquad G(\varepsilon) = \mathfrak{P}_1(\varepsilon - 1) + B \log(1-\varepsilon)\, \mathfrak{P}_1(\varepsilon - 1) + (1-\varepsilon)^{-|m_l|}\, \mathfrak{P}_2(\varepsilon - 1);$$

B ist eine durch Einsetzen in die Differentialgleichung berechenbare Konstante, sie ist durch $\mathfrak{P}_2$ bestimmt und verschwindet, wenn $\mathfrak{P}_2$ identisch Null ist. Die $\mathfrak{P}_i$ sind Potenzreihen nach $\varepsilon - 1$ mit ganzen nichtnegativen Potenzen. Wir behaupten: $\mathfrak{P}_2$ muß Null sein. Sonst würde die Bedingung

$$(14) \qquad \int v^* u \sin \vartheta\, d\vartheta \text{ endlich für } \vartheta \to 0, \pi$$

bei $\vartheta \to 0$ ein Verhalten geben wie:

[1]) Vgl. z. B. Bieberbach, Differentialgleichungen, Springer, Berlin.

$$\int (\varepsilon-1)^{-\frac{(|m_{l'}|+|m_l|)}{2}} d(\varepsilon-1);$$

dann müßte sein:

(15) $$2 \geqq |m_{l'}| + |m_l|$$

für alle zulässigen m_l. Da das Funktionensystem (10) vollständig sein muß, (damit man beliebige physikalische Zustände darstellen kann, also nach den Φ_{m_l} entwickeln kann), und es nur vollständig ist, wenn alle m_l zugelassen werden, so ist (15) nicht erfüllbar. Also muß sein bei $\varepsilon = 1$:

(16) $$\theta = (1-\varepsilon^2)^{\frac{|m_l|}{2}} \cdot \sum_{j=0}^{\infty} b_j (\varepsilon-1)^j .$$

Etwas ganz Entsprechendes ergibt sich für $\varepsilon = -1$, wo als Summe eine Potenzreihe nach $\varepsilon + 1$ steht. Man kann deshalb für den ganzen Bereich $-1 \leqq \varepsilon \leqq +1$ auch schreiben:

(17) $$G(\varepsilon) = \sum_{j=0}^{\infty} a_j \varepsilon^j .$$

Die Differentialgleichung für G ergibt sich durch Einsetzen von (12) in (11):

(18) $$(1-\varepsilon^2)\frac{d^2 G}{d\varepsilon^2} - 2\varepsilon(|m_l|+1)\frac{dG}{d\varepsilon} + [A - |m_l|(|m_l|+1)]G = 0 .$$

Wir untersuchen die Konvergenz der Reihe (16) bei $\varepsilon = -1$. Einsetzen von (16) in (18) gibt die Bedingung:

(19) $$\sum_j b_j \{-j(j-1)(2\eta^{j-1}+\eta^j) - 2(|m_l|+1)j(\eta^{j-1}+\eta^j) + \eta^j[A - |m_l|(|m_l|+1)]\} = 0;$$

$$b_{j+1} \cdot 2(j+1)(j+|m_l|+1) = b_j[A-(j+|m_l|)\cdot(j+|m_l|+1)] .$$

Für hinreichend großes j wird das Verhältnis zweier aufeinander folgender Glieder in der Reihe:

(20) $$\frac{b_{j+1}\eta}{b_j} \to -\frac{\eta}{2}\left(1 - \frac{1-|m_l|}{j}\right).$$

Eine Reihe $\sum_{j=0}^{\infty} c_j \zeta^j$ konvergiert für $\zeta \to a$, wenn für $j \gg 1$: $\frac{c_{j+1} a}{c_j} \to 1 - \frac{\delta}{j}$, $\delta > 1$; wenn $\delta \leqq 1$, divergiert sie. Also divergiert die

Reihe (20) für $\eta \to -2$, $\varepsilon \to -1$, weil $1 - |m_l| \leqq 1$. Mit (20) kann man nachrechnen, daß sich G für $\eta \to -2$ verhält wie die Reihe für $(\eta+2)^{-|m_l|}$, wenn $m_l \neq 0$, und wie die Reihe für $\log(\eta+2)$, wenn $m_l = 0$; vgl. die ähnliche Betrachtung S. 112. Mit andern Worten: die Reihe $\sum_{j=0}^{\infty} b_j \eta^j$, die für $\varepsilon \to 1$ nur aus der einen Partikularlösung $\mathfrak{P}_1(\eta)$ (vgl. (13)) besteht, ist bei $\varepsilon = -1$ eine Linearkombination aus den zwei dort geltenden Partikularlösungen $\overline{\mathfrak{P}}_1(\eta+2)$ und $B' \log(1+\varepsilon)\,\overline{\mathfrak{P}}_1(\eta+2) + (1+\varepsilon)^{-|m_l|}$ $\overline{\mathfrak{P}}_2(\eta+2)$, was nach allgemeinen Sätzen der Theorie der Differentialgleichungen zu erwarten war. Wenn also G eine unendliche Reihe ist, bekommt man bei $\eta \to -2$ ein solches Verhalten von G, daß (14) nicht erfüllt werden kann. G muß deshalb abbrechen, ein Polynom (vom Grad σ) sein; das verlangt nach (19):

$$(21) \quad A = l(l+1);\ l \equiv \sigma + |m_l| \geqq |m_l|;\ \sigma \geqq 0, \text{ganz.}$$

Aus der Bedingung (S. 101), daß v^*u überall eindeutig ist, kann man jetzt schließen, daß m_l ganzzahlig sein muß. Dazu betrachte man die Transformation: $(\vartheta;\varphi) \to (2\pi - \vartheta; \varphi + \pi)$, die einen Punkt x, y, z in sich überführt, vgl. (5). Wenn v^*u bei dieser Transformation in sich übergehen soll, so muß (die gestrichenen Größen gehören zu v^*):

$$(\sin\vartheta^{|m_l'|})^* G'^*(\cos\vartheta) e^{-im_l'\varphi} \cdot \sin\vartheta^{|m_l|} G(\cos\vartheta) e^{im_l\varphi}$$

dabei ungeändert bleiben. Das gibt: $|m_l| + m_l - |m_l'| - m_l' =$ gerade Zahl. Wenn m_l, m_l' halbzahlig sind (beide müssen es ja gleichzeitig sein), so ist diese Bedingung nicht erfüllbar, wenn m_l, m_l' verschiedenes Vorzeichen haben. Da v^*, u beliebig gewählt sein können (unter den erlaubten Funktionen), so können m_l, m_l' verschiedenes Vorzeichen haben; v^* kann ja z. B. ein Zustand mit negativem $[\vec{R}\vec{P}]_z$ sein (s. S. 127), u einer mit positivem. Also müssen m_l, m_l' ganzzahlig sein. Folgt wegen (21):

$$(22) \quad m_l = 0, \pm 1, \pm 2, \ldots \pm (l-1), \pm l.$$

m_l und l sind ganze Zahlen; l ist $\geqq 0$.

Man kann zeigen, daß die Funktionen

$$\theta_{l,m_l} = (1-\varepsilon^2)^{|m_l|/2} \cdot G_{l-|m_l|}(\varepsilon)$$

sich in der Form darstellen lassen (Kugelflächenfunktionen):

$$(23) \quad \theta_{l,m_l}(\varepsilon) = (1-\varepsilon^2)^{m_l/2} \cdot \frac{d^{l+m_l}(\varepsilon^2-1)^l}{d\varepsilon^{l+m_l}} \cdot \frac{(l-m_l)!}{2^l \cdot l!};\ \varepsilon \equiv \cos\vartheta.$$

Der konstante Faktor ist der Rechenbequemlichkeit halber zugesetzt. Es gilt:

$$(24) \qquad \theta_{l,-m_l}(\varepsilon) = (-)^{m_l} \cdot \theta_{l,m_l}(\varepsilon)\,.$$

Die $\theta_{l,m_l}(\cos\vartheta) \cdot \Phi_{m_l}(\varphi)$ genügen wegen (9b), (21) der Gleichung:

$$(25) \qquad (L + l(l+1))\,\theta_{l,m_l}(\cos\vartheta)\,\Phi_{m_l}(\varphi) = 0\,.$$

Wollen wir auch in ϑ auf 1 normieren, so multiplizieren wir mit einer geeigneten Konstanten und erhalten:

$$(26) \quad \Pi_l^{m_l}(\cos\vartheta) = \theta_{l,m_l}(\cos\vartheta) \cdot \sqrt{\frac{2l+1}{2(l+m_l)!\,(l-m_l)!}}\,;$$

$$\Pi_l^{-m_l} = (-)^{m_l}\,\Pi_l^{m_l}\,;$$

es gilt für $m_{l'} = m_l \equiv m$:

$$(27) \qquad \int_0^\pi \Pi_{l'}^m(\cos\vartheta)\,\Pi_l^m(\cos\vartheta)\sin\vartheta\,d\vartheta = \delta_{ll'}\,.$$

Die einfachsten $\Pi_l^{m_l}$ sind:

$$(28) \quad \Pi_0^0 = \frac{1}{\sqrt{2}}\,;\; \Pi_1^0 = \sqrt{\frac{3}{2}}\cos\vartheta\,;\; \Pi_1^1 = \frac{\sqrt{3}}{2}\sin\vartheta = -\Pi_1^{-1}\,;$$

$$\Pi_2^0 = \sqrt{\frac{5}{8}}(3\cos^2\vartheta - 1)\,;\; \Pi_2^1 = \frac{\sqrt{15}}{2}\sin\vartheta\cos\vartheta = -\Pi_2^{-1}\,;$$

$$\Pi_2^2 = \frac{\sqrt{15}}{4}\sin^2\vartheta = \Pi_2^{-2}\,.$$

Es bleibt (9a) zu behandeln. Für $\varrho \gg 1$ wird die Gleichung zu:

$$\frac{1}{\varrho}\frac{d^2(\varrho R)}{d\varrho^2} + wR \approx 0\,;$$

also:

$$(29) \qquad R \approx \frac{e^{\pm\sqrt{-w}\varrho}}{\varrho}\,.$$

Wir nehmen zunächst $w < 0$ an, was im Bohrschen Atommodell dem Fall der Bindung entspricht, s. S. 15.

Dann ist in (29) nur das untere Vorzeichen im Exponenten zulässig, weil mit dem oberen z. B. der Strom unendlich würde für $\varrho \to \infty$:

$$(30) \qquad R = e^{-\sqrt{-w}\varrho} \cdot V(\varrho)\,.$$

Durch Einsetzen in (9a) folgt:

$$(31)\ \frac{d^2V}{d\varrho^2}+2\left(\frac{1}{\varrho}-\sqrt{-w}\right)\frac{dV}{d\varrho}-\frac{1}{\varrho}\left[\frac{l(l+1)}{\varrho}-2Z+2\sqrt{-w}\right]V=0.$$

$\varrho=0$ ist außerwesentlich singulärer Punkt; in seiner Nähe kann man setzen:

$$(32\text{a})\qquad V\sim\varrho^{\alpha},$$

und erhält als Faktor der niedersten Potenz $\varrho^{\alpha-2}$ aus (31): $\alpha(\alpha+1)=l(l+1)$, d. h.

$$(32\text{b})\qquad \alpha=l,\ \text{oder}\ (32\text{c})\ \alpha=-l-1.$$

Die Randbedingung: $\int j_r(v^*,u)d\sigma$ endlich (s. S. 102) für eine Kugel um den Punkt $r=0$ scheidet das Verhalten ϱ^{-l-1} aus, denn dann müßte $\varrho^{-l-l'-1}$ endlich sein für $\varrho\to0$, was wegen $l, l'\geqq0$ unmöglich ist. Wir setzen daher:

$$(33)\qquad V=\varrho^l\cdot U(\varrho);\ U=\sum_{k=0}^{\infty}b_k\varrho^k,$$

und bekommen

$$(34)\ \frac{d^2U}{d\varrho^2}+2\left(\frac{l+1}{\varrho}-\sqrt{-w}\right)\frac{dU}{d\varrho}-\frac{2}{\varrho}[(l+1)\sqrt{-w}-Z]U=0,$$

und als Beziehung zwischen den b die Rekursionsformel:

$$(35)\quad b_{k+1}(k+1)(k+2l+2)=2b_k[(k+l+1)\sqrt{-w}-Z].$$

Für hinreichend großes k wird das Verhältnis zweier aufeinander folgender Glieder:

$$\frac{b_{k+1}\varrho}{b_k}\to\frac{2\sqrt{-w}\,\varrho}{k};$$

das ist aber das Verhältnis in der Reihe für $e^{+2\sqrt{-w}\varrho}$. Wenn die Reihe (33) für U nicht abbricht, verhält sich also R wegen (30), (33) für hinreichend großes r wie $e^{+\sqrt{-w}\,\varrho}$, was nicht zulässig ist. Die Reihe U muß mit einem höchsten Glied ϱ^{n_r} abbrechen, was nach (35) verlangt:

$$(36\text{a})\quad -w=\frac{Z^2}{n^2};\ n\equiv n_r+l+1;\ n_r\geqq0,\ \text{ganz}.$$

Es ist demnach wegen $l\geqq0$:

$$(36\text{b})\qquad n\geqq1;\ 0\leqq l\leqq n-1.$$

(36a) ist die Bohrsche Termformel für H, denn Umrechnung auf gewöhnliche Einheiten gibt:

$$(36\text{c})\quad -W_{\text{rel}} = \frac{e^2}{2a_{\text{H}}}\cdot\frac{Z^2}{n^2} \equiv \frac{R_{\text{H}}hcZ^2}{n^2}\,,\ \text{mit}\ R_{\text{H}} \equiv \frac{2\pi^2 m_{\text{rel}} e^4}{h^3 c}\,,$$

was genau mit den Angaben in § 1 und 2, III übereinstimmt.

Man kann zeigen, daß sich unsere Funktion R so schreiben läßt:

$$(37\text{a})\ R_{n,l}(\varrho) = \varrho^l e^{-\frac{Z}{n}\varrho}\cdot\frac{d^{2l+1}}{d\varrho^{2l+1}}\left[e^{\frac{2Z}{n}\varrho}\frac{d^{n+l}}{d\varrho^{n+l}}\left(\varrho^{n+l}e^{-\frac{2Z}{n}\varrho}\right)\right];\ \varrho = \frac{r}{a_{\text{H}}}.$$

Der Differentialquotient in (37a) ist bis auf einen (beliebigen) konstanten Faktor das Polynom U vom Grad $n_r = n - l - 1$. Die Funktion

$$e^{\frac{2Z}{n}\varrho}\cdot\frac{d^{n+l}}{d\varrho^{n+l}}\left(\varrho^{n+l}\cdot e^{-\frac{2Z}{n}\varrho}\right)$$

ist ein Laguerresches Polynom $L_{n+l}(\varrho)$ vom Grad $n + l$; U ist (bis auf einen konstanten Faktor) der $(2l + 1)^{\text{te}}$ Differentialquotient von $L_{n+l}(\varrho)$. Für die Normierung in r multiplizieren wir $R_{nl}(\varrho)$ mit einer geeigneten Konstanten und bekommen:

$$(37\text{b})\quad S_n^l(\varrho) = -R_{nl}(\varrho)\cdot\sqrt{\left(\frac{n}{2Z}\right)^{2l-1}\frac{(n-l-1)!}{2n((n+l)!\,a_H)^3}}\,;$$

$$\int_0^\infty S_{n'}^l(\varrho)S_n^l(\varrho)r^2dr = \delta_{n'n}\,.$$

Die einfachsten S_n^l sind:

$$(37\text{c})\quad S_1^0 = \left(\frac{Z}{a_H}\right)^{3/2}\cdot 2e^{-Z\varrho};\ S_2^0 = \left(\frac{Z}{2a_H}\right)^{3/2}\cdot(2 - Z\varrho)e^{-\frac{Z}{2}\varrho}.$$

$$S_2^1 = \left(\frac{Z}{2a_H}\right)^{3/2}\frac{Z\varrho}{\sqrt{3}}e^{-\frac{Z}{2}\varrho};$$

$$S_3^0 = \left(\frac{Z}{3a_H}\right)^{3/2}\cdot\frac{1}{3}\cdot\left[6 - 6\cdot\frac{2Z\varrho}{3} + \left(\frac{2Z\varrho}{3}\right)^2\right]e^{-\frac{Z}{3}\varrho};$$

$$S_3^1 = \left(\frac{Z}{3a_H}\right)^{3/2}\cdot\frac{1}{3\sqrt{2}}\cdot\frac{2Z\varrho}{3}\left(4 - \frac{2Z\varrho}{3}\right)e^{-\frac{Z}{3}\varrho};$$

$$S_3^2 = \left(\frac{Z}{3a_H}\right)^{3/2}\cdot\frac{1}{3\sqrt{10}}\cdot\left(\frac{2Z\varrho}{3}\right)^2 e^{-\frac{Z}{3}\varrho}.$$

Die gesamte auf 1 normierte Wellenfunktion der Relativbewegung ist nach (8):

$$(38) \qquad \psi_{n,l,m_l} = S_n^l(\varrho)\,\Pi_l^{m_l}(\cos\vartheta)\,\Phi_{m_l}(\varphi);\ \varrho = \frac{r}{a_{\mathrm{H}}},$$

wobei die Ausdrücke aus (37b, a), (26), (23), (10) einzusetzen sind.

Man kann zeigen, daß man aus den $\psi_{n l m_l}$ die allgemeinste Lösung F von (4) zusammensetzen kann, die den Randbedingungen genügt, weil die Funktionen (38) ein „vollständiges" Orthogonalsystem bilden. F ist darstellbar in der Form:

$$(39) \qquad F = \sum_{n,l,m_l} a_{n l m_l} \psi_{n l m_l};^{1)}$$

Summe über alle Werte von n, l, m_l. Daß die $\psi_{n l m_l}$ orthogonal sind, folgt so: Es ist $\int \psi^*_{n' l' m'_l}\, \psi_{n l m_l} d\tau = 0$, wenn $n' \neq n$, weil verschiedenes n verschiedene Energie bedeutet. Für $n' = n$ ist das Integral immer noch Null, wenn $m'_l \neq m_l$, weil die Φ_{m_l} orthogonal sind, vgl. S. 128; aber auch für $n' = n$, $m'_l = m_l$ ist es noch Null, wenn $l' \neq l$, wegen (27). Wegen der Normierung folgt daher aus (39):

$$(40) \qquad \int \psi^*_{n' l' m'_l}\, F d\tau = a_{n' l' m'_l};$$

womit die „Entwicklungskoeffizienten" $a_{n l m_l}$ von F bekannt sind.

Die Funktionen $n \cdot S_n^l(\varrho)$ sind in Abb. 15 angegeben; die Kurven sind mit n_l numeriert. Dem Grundzustand entspricht 1_0, usw. Man sieht, wie mit wachsendem n die Aufenthaltswahrscheinlichkeit, die mit $|S|^2$ zusammenhängt, nach außen wandert. Wir berechnen $\bar{r}$, den mittleren Abstand des Elektrons vom Kern; dem Sinn von $|\psi|^2$ entsprechend ist er durch

$$(41) \qquad r = \frac{\int |\psi|^2 r d\tau}{\int |\psi|^2 d\tau}$$

[1]) Dabei ist vorausgesetzt, daß F ganz aus Funktionen des diskreten Spektrums ($w < 0$) zusammengesetzt werden kann. Im allgemeinen steht rechts noch eine Summe (Integral) über die Funktionen des kontinuierlichen Spektrums ($w > 0$), s. unten: $\sum_{l m_l} \int a_{W,l,m}\, \psi_{W,l,m_l}\, dW$.

zu definieren. Für den Grundzustand wird nach (37c):

$$\bar{r} = 3a_H/2Z = 3a/2\,,$$

Bezeichnung wie S. 39. Die entsprechenden „Pendelbahnen" der Bohrschen Theorie reichen von 0 bis $2a$.

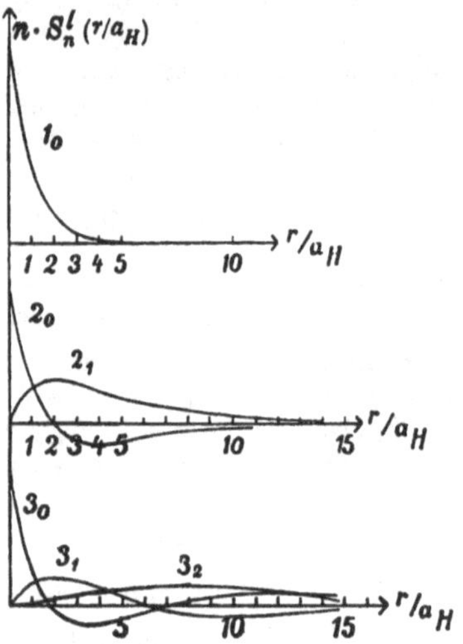

Abb. 15. Die radialen Eigenfunktionen des Wasserstoffatoms

Für $l = 0$ wird nach (22) auch $m_l = 0$ und daher ψ_{nlm_l} nach (38), (27), (10) von ϑ, φ unabhängig; ψ hängt dann nur von r ab; für *s*-Zustände sind ψ und $|\psi|^2$ kugelsymmetrisch, also auch die Aufenthaltswahrscheinlichkeit des Elektrons. Das gilt daher insbesondere für den Grundzustand von H, denn zu $n = 1$ gibt es nur $l = 0$, $m_l = 0$. Abb. 16 zeigt die Aufenthaltswahrscheinlichkeit $|\psi|^2$ des Elektrons für alle Zustände $n = 1$, $n = 2$, $n = 3$. Die z-Richtung ($\vartheta = 0$) steht in der Abb. vertikal; jedes Atom

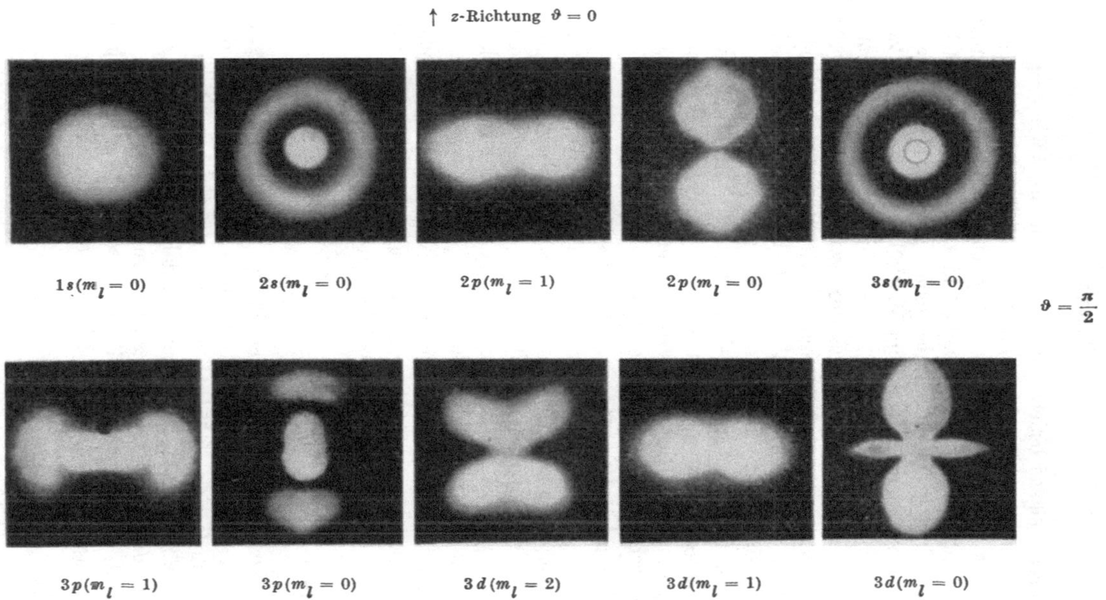

Abb. 16. Die Aufenthaltswahrscheinlichkeit $|\psi|^2$ des Elektrons im H-Atom für die Zustände $n = 1, 2, 3$.
(Nach H. E. White, Physical Review, Ser. II, Band 37, 1931, S. 1422)

hat seine eigene beliebig im Raum stehende z-Richtung, sie ist bei unserem Problem eben physikalisch nicht festgelegt, wird es erst, wenn auf das Atom eine äußere Einwirkung stattfindet. Ein äußeres Magnetfeld z. B. würde eine solche Auszeichnung einer Richtung geben, aber auch die Einwirkung von Nachbaratomen im Molekül, im Kristall. Der Zustand $m_l = 1$ z. B. ist dann einer, bei dem die Drehimpulskomponente in dieser Richtung (wir nannten sie S. 127 P_φ) den Wert $1 \cdot \hbar$ hat. Sind die Atome im Molekül oder Kristall so angeordnet, daß ihre Gebiete merklicher Elektronenaufenthaltswahrscheinlichkeit sich überdecken, so können die Elektronen auf einer solchen „Valenzbrücke" von einem Atom zum nächsten wechseln (Austausch, homöopolare Bindung). Dies ist die wellenmechanische Deutung der Valenzstriche der organischen Chemie, s. § 5, IV.

Im ungestörten Zustand sind die Energiewerte des H-Atoms entartet. Zu jedem l gibt es $(2l + 1)$ Werte m_l (von $-l$ bis $+l$), und zu jedem n gibt es die l-Werte von 0 bis $n-1$; das sind zu festem W_n wie in der Bohrschen Theorie (vgl. (5), S. 36) n^2 Zustände, die aber hier durch Wellenfunktionen dargestellt werden.

Wenn $w > 0$, haben wir für die Nähe von $\varrho = 0$ wieder ein Verhalten von R wie ϱ^l zu verlangen. Das Verhalten für $\varrho \gg 1$ wird aber jetzt wegen (29) gegeben durch

$$R \approx \frac{e^{\pm i\sqrt{w}\varrho}}{\varrho}. \tag{42}$$

Die Endlichkeitsbedingungen für ψ sind dann für $\varrho \gg 1$ von selbst erfüllt; weitere Bedingungen haben wir nicht, die Reihe in R, die man ähnlich wie in (33) ansetzen kann, braucht nicht abzubrechen, wir bekommen daher keine Bedingungen für w. Für alle $w > 0$ gibt es zulässige Lösungen (Eigenfunktionen), die Eigenwerte W bilden einen kontinuierlichen Bereich von $W = 0$ an. Das Elektron ist dann nicht ans Atom gebunden, die Wahrscheinlichkeit, das Elektron beliebig weit vom Atom anzutreffen, ist endlich. $W > 0$ sind die Zustände, die den Hyperbelbahnen der Bohrschen Theorie entsprechen. Die Wellenmechanik ermöglicht, die Übergangswahrscheinlichkeit von gebundenen Zuständen in Zustände des „kontinuierlichen Energiespektrums" $W > 0$ zu berechnen, was der theoretischen Behandlung der Ionisation, des Photoeffekts usw. zugrundeliegt (vgl. § 6, IV). Für die Berechnung von Intensität und Polarisation im kontinuierlichen Röntgenspektrum (Bremsspektrum) braucht man Amplituden $(n|x|n')$ der Übergangswahrscheinlichkeit zwischen den Zuständen des kontinuierlichen Energiespektrums. Denn bei der Bremsung in der Antikathode laufen die Elektronen im Sinn der Bohrschen Theorie auf Hyperbelbahnen an den Kernen vorbei und verlieren Energie, gehen also von Zuständen höherer Energie des Kontinuums zu niedrigeren über.

Für solche Rechnungen ist es meist bequemer, statt einer Reihendarstellung nach Art von (33) eine Integraldarstellung der Wellenfunktion zu benützen. Man verwendet die Gleichung (36a) für w formal weiter; da jetzt $w \geqq 0$ ist, wird n rein imaginär:

$$\sqrt{w} = \frac{Z}{in}\,. \tag{43}$$

Die Winkelabhängigkeit von ψ bleibt dieselbe wie im diskreten Spektrum und ist durch $\Pi_l^{m_l} \cdot \Phi_{m_l}$ gegeben. Auch (37a) kann hier übernommen werden (mit jetzt imaginärem n) bis auf den Umstand, daß der $(n+l)^{\text{te}}$ Differentialquotient komplex geschrieben werden muß. Nach einem Satz der Funktionentheorie ist für eine beliebige Funktion $f(\sigma)$:

$$\frac{d^j f(\sigma)}{d\sigma^j} \doteq \frac{\Gamma(j+1)}{2\pi i} \oint \frac{f(z)}{(z-\sigma)^{j+1}}\, dz; \quad j \text{ ganz}, \geqq 0\,, \tag{44}$$

wenn der Integrationsweg auf der Riemannschen Fläche des Integranden um $z = \sigma$ geschlossen ist; Γ ist die Gammafunktion[1]). Die rechte Seite kann man aber für beliebiges nichtganzes, auch komplexes j

[1]) S. z. B. Nielsen, Handbuch der Gammafunktion, Teubner, Leipzig.

bilden, und als Definition des j-ten Differentialquotienten nichtganzer Ordnung benützen. Wir führen die Abkürzung ein:

$$\sigma = \frac{2 Z \varrho}{n}, \tag{45}$$

und schreiben — zunächst formal, solange nicht bewiesen ist, daß wir so wirklich eine Lösung der Differentialgleichung (34) haben:

$$U(\sigma) = \frac{d^{2l+1}}{d\sigma^{2l+1}} \left[e^{\sigma} \oint \frac{z^{n+l} e^{-z}}{(z-\sigma)^{n+l+1}} dz \right] \tag{46}$$

$$= \frac{d^{2l+1}}{d\sigma^{2l+1}} \oint \frac{(y+\sigma)^{n+l} e^{-y}}{y^{n+l+1}} dy = \text{const.} \oint \frac{(y+\sigma)^{n-l-1} e^{-y}}{y^{n+l+1}} dy\,.$$

Als Integrationsweg wählen wir einen geschlossenen Weg um die singulären Punkte $y = 0$ und $y = -\sigma$; man kann sich überlegen, daß der Weg dann auf der Riemannschen Fläche des Integranden geschlossen ist. Durch Einsetzen in (34) bestätigt man, daß (46) wirklich Lösung von (34) ist, nämlich der Gleichung genügt:

$$\frac{d^2 U}{d\sigma^2} + \left(\frac{2(l+1)}{\sigma} - 1 \right) \frac{dU}{d\sigma} + \frac{1}{\sigma}(n - l - 1)\, U = 0\,. \tag{47}$$

Unsere nichtnormierte radiale Wellenfunktion des kontinuierlichen Spektrums wird:

$$R_{n,l}(\varrho) = \sigma^l \cdot e^{-\frac{\sigma}{2}} \cdot U(\sigma)\,. \tag{48}$$

Durch Diskussion des komplexen Integrals in (46) zeigt man[1]), daß es für großes r eine stehende Kugelwelle (zusammen mit dem Zeitfaktor $e^{-\frac{i}{\hbar}Et}$) darstellt, die durch eine einfache Verzerrung des Integrationsweges (also ohne Änderung des Integralwertes) in eine einlaufende und eine auslaufende Kugelwelle zerlegt werden kann. Die letztere spielt bei der theoretischen Beschreibung von Elektronenemission, wie beim Photoeffekt, eine Rolle, vgl. § 2 u. 6, IV.

Bemerkungen zum Drehimpuls: Der Drehimpuls um eine feste Achse (z) hat die besondere Eigenschaft, mit dem

---

[1]) Vgl. A. Sommerfeld, Atombau und Spektrallinien, 5. Aufl., Bd. II, S. 115, Vieweg 1939. Dort auch die Berechnung der Normierung von $R_{n,l}(\varrho)$, Seite 123.

Energieoperator $H(P, Q)$ eines freien atomaren Systems vertauschbar zu sein. Beweis für das H-Atom: $H(P, Q)$ ist nach (4) (den Index *rel* lassen wir weg):

$$H(P, Q) \equiv -\frac{\hbar^2}{2m}\Delta + E_{\text{pot}}. \tag{49}$$

Man sieht aus (7) unmittelbar, daß für $P_\varphi = \frac{\hbar}{i}\frac{\partial}{\partial\varphi}$ gilt

$$P_\varphi H u = H P_\varphi u, \tag{50}$$

mit beliebigem u, das man in (50) offenbar gar nicht hinschreiben brauchte. Wenn speziell $Hu = Wu$, also u eine Eigenfunktion von H ist, so kann wegen der Vertauschbarkeit von H, P_φ erreicht werden, daß die gleiche Funktion u auch die Eigenwertgleichung für P_φ erfüllt; allgemeines dazu S. 125. Die Eigenfunktionen von P_φ kennen wir, es sind die Funktionen

$$e^{im_l\varphi} \cdot f(r, \vartheta), \tag{51}$$

denn die „Konstante" in (62), S. 127, ist nur in bezug auf φ konstant; u muß ja, da es Lösung von $Hu = Wu$ ist, noch von r, ϑ abhängen. Man hat so zweierlei erfahren: 1) die Abhängigkeit der Wellenfunktion u von φ, vgl. (38), (10); 2) in dem Zustand, der durch die gemeinsame Lösung u der Eigenwertgleichungen von H und P_φ beschrieben wird, hat der Drehimpuls um z den scharfen Wert $m_l \hbar$, die Energie den scharfen Wert W_n. Das entspricht unseren allgemeinen Ergebnissen S. 125: wir haben die zwei vertauschbaren Größen durch dieselbe Funktion u „diagonal" gemacht; die beiden können gleichzeitig genau bekannt sein. Es ist eine Messung von P_φ möglich, ohne daß die Kenntnis der Energie dadurch gestört wird, z. B. durch den Versuch von Stern und Gerlach, Bd. IV, S. 68.

In ähnlicher Weise wie für $[\mathfrak{r}\mathfrak{p}]_z$ kann man die Eigenwertgleichung für $[\mathfrak{r}\mathfrak{p}]^2$ aufstellen. Es ist für ein System mit einem Elektron:

$$(52)\qquad [\vec{R}\vec{P}]^2 = \left(\frac{\hbar}{i}\right)^2 \left\{\left(x\frac{\partial}{\partial y} - y\frac{\partial}{\partial x}\right)^2 + \left(y\frac{\partial}{\partial z} - z\frac{\partial}{\partial y}\right)^2 + \left(z\frac{\partial}{\partial x} - x\frac{\partial}{\partial z}\right)^2\right\} = \left(\frac{\hbar}{i}\right)^2 L(\vartheta, \varphi),$$

wie man durch Umrechnen auf Kugelkoordinaten findet, vgl. (7). Die Eigenwertgleichung ist daher:

$$\left(\frac{\hbar}{i}\right)^2 L(\vartheta, \varphi) u = \text{const} \cdot u .$$

Die physikalischen Randbedingungen sind dieselben wie für ϑ, φ beim H-Atom; also sind die Eigenfunktionen u von $[\vec{R}\vec{P}]^2$ gleich $\Pi_l^{m_l}(\cos\vartheta)\cdot\Phi_{m_l}(\varphi)$. Wegen (9b), (21) wird:

$$(53)\qquad [\vec{R}\vec{P}]^2 u = \hbar^2 l(l+1) u .$$

Damit ist (3), S. 36 bestätigt: Die Eigenwerte des Drehimpulsquadrates sind $\hbar^2 l(l+1)$; l ganz, $\geqq 0$, zugleich ist die Quantenzahl l anschaulich gedeutet. $[\vec{R}\vec{P}]^2$ ist mit $[\vec{R}\vec{P}]_z$ vertauschbar, weil L es mit $\frac{\partial}{\partial\varphi}$ ist; L ist aber auch mit $H(P, Q)$ beim H-Atom vertauschbar, wie man an (7) sieht (allgemeiner ist das Quadrat des Gesamtdrehimpulses mit $H(P, Q)$ bei freien atomaren Systemen vertauschbar). Wir haben hier also 3 miteinander vertauschbare Größen: $[\vec{R}\vec{P}]_z$, $[\vec{R}\vec{P}]^2$, H; man kann sie alle 3 durch dieselbe Funktion u diagonal machen. Aus der Vertauschbarkeit erfahren wir so über (51) hinaus, daß die Eigenfunktionen von H die Gestalt haben:

$$(54)\qquad u = e^{i m_l \varphi} \cdot \Pi_l^{m_l}(\cos\vartheta) \cdot g(r) .$$

Damit erkennen wir die physikalische Bedeutung des Ansatzes (8): $\psi_{n l m_l}$ ist eine Eigenfunktion von H, bei der der Drehimpuls um z und das Gesamtdrehimpulsquadrat feste genau bekannte Werte haben.

Register

GESAMTVERZEICHNIS

der

SAMMLUNG GÖSCHEN

Jeder Band DM 3,60 · Doppelband DM 5,80

Sommer 1962

WALTER DE GRUYTER & CO., BERLIN W 30

Inhaltsübersicht

Geisteswissenschaften

Philosophie

Einführung in die Philosophie von *H. Leisegang †*. 4. Auflage. 145 Seiten. 1960. (281)

Hauptprobleme der Philosophie von *G. Simmel †*. 7., unveränderte Auflage. 177 Seiten. 1950. (500)

Geschichte der Philosophie

I: Die griechische Philosophie von *W. Capelle*. 1. Teil. Von Thales bis Leukippos. 2., erweiterte Auflage. 135 Seiten. 1953. (857)

II: Die griechische Philosophie von *W. Capelle*. 2. Teil. Von der Sophistik bis zum Tode Platons. 2., stark erweiterte Auflage. 144 Seiten. 1953. (858)

III: Die griechische Philosophie von *W. Capelle*. 3. Teil. Vom Tode Platons bis zur Alten Stoa. 2., stark erweiterte Auflage. 132 Seiten. 1954. (859)

IV: Die griechische Philosophie von *W. Capelle*. 4. Teil. Von der Alten Stoa bis zum Eklektizismus im 1. Jh. v. Chr. 2., stark erweiterte Auflage. 132 Seiten. 1954. (863)

V: Die Philosophie des Mittelalters von *J. Koch*. In Vorbereitung. (826)

VI: Von der Renaissance bis Kant von *K. Schilling*. 234 Seiten. 1954. (394/394a)

VII: Immanuel Kant von *G. Lehmann*. In Vorbereitung. (536)

VIII: Die Philosophie des 19. Jahrhunderts von *G. Lehmann*. 1. Teil. 151 Seiten. 1953. (571)

IX: Die Philosophie des 19. Jahrhunderts von *G. Lehmann*. 2. Teil. 168 Seiten. 1953. (709)

X: Die Philosophie im ersten Drittel des 20. Jahrhunderts 1. Teil von *G. Lehmann*. 128 Seiten. 1957. (845)

XI: Die Philosophie im ersten Drittel des 20. Jahrhunderts 2. Teil von *G. Lehmann*. 114 Seiten. 1960. (850)

Die geistige Situation der Zeit (1931) von *K. Jaspers*. 5., unveränderter Abdruck der im Sommer 1932 bearbeiteten 5. Auflage. 211 Seiten. 1960. (1000)

Erkenntnistheorie von *G. Kropp*.
I. Teil: Allgemeine Grundlegung. 143 Seiten. 1950. (807)

Formale Logik von *P. Lorenzen*. 2. Auflage. 165 Seiten. 1962. (1176/1176a)

Philosophisches Wörterbuch von *M. Apel †*. 5., völlig neubearbeitete Auflage von *P. Ludz*. 315 Seiten. 1958. (1031/1031a)

Philosophische Anthropologie. Menschliche Selbstdeutung in Geschichte und Gegenwart von *M. Landmann*. 266 Seiten. 1955. (156/156a)

Pädagogik, Psychologie, Soziologie

Geschichte der Pädagogik von *Herm. Weimer*. 15., neubearbeitete und vermehrte Auflage von *Heinz Weimer*. 184 Seiten. 1962. (145)

Therapeutische Psychologie. Ihr Weg durch die Psychoanalyse von *W. M. Kranefeldt*. Mit einer Einführung von *C. G. Jung*. 3. Auflage. 152 Seiten. 1956. (1034)

Allgemeine Psychologie von *Th. Erismann*. 3 Bände. 2., neubearbeitete Auflage.
I: Grundprobleme. 146 Seiten. 1958. (831)
II: Grundarten des physischen Geschehens. 248 Seiten. 1959. (832/832 a)
III: Psychologie der Persönlichkeit. Etwa 306 Seiten, 26 Abbildungen. 1962. (833/833 a)

Soziologie. Geschichte und Hauptprobleme von *L. von Wiese*. 6. Auflage. 175 Seiten. 1960. (101)

Ideengeschichte der sozialen Bewegung des 19. und 20. Jh. von *W. Hofmann*. 240 Seiten. 1962. (1205/1205a)

Sozialpsychologie von *P. R. Hofstätter*. 181 Seiten, 15 Abbildungen, 22 Tabellen. 1956. (104/104 a)

Psychologie des Berufs- und Wirtschaftslebens von *W. Moede †*. 190 Seiten, 48 Abbildungen. 1958. (851/851 a)

Industrie- und Betriebssoziologie von *R. Dahrendorf*. 2., umgearbeitete und erweiterte Auflage. 142 Seiten, 3 Figuren. 1962. (103)

Religion

Jesus von *M. Dibelius †*. 3. Auflage, mit einem Nachtrag von *W. G. Kümmel*. 140 Seiten. 1960. (1130)

Paulus von *M. Dibelius †*. Nach dem Tode des Verfassers herausgegeben und zu Ende geführt von *W. G. Kümmel*. 2., durchgesehene Auflage. 155 Seiten. 1956. (1160)

Luther von *F. Lau*. 151 Seiten. 1959. (1187)

Melanchthon von *R. Stupperich*. 139 Seiten. 1960. (1190)

Einführung in die Konfessionskunde der orthodoxen Kirchen von *K. Onasch*. 291 Seiten. 1962. (1197/1197 a)

Geschichte des christlichen Gottesdienstes von *W. Nagel*. In Vorbereitung. (1202/1202 a)

Geschichte Israels. Von den Anfängen bis zur Zerstörung des Tempels (70 n. Chr.) von *E. L. Ehrlich*. 158 Seiten, 1 Tafel. 1958. (231/231 a)

Römische Religionsgeschichte von *F. Altheim*. 2 Bände. 2., umgearbeitete Auflage.
I: Grundlagen und Grundbegriffe. 116 Seiten. 1956. (1035)
II: Der geschichtliche Ablauf. 164 Seiten. 1956. (1052)

Die Religion des Buddhismus von *D. Schlingloff*. 2 Bände.
I: Der Heilsweg des Mönchtums. In Vorbereitung. (174)

Musik

Musikästhetik von *H. J. Moser*. 180 Seiten. Mit zahlreichen Notenbeispielen. 1953. (344)

Systematische Modulation von *R. Hernried*. 2. Auflage. 136 Seiten. Mit zahlreichen Notenbeispielen. 1950. (1094)

Der polyphone Satz von *E. Pepping*. 2 Bände.
I: Der cantus-firmus-Satz. 2. Auflage. 223 Seiten. Mit zahlreichen Notenbeispielen. 1950. (1148)
II: Übungen im doppelten Kontrapunkt und im Kanon. 137 Seiten. Mit zahlreichen Notenbeispielen. 1957. (1164/1164 a)

Allgemeine Musiklehre von *H. J. Moser*. 2., durchgesehene Auflage. 155 Seiten. Mit zahlreichen Notenbeispielen. 1955. (220/220 a)

Harmonielehre von *H. J. Moser*. 2 Bände.
I: 109 Seiten. Mit 120 Notenbeispielen. 1954. (809)

Die Musik des 19. Jahrhunderts von *W. Oehlmann*. 180 Seiten. 1953. (170)

Die Musik des 20. Jahrhunderts von *W. Oehlmann*. 312 Seiten. 1961. (171/171 a)

Technik der deutschen Gesangskunst von *H. J. Moser*. 3., durchgesehene und verbesserte Auflage. 144 Seiten, 5 Figuren sowie Tabellen und Notenbeispiele. 1954. (576/576a)

Die Kunst des Dirigierens von *H. W. von Waltershausen †*. 2., vermehrte Auflage. 138 Seiten. Mit 19 Notenbeispielen. 1954. (1147)

Die Technik des Klavierspiels aus dem Geiste des musikalischen Kunstwerkes von *K. Schubert †*. 3. Auflage. 110 Seiten. Mit Notenbeispielen. 1954. (1045)

Kunst

Stilkunde von *H. Weigert*. 2 Bände. 3., durchgesehene und ergänzte Auflage.
I: Vorzeit, Antike, Mittelalter. 136 Seiten, 94 Abbildungen. 1958. (80)
II: Spätmittelalter und Neuzeit. 150 Seiten, 88 Abbildungen. 1958. (781)

Archäologie von *A. Rumpf*. 2 Bände.
I: Einleitung, historischer Überblick. 143 Seiten, 6 Abbildungen, 12 Tafeln. 1953. (538)
II: Die Archäologensprache. Die antiken Reproduktionen. 136 Seiten, 7 Abbildungen, 12 Tafeln. 1956. (539)

Geschichte

Einführung in die Geschichtswissenschaft von *P. Kirn*. 3., durchgesehene Auflage. 128 Seiten. 1959. (270)

Einführung in die Zeitgeschichte von *B. Scheurig*. 101 Seiten. 1962. (1204)

Zeitrechnung der römischen Kaiserzeit, des Mittelalters und der Neuzeit für die Jahre 1—2000 n. Chr. von *H. Lietzmann †*. 3. Auflage, durchgesehen von *K. Aland*. 130 Seiten. 1956. (1085)

Kultur der Urzeit von *F. Behn*. 3 Bände. 4. Auflage der Kultur der Urzeit Bd. 1—3 von *M. Hoernes*.
I: Die vormetallischen Kulturen. (Die Steinzeiten Europas. Gleichartige Kulturen in anderen Erdteilen.) 172 Seiten, 48 Abbildungen. 1950. (564)
II: Die älteren Metallkulturen. (Der Beginn der Metallbenutzung. Kupfer- und Bronzezeit in Europa, im Orient und in Amerika.) 160 Seiten, 67 Abbildungen. 1950. (565)
III: Die jüngeren Metallkulturen. (Das Eisen als Kulturmetall, Hallstatt-Latène-Kultur in Europa. Das erste Auftreten des Eisens in den anderen Weltteilen.) 149 Seiten, 60 Abbildungen. 1950. (566)

Vorgeschichte Europas von *F. Behn*. Völlig neue Bearbeitung der 7. Auflage der „Urgeschichte der Menschheit" von *M. Hoernes*. 125 Seiten, 47 Abbildungen. 1949. (42)

Der Eintritt der Germanen in die Geschichte von *J. Haller †*. 3. Auflage, durchgesehen von *H. Dannenbauer*. 120 Seiten, 6 Kartenskizzen. 1957. (1117)

Von den Karolingern zu den Staufern. Die altdeutsche Kaiserzeit (900—1250) von *J. Haller †*. 4., durchgesehene Auflage von *H. Dannenbauer*. 142 Seiten, 4 Karten. 1958. (1065)

Von den Staufern zu den Habsburgern. Auflösung des Reichs und Emporkommen der Landesstaaten (1250—1519) von *J. Haller †*. 2., durchgesehene Auflage von *H. Dannenbauer*. 118 Seiten, 6 Kartenskizzen. 1960. (1077)

Deutsche Geschichte im Zeitalter der Reformation, der Gegenreformation und des dreißigjährigen Krieges von *F. Hartung*. 129 Seiten. 1951. (1105)

Deutsche Geschichte von 1648—1740. Politischer und geistiger Wiederaufbau von *W. Treue*. 120 Seiten. 1956. (35)

GEISTESWISSENSCHAFTEN

Deutsche Geschichte von 1713 – 1806. Von der Schaffung des europäischen Gleichgewichts bis zu Napoleons Herrschaft von *W. Treue.* 168 Seiten. 1957. (39)

Deutsche Geschichte von 1806 – 1890. Vom Ende des alten bis zur Höhe des neuen Reiches von *W. Treue.* 128 Seiten. 1961. (893)

Deutsche Geschichte von 1890 bis zur Gegenwart von *W. Treue.* In Vorbereitung. (894)

Quellenkunde der Deutschen Geschichte im Mittelalter (bis zur Mitte des 15. Jahrhunderts) von *K. Jacob †.* 3 Bände.

I: Einleitung. Allgemeiner Teil. Die Zeit der Karolinger. 6. Auflage, bearbeitet von *H. Hohenleutner.* 127 Seiten. 1959. (279)

II: Die Kaiserzeit (911—1250). 5. Auflage, neubearbeitet von *H. Hohenleutner.* 141 Seiten. 1961. (280)

III: Das Spätmittelalter (vom Interregnum bis 1500). Herausgegeben von *F. Weden.* 152 Seiten. 1952. (284)

Geschichte Englands von *H. Preller.* 2 Bände.

I: bis 1815. 3., stark umgearbeitete Auflage. 135 Seiten, 7 Stammtafeln, 2 Karten. 1952. (375)

II: Von 1815 bis 1910. 2., völlig umgearbeitete Auflage. 118 Seiten, 1 Stammtafel, 7 Karten. 1954. (1088)

Römische Geschichte von *F. Altheim.* 4 Bände. 2., verbesserte Auflage.

I: Bis zur Schlacht bei Pydna (168 v. Chr.). 124 Seiten. 1956. (19)

II: Bis zur Schlacht bei Actium (31 v. Chr.). 129 Seiten. 1956. (677)

III: Bis zur Schlacht an der Milvischen Brücke (312 n. Chr.). 148 Seiten. 1958. (679)

IV: Bis zur Schlacht am Yarmuk (636 n. Chr.). In Vorbereitung. (684)

Geschichte der Vereinigten Staaten von Amerika von *O. Graf zu Stolberg-Wernigerode.* 192 Seiten, 10 Karten. 1956. (1051/1051 a)

Deutsche Sprache und Literatur

Geschichte der Deutschen Sprache von *H. Sperber.* 3. Auflage, besorgt von *W. Fleischhauer.* 128 Seiten. 1958. (915)

Deutsches Rechtschreibungswörterbuch von *M. Gottschald †.* 2., verbesserte Auflage. 219 Seiten. 1953. (200/200 a)

Deutsche Wortkunde. Kulturgeschichte des deutschen Wortschatzes von *A. Schirmer.* 4. Auflage von *W. Mitzka.* 123 Seiten. 1960. (929)

Deutsche Sprachlehre von *W. Hofstaetter.* 10. Auflage. Völlige Umarbeitung der 8. Auflage. 150 Seiten. 1960. (20)

Stimmkunde für Beruf, Kunst und Heilzwecke von *H. Biehle.* 111 Seiten. 1955. (60)

Redetechnik. Einführung in die Rhetorik von *H. Biehle.* 2., erweiterte Auflage. 151 Seiten. 1961. (61)

Sprechen und Sprachpflege (Die Kunst des Sprechens) von *H. Feist.* 2., verbesserte Auflage. 99 Seiten, 25 Abbildungen. 1952. (1122)

Deutsches Dichten und Denken von der germanischen bis zur staufischen Zeit von *H. Naumann †.* (Deutsche Literaturgeschichte vom 5.—13. Jahrhundert.) 2., verbesserte Auflage. 166 Seiten. 1952. (1121)

Deutsches Dichten und Denken vom Mittelalter zur Neuzeit von *G. Müller* (1270 bis 1700). 2., durchgesehene Auflage. 159 Seiten. 1949. (1086)

Deutsches Dichten und Denken von der Aufklärung bis zum Realismus (Deutsche Literaturgeschichte von 1700—1890) von *K. Viëtor †*. 3., durchgesehene Auflage. 159 Seiten. 1958. (1096)

Der Nibelunge Nôt in Auswahl mit kurzem Wörterbuch von *K. Langosch*. 10., durchgesehene Auflage. 164 Seiten. 1956. (1)

Kudrun und Dietrich-Epen in Auswahl mit Wörterbuch von *O. L. Jiriczek*. 6. Auflage, bearbeitet von *R. Wisniewski*. 173 Seiten. 1957. (10)

Wolfram von Eschenbach. Parzival. Eine Auswahl mit Anmerkungen und Wörterbuch von *H. Jantzen*. 2. Auflage, bearbeitet von *H. Kolb*. 128 Seiten. 1957. (921)

Hartmann von Aue. Der arme Heinrich nebst einer Auswahl aus der „Klage", dem „Gregorius" und den Liedern (mit einem Wörterverzeichnis) herausgegeben von *F. Maurer*. 96 Seiten. 1958. (18)

Gottfried von Strassburg in Auswahl herausgegeben von *F. Maurer*. 142 Seiten. 1959. (22)

Die deutschen Personennamen von *M. Gottschald †*. 2., verbesserte Auflage. 151 Seiten. 1955. (422)

Althochdeutsches Elementarbuch. Grammatik und Texte. 3., verbesserte und vermehrte Auflage von *W. Betz*. 1962. In Vorbereitung. (1111)

Mittelhochdeutsche Grammatik von *H. de Boor* und *R. Wisniewski*. 2., verbesserte und ergänzte Auflage. 142 Seiten. 1960. (1108)

Indogermanisch, Germanisch

Indogermanische Sprachwissenschaft von *H. Krahe*. 2 Bände.
I: Einleitung und Lautlehre. 4. Auflage. 110 Seiten. 1962. (59)
II: Formenlehre. 3., neubearbeitete Auflage. 124 Seiten. 1959. (64)

Gotisches Elementarbuch. Grammatik, Texte mit Übersetzung und Erläuterungen von *H. Hempel*. 3., umgearbeitete Auflage. 166 Seiten. 1962. (79/79a)

Germanische Sprachwissenschaft von *H. Krahe*. 2 Bände. 4., überarbeitete Auflage.
I: Einleitung und Lautlehre. 147 Seiten. 1960. (238)
II: Formenlehre. 149 Seiten. 1961. (780)

Altnordisches Elementarbuch. Schrift, Sprache, Texte mit Übersetzung und Wörterbuch von *F. Ranke*. 2., durchgesehene Auflage. 146 Seiten. 1949. (1115)

Englisch, Romanisch

Altenglisches Elementarbuch von *M. Lehnert*. Einführung, Grammatik, Texte mit Übersetzung und Wörterbuch. 5., verbesserte Auflage. 178 Seiten. 1962. (1125)

Historische neuenglische Laut- und Formenlehre von *E. Ekwall*. 3., durchgesehene Auflage. 150 Seiten. 1956. (735)

Englische Phonetik von *H. Mutschmann †*. 117 Seiten. 1956. (601)

Englische Literaturgeschichte von *F. Schubel*. 4 Bände.
I: Die alt- und mittelenglische Periode. 163 Seiten. 1954. (1114)
II: Von der Renaissance bis zur Aufklärung. 160 Seiten. 1956. (1116)
III: Romantik und Viktorianismus. 160 Seiten. 1960. (1124)

Beowulf von *M. Lehnert*. Eine Auswahl mit Einführung, teilweiser Übersetzung, Anmerkungen und etymologischem Wörterbuch. 3., verbesserte Auflage. 135 Seiten. 1959. (1135)

Shakespeare von *P. Meißner †*. 2. Auflage, neubearbeitet von *M. Lehnert*. 136 Seiten. 1954. (1142)

Italienische Literaturgeschichte von *K. Voßler †*. 5. Auflage, neubearbeitet von *A. Noyer-Weidner*. In Vorbereitung. (125)

Romanische Sprachwissenschaft von *H. Lausberg*. 4 Bände.
I: Einleitung und Vokalismus. 160 Seiten. 1956. (128/128a)
II: Konsonantismus. 95 Seiten. 1956. (250)
III: Formenlehre. Etwa 260 Seiten. 1962. (1199/1199a)
IV: Wortlehre. In Vorbereitung. (1200)

Griechisch, Lateinisch

Griechische Sprachwissenschaft von *W. Brandenstein*. 2 Bände.
I: Einleitung, Lautsystem, Etymologie. 160 Seiten. 1954. (117)
II: Wortbildung und Formenlehre. 192 Seiten. 1959. (118/118a)

Geschichte der griechischen Sprache. 2 Bände.
I: Bis zum Ausgang der klassischen Zeit von *O. Hoffmann †*. 3. Auflage, bearbeitet von *A. Debrunner †*. 156 Seiten. 1953. (111)
II: Grundfragen und Grundzüge des nachklassischen Griechisch von *A. Debrunner †*. 144 Seiten. 1954. (114)

Geschichte der griechischen Literatur von *W. Nestle*. 2 Bände. 3. Auflage, bearbeitet von *W. Liebich*.
I: 144 Seiten. 1961. (70) II: In Vorbereitung. (557)

Grammatik der neugriechischen Volkssprache von *J. Kalitsunakis*. 3., völlig neubearbeitete und erweiterte Auflage. Etwa 195 Seiten. 1962. (756/756a)

Neugriechisch-deutsches Gesprächsbuch von *J. Kalitsunakis*. 2. Auflage, bearbeitet von *A. Steinmetz*. 99 Seiten. 1960. (587)

Geschichte der lateinischen Sprache von *F. Stolz*. 4. Auflage von *A. Debrunner †*. In Vorbereitung. (492)

Geschichte der römischen Literatur von *L. Bieler*. 2 Bände.
I: Die Literatur der Republik. 160 Seiten. 1961. (52)
II: Die Literatur der Kaiserzeit. 133 Seiten. 1961. (866)

Hebräisch, Sanskrit, Russisch

Hebräische Grammatik von *G. Beer †*. 2 Bände. 2., völlig neubearbeitete Auflage von *R. Meyer*.
I: Schrift-, Laut- und Formenlehre I. 3. Auflage. 157 Seiten. In Vorbereitung (763/763a)
II: Formenlehre II. Syntax und Flexionstabellen. 195 Seiten. 1955. (764/764a)

Hebräisches Textbuch zu *G. Beer-R. Meyer*, Hebräische Grammatik von *R. Meyer*. 170 Seiten. 1960. (769/769a)

Sanskrit-Grammatik von *M. Mayrhofer*. 89 Seiten. 1953. (1158)

Russische Grammatik von *E. Berneker †*. 6., verbesserte Auflage von *M. Vasmer*. 155 Seiten. 1961. (66)

Slavische Sprachwissenschaft von *H. Bräuer*. 2 Bände.
I: Einleitung, Lautlehre. 221 Seiten. 1961. (1191/1191a)

Erd- und Länderkunde, Kartographie

Afrika von *F. Jaeger.* Ein geographischer Überblick. 2 Bände. 2., umgearbeitete Auflage.
I: Der Lebensraum. 179 Seiten, 18 Abbildungen. 1954. (910)
II: Mensch und Kultur. 155 Seiten, 6 Abbildungen. 1954. (911)

Australien und Ozeanien von *H. J. Krug.* 176 Seiten, 46 Skizzen. 1953. (319)

Kartographie von *V. Heissler.* Etwa 215 Seiten, 125 Abb., 8 Kartenanlagen. 1962. Im Druck. (30/30a)

Volkswirtschaft, Statistik, Publizistik

Allgemeine Betriebswirtschaftslehre von *K. Mellerowicz.* 4 Bände. 10., erweiterte und veränderte Auflage. (Bd. I und II: 11., durchgesehene Auflage)
I: 224 Seiten. 1961. (1008/1008a) II: 188 Seiten. 1962. (1153/1153a)
III: 260 Seiten. 1959. (1154/1154a) IV: 209 Seiten. 1959. (1186/1186a)

Geschichte der Volkswirtschaftslehre von *S. Wendt.* 182 Seiten. 1961. (1194)

Allgemeine Volkswirtschaftslehre von *A. Paulsen.* 4 Bände.
I: Grundlegung, Wirtschaftskreislauf. 4., durchgesehene und ergänzte Auflage. 148 Seiten. 1962. In Vorbereitung. (1169)
II: Haushalte, Unternehmungen, Marktformen. 4., neubearbeitete Auflage. 166 Seiten, 32 Abbildungen. 1962. In Vorbereitung. (1170)
III: Produktionsfaktoren. 2., neubearbeitete und ergänzte Auflage. 200 Seiten. 1961. (1171)
IV: Gesamtbeschäftigung, Konjunkturen, Wachstum. 2. Auflage. 174 Seiten. 1962. (1172)

Allgemeine Volkswirtschaftspolitik von *H. Ohm.* 2 Bände.
I: Systematisch-Theoretische Grundlegung. 137 Seiten, 6 Abbildungen. 1962. (1195)
II: Der volkswirtschaftliche Gesamtorganismus als Objekt der Wirtschaftspolitik. In Vorbereitung. (1196)

Finanzwissenschaft von *H. Kolms.* 4 Bände.
I: Grundlegung, Öffentliche Ausgaben. 160 Seiten. 1959. (148)
II: Erwerbseinkünfte, Gebühren und Beiträge; Allgemeine Steuerlehre. 148 Seiten. 1960. (391)
III: Besondere Steuerlehre. 178 Seiten. 1962. (776)
IV: Öffentlicher Kredit. Haushaltswesen. Finanzausgleich. In Vorbereitung. (782)

Finanzmathematik von *M. Nicolas.* 192 Seiten, 11 Tafeln, 8 Tabellen und 72 Beispiele. 1959. (1183/1183a)

Industrie- und Betriebssoziologie von *R. Dahrendorf.* 2., umgearbeitete und erweiterte Auflage. 142 Seiten, 3 Figuren. 1962. (103)

Wirtschaftssoziologie von *F. Fürstenberg.* 122 Seiten. 1961. (1193)

Psychologie des Berufs- und Wirtschaftslebens von *W. Moede †.* 190 Seiten, 48 Abbildungen. 1958. (851/851a)

Allgemeine Methodenlehre der Statistik von *J. Pfanzagl.* 2 Bände.
I: Elementare Methoden unter besonderer Berücksichtigung der Anwendungen in den Wirtschafts- und Sozialwissenschaften. 205 Seiten, 35 Abbildungen. 1960. (746/746a)
II: Höhere Methoden unter besonderer Berücksichtigung der Anwendungen in Naturwissenschaft, Medizin und Technik. 295 Seiten, 39 Abbildungen. 1962. (747/747a)

Zeitungslehre von *E. Dovifat*. 2 Bände. 4., neubearbeitete Auflage.
I: Theoretische und rechtliche Grundlagen — Nachricht und Meinung — Sprache und Form. 148 Seiten. 1962. (1039)
II: Redaktion — Die Sparten: Verlag und Vertrieb, Wirtschaft und Technik, Sicherung der öffentlichen Aufgabe. 168 Seiten. 1962. (1040)

Naturwissenschaften

Mathematik

Geschichte der Mathematik von *J. E. Hofmann*. 4 Bände.
I: Von den Anfängen bis zum Auftreten von Fermat und Descartes. 2. Auflage. 200 Seiten. 1962. In Vorbereitung. (226/226a)
II: Von Fermat und Descartes bis zur Erfindung des Calculus und bis zum Ausbau der neuen Methoden. 109 Seiten. 1957. (875)
III: Von den Auseinandersetzungen um den Calculus bis zur französischen Revolution. 107 Seiten. 1957. (882)
IV: Geschichte der Mathematik der neuesten Zeit von *N. Stuloff*. In Vorbereitung. (883)

Mathematische Formelsammlung von *F. O. Ringleb*. 7., erweiterte Auflage. 320 Seiten, 40 Figuren. 1960. (51/51a)

Vierstellige Tafeln und Gegentafeln für logarithmisches und trigonometrisches Rechnen in zwei Farben zusammengestellt von *H. Schubert* und *R. Haussner*. 3., neubearbeitete Auflage von *J. Erlebach*. 158 Seiten. 1960. (81)

Fünfstellige Logarithmen von *A. Adler*. Mit mehreren graphischen Rechentafeln und häufig vorkommenden Zahlenwerten. 4. Auflage, überarbeitet von *J. Erlebach*. 127 Seiten, 1 Tafel. In Vorbereitung. (423)

Arithmetik von *P. B. Fischer* †. 3. Auflage von *H. Rohrbach*. 152 Seiten, 19 Abbildungen. 1958. (47)

Höhere Algebra von *H. Hasse*. 2 Bände. 4., durchgesehene Auflage.
I: Lineare Gleichungen. 152 Seiten. 1957. (931)
II: Gleichungen höheren Grades. 158 Seiten, 5 Figuren. 1958. (932)

Aufgabensammlung zur höheren Algebra von *H. Hasse* und *W. Klobe*. 3., verbesserte Auflage. 183 Seiten. 1961. (1082)

Elementare und klassische Algebra vom modernen Standpunkt von *W. Krull*. 2 Bände.
I: 2., erweiterte Auflage. 136 Seiten. 1952. (930)
II: 132 Seiten. 1959. (933)

Algebraische Kurven und Flächen von *W. Burau*. 2 Bände.
I: Algebraische Kurven der Ebene. 153 Seiten, 28 Figuren. 1962. (435)
II: Algebraische Flächen 3. Grades und Raumkurven 3. und 4. Grades. 1962. In Vorbereitung. (436)

Einführung in die Zahlentheorie von *A. Scholz* †. Überarbeitet und herausgegeben von *B. Schoeneberg*. 3. Auflage. 128 Seiten. 1961. (1131)

Formale Logik von *P. Lorenzen*. 2. Auflage. 165 Seiten. 1962. (1176/1176a)

Topologie von *W. Franz*. 2 Bände.
I: Allgemeine Topologie. 144 Seiten, 9 Figuren. 1960. (1181)

Elemente der Funktionentheorie von *K. Knopp* †. 5. Auflage. 144 Seiten, 23 Fig. 1959. (1109)

Funktionentheorie von *K. Knopp †*. 2 Bände. 10. Auflage.
I: Grundlagen der allgemeinen Theorie der analytischen Funktionen. 144 Seiten, 8 Figuren. 1961. (668)
II: Anwendungen und Weiterführung der allgemeinen Theorie. 130 Seiten, 7 Figuren. 1962. (703)

Aufgabensammlung zur Funktionentheorie von *K. Knopp †*. 2 Bände.
I: Aufgaben zur elementaren Funktionentheorie. 6. Auflage. 135 Seiten. In Vorbereitung. (877)
II: Aufgaben zur höheren Funktionentheorie. 5. Auflage. 151 Seiten. 1959. (878)

Differential- und Integralrechnung von *M. Barner*. (Früher *Witting*). 4 Bände.
I: Grenzwertbegriff, Differentialrechnung. 176 Seiten. 1961. (86/86 a)

Gewöhnliche Differentialgleichungen von *G. Hoheisel*. 6., neubearbeitete und erweiterte Auflage. 128 Seiten. 1960. (920)

Partielle Differentialgleichungen von *G. Hoheisel*. 4., durchgesehene Auflage. 128 Seiten. 1960. (1003)

Aufgabensammlung zu den gewöhnlichen und partiellen Differentialgleichungen von *G. Hoheisel*. 4., durchgesehene und verbesserte Auflage. 124 Seiten. 1958. (1059)

Integralgleichungen von *G. Hoheisel*. 2., durchgesehene Auflage. 1962. In Vorbereitung. (1099)

Mengenlehre von *E. Kamke*. 4., verbesserte Auflage. 194 Seiten, 6 Figuren. 1962. (999/999 a)

Gruppentheorie von *L. Baumgartner*. 3., neubearbeitete Auflage. 110 Seiten, 3 Tafeln. 1958. (837)

Ebene und sphärische Trigonometrie von *G. Hessenberg †*. 5. Auflage, durchgesehen von *H. Kneser*. 172 Seiten, 60 Figuren. 1957. (99)

Darstellende Geometrie von *W. Haack*. 3 Bände.
I: Die wichtigsten Darstellungsmethoden. Grund- und Aufriß ebenflächiger Körper. 3., durchgesehene und ergänzte Auflage. 113 Seiten, 120 Abbildungen. 1960. (142)
II: Körper mit krummen Begrenzungsflächen. Kotierte Projektionen. 3., durchgesehene Auflage. 129 Seiten, 86 Abbildungen. 1962. (143)
III: Axonometrie und Perspektive. 2., durchgesehene und ergänzte Auflage. 129 Seiten, 100 Abbildungen. 1962. (144)

Analytische Geometrie von *K. P. Grotemeyer*. 2., erweiterte Auflage. 218 Seiten, 73 Abbildungen. 1962. (65/65 a)

Nichteuklidische Geometrie. Hyperbolische Geometrie der Ebene von *R. Baldus †*. Durchgesehen und herausgegeben von *F. Löbell*. 3., verbesserte Auflage. 140 Seiten, 70 Figuren. 1953. (970)

Differentialgeometrie von *K. Strubecker* (früher *Rothe*). 3 Bände.
I: Kurventheorie der Ebene und des Raumes. 150 Seiten, 18 Figuren. 1955. (1113/1113 a)
II: Theorie der Flächenmetrik. 195 Seiten, 14 Figuren. 1958. (1179/1179 a)
III: Theorie der Flächenkrümmung. 254 Seiten, 38 Figuren. 1959. (1180/1180 a)

Variationsrechnung von *L. Koschmieder*. 2 Bände. 2., neubearbeitete Auflage.
I: Das freie und gebundene Extrem einfacher Grundintegrale. 128 Seiten, 23 Figuren. 1962. (1074)

Einführung in die konforme Abbildung von *L. Bieberbach*. 5., erweiterte Auflage. 180 Seiten, 42 Figuren. 1956. (768/768 a)

Vektoren und Matrizen von *S. Valentiner*. 2. Auflage. (9., erweiterte Auflage der „Vektoranalysis"). Mit Anhang: Aufgaben zur Vektorrechnung von *H. König*. 202 Seiten, 35 Figuren. 1960. (354/354 a)

Versicherungsmathematik von *F. Böhm*. 2 Bände.
I: Elemente der Versicherungsrechnung. 3., vermehrte und verbesserte Auflage. Durchgesehener Neudruck. 151 Seiten. 1953. (180)
II: Lebensversicherungsmathematik. Einführung in die technischen Grundlagen der Sozialversicherung. 2., verbesserte und vermehrte Auflage. 205 Seiten. 1953. (917/917 a)

Finanzmathematik von *M. Nicolas*. 192 Seiten, 11 Tafeln, 8 Tabellen und 72 Beispiele. 1959. (1183/1183 a)

Physik

Einführung in die theoretische Physik von *W. Döring*. 5 Bände.
I: Mechanik. 2., verbesserte Auflage. 123 Seiten, 25 Abbildungen. 1960. (76)
II: Das elektromagnetische Feld. 2., verbesserte Auflage. 132 Seiten, 15 Abbildungen. 1962. (77)
III: Optik. 117 Seiten, 32 Abbildungen. 1956. (78)
IV: Thermodynamik. 107 Seiten, 9 Abbildungen. 1956. (374)
V: Statistische Mechanik. 114 Seiten, 12 Abbildungen. 1957. (1017)

Mechanik deformierbarer Körper von *M. Päsler*. 199 Seiten, 48 Abbildungen. 1960. (1189/1189 a)

Atomphysik von *K. Bechert* und *Ch. Gerthsen* †. 7 Bände.
I: Allgemeine Grundlagen. 1. Teil. 4., durchgesehene Auflage von *A. Flammersfeld*. 124 Seiten, 35 Abbildungen. 1959. (1009)
II: Allgemeine Grundlagen. 2. Teil. 4. Auflage. 1962. In Vorber. (1033)
III: Theorie des Atombaus. 1. Teil. 4., umgearbeitete Auflage. 148 Seiten, 16 Abbildungen. 1962. In Vorbereitung (1123/1123 a)
IV: Theorie des Atombaus. 2. Teil. 3., umgearbeitete Auflage. 170 Seiten, 14 Abbildungen. 1954. (1165/1165 a)

Differentialgleichungen der Physik von *F. Sauter*. 3., durchgesehene und ergänzte Auflage. 148 Seiten, 16 Figuren. 1958. (1070)

Physikalische Formelsammlung von *G. Mahler* †. Neubearbeitet von *K. Mahler*. 10., durchgesehene Auflage. 153 Seiten, 69 Figuren. 1959. (136)

Physikalische Aufgabensammlung von *G. Mahler* †. Neu bearbeitet von *K. Mahler*. Mit den Ergebnissen. 11. Auflage. 127 Seiten. 1961. (243)

Chemie

Geschichte der Chemie in kurzgefaßter Darstellung von *G. Lockemann*. 2 Bände.
I: Vom Altertum bis zur Entdeckung des Sauerstoffs. 142 Seiten, 8 Bildnisse. 1950. (264)
II: Von der Entdeckung des Sauerstoffs bis zur Gegenwart. 151 Seiten, 16 Bildnisse. 1955. (265/265 a)

Anorganische Chemie von *W. Klemm*. 12., neubearbeitete und erweiterte Auflage. 255 Seiten, 34 Abbildungen. 1962. (37/37 a)

Organische Chemie von *W. Schlenk*. 8., erweiterte Auflage. 272 Seiten, 16 Abbildungen. 1960. (38/38 a)

Physikalische Methoden der Organischen Chemie von *G. Kresze*. Etwa 280 Seiten, 65 Abbildungen 1962. (44/44 a)

Allgemeine und physikalische Chemie von *W. Schulze*. 2 Bände.
I: 5., durchgesehene Auflage. 139 Seiten, 10 Figuren. 1960. (71)
II: 5., verbesserte Auflage. 178 Seiten, 37 Figuren. 1961. (698/698 a).

Einfache Versuche zur allgemeinen und physikalischen Chemie von *E. Dehn.* 371 Versuche mit 40 Abbildungen. 272 Seiten. 1962. (1201/1201 a)

Molekülbau. Theoretische Grundlagen und Methoden der Strukturermittlung von *W. Schulze.* 123 Seiten, 43 Figuren. 1958. (786)

Physikalisch-chemische Rechenaufgaben von *E. Asmus.* 3., verbesserte Auflage. 96 Seiten. 1958. (445)

Maßanalyse. Theorie und Praxis der klassischen und der elektrochemischen Titrierverfahren von *G. Jander* und *K. F. Jahr.* 9., durchgesehene Auflage. 313 Seiten, 49 Figuren. 1961. (221/221 a)

Qualitative Analyse von *H. Hofmann* u. *G. Jander.* 308 Seiten, 5 Abbildungen. 1960. (247/247 a)

Thermochemie von *W. A. Roth †.* 2., verbesserte Auflage. 109 Seiten, 16 Figuren. 1952. (1057)

Stöchiometrische Aufgabensammlung von *W. Bahrdt †* und *R. Scheer.* Mit den Ergebnissen. 7., durchgesehene Auflage. 119 Seiten. 1960. (452)

Elektrochemie und ihre physikalisch-chemischen Grundlagen von *A. Dassler.* 2 Bände.
II: 178 Seiten, 17 Abbildungen. 1950. (253)

Technologie

Die Chemie der Kunststoffe von *K. Hamann,* unter Mitarbeit von *W. Funke* und *H. D. Hermann.* 143 Seiten. 1960. (1173)

Warenkunde von *K. Hassak* und *E. Beutel †.* 2 Bände.
I: Anorganische Waren sowie Kohle und Erdöl. 8. Auflage. Neubearbeitet von *A. Kutzelnigg.* 119 Seiten, 18 Figuren. 1958. (222)
II: Organische Waren. 8. Auflage. Vollständig neubearbeitet von *A. Kutzelnigg.* 157 Seiten, 32 Figuren. 1959. (223)

Die Fette und Öle von *Th. Klug.* 6., verbesserte Auflage. 143 Seiten. 1961. (335)

Die Seifenfabrikation von *K. Braun †.* 3., neubearbeitete und verbesserte Auflage von *Th. Klug.* 116 Seiten, 18 Abbildungen. 1953. (336)

Textilindustrie von *A. Blümcke.*
I: Spinnerei und Zwirnerei. 111 Seiten, 43 Abbildungen. 1954. (184)

Biologie

Einführung in die allgemeine Biologie und ihre philosophischen Grund- und Grenzfragen von *M. Hartmann.* 132 Seiten, 2 Abbildungen. 1956. (96)

Hormone von *G. Koller.* 2., neubearbeitete und erweiterte Auflage. 187 Seiten, 60 Abbildungen, 19 Tabellen. 1949. (1141)

Fortpflanzung im Tier- und Pflanzenreich von *J. Hämmerling.* 2., ergänzte Auflage. 135 Seiten, 101 Abbildungen. 1951. (1138)

Geschlecht und Geschlechtsbestimmung im Tier- und Pflanzenreich von *M. Hartmann.* 2., verbesserte Auflage. 116 Seiten, 61 Abbildungen, 7 Tabellen. 1951. (1127)

Symbiose der Tiere mit pflanzlichen Mikroorganismen von *P. Buchner.* 2., verbesserte und vermehrte Auflage. 130 Seiten, 121 Abbildungen. 1949. (1128)

Grundriß der Allgemeinen Mikrobiologie von *W.* u. *A. Schwartz.* 2 Bände. 2., verbesserte und ergänzte Auflage.
I: 147 Seiten, 25 Abbildungen. 1960. (1155)
II: 142 Seiten, 29 Abbildungen. 1961. (1157)

Botanik

Entwicklungsgeschichte des Pflanzenreiches von *H. Heil*. 2. Auflage. 138 Seiten, 94 Abbildungen, 1 Tabelle. 1950. (1137)

Morphologie der Pflanzen von *L. Geitler*. 3., umgearbeitete Auflage. 126 Seiten, 114 Abbildungen. 1953. (141)

Pflanzengeographie von *L. Diels †*. 5., völlig neubearbeitete Auflage von *F. Mattick*. 195 Seiten, 2 Karten. 1958. (389/389a)

Die Laubhölzer. Kurzgefaßte Beschreibung der in Mitteleuropa gedeihenden Laubbäume und Sträucher von *F. W. Neger †* und *E. Münch †*. 3., durchgesehene Auflage, herausgegeben von *B. Huber*. 143 Seiten, 63 Figuren, 7 Tabellen. 1950. (718)

Die Nadelhölzer (Koniferen) und übrigen Gymnospermen von *F. W. Neger †* und *E. Münch †*. 4. Auflage, durchgesehen und ergänzt von *B. Huber*. 140 Seiten, 75 Figuren, 4 Tabellen, 3 Karten. 1952. (355)

Pflanzenzüchtung von *H. Kuckuck*. 2 Bände.
- I: Grundzüge der Pflanzenzüchtung. 3., völlig umgearbeitete und erweiterte Auflage. 132 Seiten, 22 Abbildungen. 1952. (1134)
- II: Spezielle gartenbauliche Pflanzenzüchtung (Züchtung von Gemüse, Obst und Blumen). 178 Seiten, 27 Abbildungen. 1957. (1178/1178a)

Zoologie

Entwicklungsphysiologie der Tiere von *F. Seidel*. 2 Bände.
- I: Ei und Furchung. 126 Seiten, 29 Abbildungen. 1953. (1162)
- II: Körpergrundgestalt und Organbildung. 159 Seiten, 42 Abbildungen. 1953. (1163)

Das Tierreich
- I: Einzeller, Protozoen von *E. Reichenow*. 115 Seiten, 59 Abbildungen. 1956. (444)
- II: Schwämme und Hohltiere von *H. J. Hannemann*. 95 Seiten, 80 Abbildungen. 1956. (442)
- III: Würmer. Platt-, Hohl-, Schnurwürmer, Kamptozoen, Ringelwürmer, Protracheaten, Bärtierchen, Zungenwürmer von *S. Jaeckel*. 114 Seiten, 36 Abbildungen. 1955. (439)
- IV, 1: Krebse von *H. E. Gruner* und *K. Deckert*. 114 Seiten, 43 Abbildungen. 1956. (443)
- IV, 2: Spinnentiere (Trilobitomorphen, Fühlerlose) und Tausendfüßler von *A. Kaestner*. 96 Seiten, 55 Abbildungen. 1955. (1161)
- IV, 3: Insekten von *H. von Lengerken*. 128 Seiten, 58 Abbildungen. 1953. (594)
- V: Weichtiere. Urmollusken, Schnecken, Muscheln und Kopffüßer von *S. Jaeckel*. 92 Seiten, 34 Abbildungen. 1954. (440)
- VI: Stachelhäuter. Tentakulaten, Binnenatmer und Pfeilwürmer von *S. Jaeckel*. 100 Seiten, 46 Abbildungen. 1955. (441)
- VII, 1: Manteltiere, Schädellose, Rundmäuler von *Th. Haltenorth*. In Vorbereitung. (448)
- VII, 2: Fische von *D. Lüdemann*. 130 Seiten, 65 Abbildungen. 1955. (356)
- VII, 3: Lurche (Chordatiere) von *K. Herter*. 143 S., 129 Abb. 1955. (847)
- VII, 4: Kriechtiere (Chordatiere) von *K. Herter*. 200 Seiten, 142 Abbildungen. 1960. (447/447a)
- VII, 5: Vögel (Chordatiere) von *H.-A. Freye*. 156 S., 69 Fig. 1960. (869)
- VII, 6: Säugetiere (Chordatiere) von *Th. Haltenorth*. In Vorbereitung. (282)

Land- und Forstwirtschaft

Landwirtschaftliche Tierzucht. Die Züchtung und Haltung der landwirtschaftlichen Nutztiere von *H. Vogel*. 139 Seiten, 11 Abbildungen. 1952. (228)

Kulturtechnische Bodenverbesserungen von *O. Fauser*. 2 Bände. 5., verbesserte und vermehrte Auflage.
I: Allgemeines, Entwässerung. 127 Seiten, 49 Abbildungen. 1959. (691)
II: Bewässerung, Ödlandkultur, Flurbereinigung. 159 Seiten, 71 Abbildungen. 1961. (692)

Agrikulturchemie von *K. Scharrer*. 2 Bände.
I: Pflanzenernährung. 143 Seiten. 1953. (329)
II: Futtermittelkunde. 192 Seiten. 1956. (330/330 a)

Geologie, Mineralogie, Kristallographie

Geologie von *F. Lotze*. 2., verbesserte Auflage. 178 Seiten, 80 Abbildungen. 1961. (13)

Erzkunde von *H. von Philipsborn*. In Vorbereitung. (1207)

Mineral- und Erzlagerstättenkunde von *H. Huttenlocher* †. 2 Bände.
I: 2. Auflage. 128 Seiten, 34 Abbildungen. In Vorbereitung. (1014)
II: 156 Seiten, 48 Abbildungen. 1954. (1015/1015 a)

Allgemeine Mineralogie. 11., erweiterte Auflage der „Mineralogie" von *R. Brauns* †, bearbeitet von *K. F. Chudoba*. 120 Seiten, 120 Figuren, 1 Tafel, 3 Tabellen. 1962. Im Druck. (29/29 a)

Spezielle Mineralogie. 10., erweiterte Auflage der „Mineralogie" von *R. Brauns* †, bearbeitet von *K. F. Chudoba*. 170 Seiten, 125 Figuren, 4 Tabellen. 1959. (31/31 a)

Petrographie (Gesteinskunde) von *W. Bruhns* †. Neubearbeitet von *P. Ramdohr*. 5., erweiterte Auflage. 141 Seiten, 10 Figuren. 1960. (173)

Kristallographie von *W. Bruhns* †. 5. Auflage, neubearbeitet von *P. Ramdohr*. 109 Seiten, 164 Abbildungen. 1958. (210)

Einführung in die Kristalloptik von *E. Buchwald*. 4., verbesserte Auflage. 138 Seiten. 121 Figuren. 1952. (619)

Lötrohrprobierkunde. Mineraldiagnose mit Lötrohr- und Tüpfelreaktion von *M. Henglein*. 4., durchgesehene und erweiterte Auflage. 108 Seiten, 12 Figuren. 1962. (483)

Technik

Graphische Darstellung in Wissenschaft und Technik von *M. Pirani*. 3., erweiterte Auflage bearbeitet von *J. Fischer* unter Benutzung der von *I. Runge* besorgten 2. Auflage. 216 Seiten, 104 Abbildungen. 1957. (728/728 a)

Technische Tabellen und Formeln von *W. Müller*. 5., verbesserte und erweiterte Auflage von *E. Schulze*. 165 Seiten, 114 Abbildungen, 99 Tafeln. 1962. (579)

Grundlagen der Straßenverkehrstechnik. Theorie der Leistungsfähigkeit von *E. Engel*. 101 Seiten, 55 Abbildungen. 1962. (1198)

Elektrotechnik

Grundlagen der allgemeinen Elektrotechnik von *O. Mohr*. 2., durchgesehene Auflage. 260 Seiten, 136 Bilder, 14 Tafeln. 1961. (196/196 a)

Die Gleichstrommaschine von *K. Humburg*. 2 Bände. 2., durchgesehene Auflage.
I: 102 Seiten, 59 Abbildungen. 1956. (257)
II: 101 Seiten, 38 Abbildungen. 1956. (881)

Die Synchronmaschine von *W. Putz.* 92 Seiten, 64 Bilder. 1962. (1146)
Induktionsmaschinen von *F. Unger.* 2., erweiterte Auflage. 142 Seiten, 49 Abbildungen. 1954. (1140)
Die komplexe Berechnung von Wechselstromschaltungen von *H. H. Meinke.* 2. Auflage. 180 Seiten, 120 Abbildungen. 1957. (1156/1156a)
Theoretische Grundlagen zur Berechnung der Schaltgeräte von *F. Kesselring.* 3. Auflage. 144 Seiten, 92 Abbildungen. 1950. (711)
Einführung in die Technik selbsttätiger Regelungen von *W. zur Megede.* 2., durchgesehene Auflage. 180 Seiten, 86 Abbildungen. 1961. (714/714a)
Elektromotorische Antriebe (Grundlagen für die Berechnung) von *A. Schwaiger.* 3., neubearbeitete Auflage. 96 Seiten, 34 Abbildungen. 1952. (827)
Überspannungen und Überspannungsschutz von *G. Frühauf.* Durchgesehener Neudruck. 122 Seiten, 98 Abbildungen. 1950. (1132)
Transformatoren von *W. Schäfer.* 4., überarbeitete und ergänzte Auflage. 136 Seiten, 73 Abbildungen. 1962. (952)

Maschinenbau

Metallkunde von *H. Borchers.* 3 Bände.
I: Aufbau der Metalle und Legierungen. 5. Auflage. 120 Seiten, 90 Abbildungen, 2 Tabellen. 1962. (432)
II: Eigenschaften, Grundzüge der Form- und Zustandsgebung. 3. und 4. Auflage. 179 Seiten, 107 Abbildungen, 10 Tabellen. 1959. (433/433a)
III: Die metallkundlichen Untersuchungsmethoden von *E. Hanke* In Vorbereitung. (434)
Die Werkstoffe des Maschinenbaues von *A. Thum †* und *C. M. v. Meysenbug.* 2 Bände.
I: Einführung in die Werkstoffprüfung. 2., neubearbeitete Auflage. 100 Seiten, 7 Tabellen, 56 Abbildungen. 1956. (476)
II: Die Konstruktionswerkstoffe. 132 Seiten, 40 Abbildungen. 1959. (936)
Dynamik von *W. Müller.* 2 Bände. 2., verbesserte Auflage.
I: Dynamik des Einzelkörpers. 128 Seiten, 48 Figuren. 1952. (902)
II: Systeme von starren Körpern. 102 Seiten, 41 Figuren. 1952. (903)
Technische Schwingungslehre von *L. Zipperer.* 2 Bände. 2., neubearbeitete Auflage.
I: Allgemeine Schwingungsgleichungen, einfache Schwinger. 120 Seiten, 101 Abbildungen. 1953. (953)
II: Torsionsschwingungen in Maschinenanlagen. 102 Seiten, 59 Abbildungen. 1955. (961/961a)
Werkzeugmaschinen für Metallbearbeitung von *K. P. Matthes.* 2 Bände.
I: 100 Seiten, 27 Abbildungen, 11 Zahlentafeln, 1 Tafelanhang. 1954. (561)
II: Fertigungstechnische Grundlagen der neuzeitlichen Metallbearbeitung. 101 Seiten, 30 Abbildungen, 5 Tafeln. 1955. (562)
Das Maschinenzeichnen mit Einführung in das Konstruieren von *W. Tochtermann.* 2 Bände. 4. Auflage.
I: Das Maschinenzeichnen. 156 Seiten, 75 Tafeln. 1950. (589)
II: Ausgeführte Konstruktionsbeispiele. 130 Seiten, 58 Tafeln. 1950. (590)
Die Maschinenelemente von *E. A. vom Ende.* 4., überarbeitete Auflage. Etwa 166 Seiten 175 Figuren, 9 Tafeln. In Vorbereitung. (3/3a)

Die Maschinen der Eisenhüttenwerke von *L. Engel*. 156 Seiten, 95 Abbildungen. 1957. (583/583 a)

Walzwerke von *H. Sedlaczek* † unter Mitarbeit von *F. Fischer* und *M. Buch*. 232 Seiten, 157 Abbildungen. 1958. (580/580 a)

Getriebelehre von *P. Grodzinski* †. 2 Bände. 3., neubearbeitete Auflage von *G. Lechner*.
I: Geometrische Grundlagen. 164 Seiten, 131 Figuren. 1960. (1061)
II: Angewandte Getriebelehre. In Vorbereitung. (1062)

Kinematik von *H. R. Müller*. 1962. In Vorbereitung. (1206/1206 a)

Gießereitechnik von *H. Jungbluth*. 2 Bände.
I: Eisengießerei. 126 Seiten, 44 Abbildungen. 1951. (1159)

Die Dampfturbinen. Ihre Wirkungsweise, Berechnung und Konstruktion von *C. Zietemann*. 3 Bände. 3., verbesserte Auflage.
I: Theorie der Dampfturbinen. 139 Seiten, 48 Abbildungen. 1955. (274)
II: Die Berechnung der Dampfturbinen und die Konstruktion der Einzelteile. 132 Seiten, 111 Abbildungen. 1956. (715)
III: Die Regelung der Dampfturbinen, die Bauarten, Turbinen für Sonderzwecke, Kondensationsanlagen. 126 Seiten, 90 Abbildungen. 1956. (716)

Verbrennungsmotoren von *W. Endres*. 3 Bände.
I: Überblick. Motor-Brennstoffe. Verbrennung im Motor allgemein, im Otto- und Diesel-Motor. 153 Seiten, 57 Abbildungen. 1958. (1076/1076 a)
II: Die heutigen Typen der Verbrennungskraftmaschine. In Vorbereitung. (1184)
III: Die Einzelteile des Verbrennungsmotors. In Vorbereitung. (1185)

Autogenes Schweißen und Schneiden von *H. Niese*. 5. Auflage, neubearbeitet von *A. Küchler*. 136 Seiten, 71 Figuren. 1953. (499)

Die elektrischen Schweißverfahren von *H. Niese*. 2. Auflage, neubearbeitet von *H. Dienst*. 136 Seiten, 58 Abbildungen. 1955. (1020)

Die Hebezeuge. Entwurf von Winden und Kranen von *G. Tafel*. 2., verbesserte Auflage. 176 Seiten, 230 Figuren. 1954. (414/414 a)

Wasserbau

Wasserkraftanlagen von *A. Ludin* unter Mitarbeit von *W. Borkenstein*. 2 Bände.
I: Planung, Grundlagen und Grundzüge. 124 Seiten, 60 Abbildungen. 1955. (665)
II: Anordnung und Ausbildung der Hauptbauwerke. 184 Seiten, 91 Abbildungen. 1958. (666/666 a)

Verkehrswasserbau von *H. Dehnert*. 3 Bände.
I: Entwurfsgrundlagen, Flußregelungen. 103 Seiten, 52 Abbildungen. 1950. (585)
II: Flußkanalisierung und Schiffahrtskanäle. 94 Seiten, 60 Abbildungen. 1950. (597)
III: Schleusen und Hebewerke. 98 Seiten, 70 Abbildungen. 1950. (1152)

Wehr- und Stauanlagen von *H. Dehnert*. 134 Seiten, 90 Abbildungen. 1952. (965)

Talsperren von *F. Tölke*. 122 Seiten, 70 Abbildungen. 1953. (1044)

Hoch- und Tiefbau

Die wichtigsten Baustoffe des Hoch- und Tiefbaus von *O. Graf †*. 4., verbesserte Auflage. 131 Seiten, 63 Abbildungen. 1953. (984)

Baustoffverarbeitung und Baustellenprüfung des Betons von *A. Kleinlogel*. 2., neubearbeitete und erweiterte Auflage. 126 Seiten, 35 Abbildungen. 1951. (978)

Festigkeitslehre. 2 Bände.
I: Elastizität, Plastizität und Festigkeit der Baustoffe und Bauteile von *W. Gehler †* und *W. Herberg*. Durchgesehener und erweiterter Neudruck. 159 Seiten, 118 Abbildungen. 1952. (1144)
II: Formänderung, Platten, Stabilität und Bruchhypothesen von *W. Herberg* und *N. Dimitrov*. 187 Seiten, 94 Abbildungen. 1955. (1145/1145a)

Grundlagen des Stahlbetonbaus von *A. Troche*. 2., neubearbeitete und erweiterte Auflage. 208 Seiten, 75 Abbildungen, 17 Bemessungstafeln, 20 Rechenbeispiele. 1953. (1078)

Statik der Baukonstruktionen von *A. Teichmann*. 3 Bände.
I: Grundlagen. 101 Seiten, 51 Abbildungen, 8 Formeltafeln. 1956. (119)
II: Statisch bestimmte Stabwerke. 107 Seiten, 52 Abbildungen, 7 Tafeln. 1957. (120)
III: Statisch unbestimmte Systeme. 112 Seiten, 34 Abbildungen, 7 Formeltafeln. 1958. (122)

Fenster, Türen, Tore aus Holz und Metall. Eine Anleitung zu ihrer guten Gestaltung, wirtschaftlichen Bemessung und handwerksgerechten Konstruktion von *W. Wickop †*. 4., überarbeitete und ergänzte Auflage. 155 Seiten, 95 Abbildungen. 1955. (1092)

Heizung und Lüftung von *W. Körting*. 2 Bände. 9., neubearbeitete Auflage.
I: Das Wesen und die Berechnung der Heizungs- und Lüftungsanlagen. 172 Seiten, 29 Abbildungen, 36 Zahlentafeln. 1962. (342/342a)
II: Die Ausführung der Heizungs- und Lüftungsanlagen. 1962. In Vorbereitung. (343)

Industrielle Kraft- und Wärmewirtschaft von *F. A. F. Schmidt* und *A. Beckers*. 167 Seiten, 73 Abbildungen. 1957. (318/318a)

Vermessungswesen

Vermessungskunde von *P. Werkmeister*. 3 Bände.
I: Stückvermessung und Nivellieren. 11., verbesserte Auflage von *W. Grossmann*. 144 Seiten, 117 Figuren. 1962. (468)
II: Horizontalaufnahmen und ebene Rechnungen. 8., völlig neubearbeitete Auflage von *W. Grossmann*. 133 Seiten, 97 Figuren. 1959. (469)
III: Trigonometrische und barometrische Höhenmessung. Tachymetrie und Absteckungen. 7., völlig neubearbeitete Auflage von *W. Grossmann*. 136 Seiten, 97 Figuren. 1960. (862)

Kartographie von *V. Heissler*. Etwa 215 Seiten, 125 Abbildungen, 8 Kartenanlagen. 1962. (30/30a)

Photogrammetrie von *G. Lehmann*. 189 Seiten, 132 Abbildungen. 1959. (1188/1188a)

Sammlung Göschen / Bandnummernfolge

601 Mutschmann, Engl. Phonetik
619 Buchwald, Kristalloptik
665 Ludin-Borkenstein, Wasserkraftanlagen I
666/666a Ludin-Borkenstein, Wasserkraftanlagen II
668 Knopp, Funktionentheorie I
677 Altheim, Röm. Geschichte II
679 Altheim, Röm. Geschichte III
684 Altheim, Röm. Geschichte IV
691 Fauser, Kulturtechn. Bodenverbesserungen I
692 Fauser, Kulturtechn. Bodenverbesserungen II
698/698a Schulze, Allgemeine und physikalische Chemie II
703 Knopp, Funktionentheorie II
709 Lehmann, Philosophie d. 19. Jh. II
711 Kesselring, Berechnung der Schaltgeräte
714/714a zur Megede, Technik selbsttätiger Regelungen
715 Zietemann, Dampfturbinen II
716 Zietemann, Dampfturbinen III
718 Neger-Münch-Huber, Laubhölzer
728/728a Pirani-Fischer-Runge, Graph. Darstellg. in Wissensch. u. Technik
735 Ekwall, Historische neuengl. Laut- und Formenlehre
746/746a Pfanzagl, Allg. Methodenlehre der Statistik I
747/747a Pfanzagl, Allg. Methodenlehre der Statistik II
756/756a Kalitsunakis, Grammatik der Neugriechischen Volkssprache
763/763a Beer-Meyer, Hebräische Grammatik I
764/764a Beer-Meyer, Hebräische Grammatik II
768/768a Bieberbach, Einführung in die konforme Abbildung
769/769a Beer-Meyer, Hebr. Textbuch
776 Kolms, Finanzwissenschaft III
780 Krahe, German. Sprachwiss. II
781 Weigert, Stilkunde II
782 Kolms, Finanzwissenschaft IV
786 Schulze, Molekülbau
807 Kropp, Erkenntnistheorie
809 Moser, Harmonielehre I
826 Koch, Philosophie des Mittelalters
827 Schwaiger, Elektromotorische Antriebe
831 Erismann, Allg. Psychologie I
832/832a Erismann, Allg. Psychologie II
833/833a Erismann, Allg. Psychologie III
837 Baumgartner, Gruppentheorie
845 Lehmann, Philosophie im ersten Drittel des 20. Jahrhunderts I
847 Herter, Lurche
850 Lehmann, Philosophie im ersten Drittel des 20. Jahrhunderts II
851/851a Moede, Psychologie des Berufs- und Wirtschaftslebens
857 Capelle, Griech. Philosophie I
858 Capelle, Griech. Philosophie II
859 Capelle, Griech. Philosophie III
862 Werkmeister-Grossmann, Vermessungskunde III
863 Capelle, Griech. Philosophie IV
866 Bieler, Röm. Literaturgesch. II
869 Freye, Vögel
875 Hofmann, Geschichte der Mathematik II
877 Knopp, Aufgabensammlung zur Funktionentheorie I
878 Knopp, Aufgabensammlung zur Funktionentheorie II
881 Humburg, Gleichstrommasch. II
882 Hofmann, Gesch. d. Mathematik III
883 Stuloff, Mathematik der neuesten Zeit
893 Treue, Dt. Geschichte von 1806 bis 1890
894 Treue, Dt. Geschichte von 1890 bis zur Gegenwart
902 Müller, Dynamik I
903 Müller, Dynamik II
910 Jaeger, Afrika I
911 Jaeger, Afrika II
915 Sperber-Fleischhauer, Geschichte der Deutschen Sprache
917/917a Böhm, Versicherungsmathematik II
920 Hoheisel, Gewöhnliche Differentialgleichungen
921 Jantzen-Kolb, W. v. Eschenbach. Parzival
929 Schirmer-Mitzka, Dt. Wortkunde
930 Krull, Elementare und klassische Algebra I
931 Hasse, Höhere Algebra I
932 Hasse, Höhere Algebra II
933 Krull, Elementare und klassische Algebra II

936 Thum-Meysenbug, Werkstoffe des Maschinenbaues II
952 Schäfer, Transformatoren
953 Zipperer, Techn. Schwingungsl. I
961/961a Zipperer, Techn. Schwingungslehre II
965 Dehnert, Wehr- und Stauanlagen
970 Baldus-Löbell, Nichteuklidische Geometrie
978 Kleinlogel, Baustoffverarbeitung und Baustellenprüfung d. Betons
984 Graf, Baustoffe des Hoch- und Tiefbaues
999/999a Kamke, Mengenlehre
1000 Jaspers, Geistige Situat. der Zeit
1003 Hoheisel, Partielle Differentialgl.
1008/1008a Mellerowicz, Allgemeine Betriebswirtschaftslehre I
1009 Bechert-Gerthsen-Flammersfeld, Atomphysik I
1014 Huttenlocher, Mineral- und Erzlagerstättenkunde I
1015/1015a Huttenlocher, Mineral- u. Erzlagerstättenkunde II
1017 Döring, Einführung in die theoret. Physik V
1020 Niese-Dienst, Elektrische Schweißverfahren
1031/1031a Apel-Ludz, Philosophisches Wörterbuch
1033 Bechert-Gerthsen, Atomphys. II
1034 Kranefeldt-Jung, Therapeutische Psychologie
1035 Altheim, Röm. Religionsgeschichte I
1039 Dovifat, Zeitungslehre I
1040 Dovifat, Zeitungslehre II
1044 Tölke, Talsperren
1045 Schubert, Technik des Klavierspiels
1051/1051a Stolberg-Wernigerode, Gesch. d. Verein. Staaten
1052 Altheim, Röm. Religionsgesch. II
1057 Roth, Thermochemie
1059 Hoheisel, Aufgabenslg. z. d. gew. u. part. Differentialgl.
1061 Grodzinski-Lechner, Getriebel. I
1062 Grodzinski-Lechner, Getriebel. II
1065 Haller-Dannenbauer, Von den Karolingern zu den Staufern
1070 Sauter, Differentialgleichungen der Physik
1074 Koschmieder, Variationsrechnung I
1076/1076a Endres, Verbrennungsmotoren I
1077 Haller-Dannenbauer, Von den Staufern zu den Habsburgern
1078 Troche, Stahlbetonbau
1082 Hasse-Klobe, Aufgabensammlung zur höheren Algebra
1085 Lietzmann-Aland, Zeitrechnung
1086 Müller, Dt. Dichten u. Denken
1088 Preller, Gesch. Englands II
1092 Wickop, Fenster, Türen, Tore
1094 Hernried, System. Modulation
1096 Viëtor, Dt. Dichten und Denken
1099 Hoheisel, Integralgleichungen
1105 Hartung, Dt. Geschichte im Zeitalter der Reformation
1108 de Boor-Wisniewski, Mittelhochdeutsche Grammatik
1109 Knopp, Elemente der Funktionentheorie
1111 Betz, Althochdt. Elementarbuch
1113/1113a Strubecker, Differentialgeometrie I
1114 Schubel, Engl. Literaturgesch. I
1115 Ranke, Altnord. Elementarb.
1116 Schubel, Engl. Literaturgesch. II
1117 Haller-Dannenbauer, Eintritt der Germanen in die Geschichte
1121 Naumann, Dt. Dichten u. Denken
1122 Feist, Sprechen u. Sprachpflege
1123/1123a Bechert-Gerthsen, Atomphysik III
1124 Schubel, Engl. Literaturgesch. III
1125 Lehnert, Altengl. Elementarbuch
1127 Hartmann, Geschlecht und Geschlechtsbestimmung im Tier- und Pflanzenreich
1128 Buchner, Symbiose der Tiere
1130 Dibelius-Kümmel, Jesus
1131 Scholz-Schöneberg, Einführung in die Zahlentheorie
1132 Frühauf, Überspannungen
1134 Kuckuck, Pflanzenzüchtung I
1135 Lehnert, Beowulf
1137 Heil, Entwicklungsgeschichte des Pflanzenreiches
1138 Hämmerling, Fortpflanzung im Tier- und Pflanzenreich
1140 Unger, Induktionsmaschinen
1141 Koller, Hormone
1142 Meissner-Lehnert, Shakespeare
1144 Gehler-Herberg, Festigkeitslehre I
1145/1145a Herberg-Dimitrov, Festigkeitslehre II

Autorenregister

100. X. /62

Kolibri 360 GmbH
Ferdinand-Jühlke-Straße 7
99095 Erfurt, Deutschland
produktsicherheit@kolibri360.de